# 本気で巨大メディアを変えようとした男

## 異色NHK会長「シマゲジ」・改革なくして生存なし

小野善邦

NHK会長時代の
島 桂次氏（1990年）

現代書館

本気で巨大メディアを変えようとした男＊目次

装幀　渡辺将史

# プロローグ　危機の時代——二十年前の予言

日常の生活をおくるうえで内外のニュースや重要な出来事など情報を伝えてくれるマスメディアの存在は欠かせない。いろいろなマスメディアの中でも、現在テレビが最も影響力のあるメディアであることを否定する人はいないだろう。生まれたときからテレビに囲まれている若い人は何をいまさらと言うかも知れないが、テレビがリーディング・メディアになってからの歴史は意外に短い。せいぜいここ四十年間に過ぎない。

それ以前は長期間にわたって新聞が圧倒的な影響力を誇っていた。それを映像と音声による分かりやすさ、速報性が広く国民に受け入れられ、一九六〇年代に電波メディアがリーディング・メディアの座を活字メディアから奪ったのである。

〝わが世の春〟を謳歌するテレビだが、いつまでもその座にいられるとは限らない。情報技術の進歩は日進月歩である。地球規模で情報の受信だけでなく発信も自在にできるインターネットの時代を迎え、このままではテレビは王座どころか生き残りも危ないという声が高まっている。

東京渋谷区神南に威容を誇る地上二三階建てのガラスの城。日本のテレビを代表するＮＨＫ（日本放送協会）の本拠である。外観は、十年前、二十年前に比べて、いまも少しも変わっていない。だが、その内部は荒廃し、職員の士気は低下して本格的デジタル化、放送と通信の融合という激動の時代を目前にしているのに、いまだデジタル時代の公共放送はどうあるべきかのビジョンも描けないなど〝迷走〟を続けている。時代に対応できないＮＨＫは相次ぐ不祥事もあって内外の批判にさらされ、〝生き残れるかどうか〟の岐路に立たされているといわれる。

実は、ＮＨＫがこうした危機に瀕することを二十年近くも前に予測し、警鐘を鳴らしていた一人の放送人（ブロードキャスター）がいた。政治記者時代は、日本の政治に影響力を持つ敏腕記者として政治家や他社の記者から一目置かれる存在。経営に携わるようになってからは広く世界に目を向けマードック、マックスウエル、ターナーなどと並んで、放送の革新を推進した人物の一人としていまも名前が挙がる。日本が生んだ世界に通用する唯一の放送人ともいえよう。

ＮＨＫの歴代会長の中で、〝異色〟、〝型破り〟と言われたシマゲジこと島桂次、その人である。

しかし、島について人びとが懐いている人物像は、どんなものだろう。マイナス・イメージが多いのではないか。

いわく、「乱暴で威圧的な口調と横柄な態度」、「他人の迷惑を考えず深夜、早朝を問わず電話をかけまくる電話魔」、「シマゲジと呼ばれゲジゲジ虫のように周りの人びとに嫌われている男」、「記者の枠を超えた永田町のエージェント」、「改革の名の下に大風呂敷を広げＮＨＫの組織を目茶目茶にしたリーダー」、果ては「出張を名目に女性連れで海外を豪遊をした人」まで。数え上げればきりがない。

それにしても、こうしたマイナスの島イメージだけが、広く一般の人びとの間に定着してしまったのはなぜか？

その多くは島が国会での虚偽発言をきっかけにＮＨＫ会長を辞任した一九九一年六月前後に新聞やテ

レビ、週刊誌などマスコミが、会長辞任の経緯などを連日のようにスキャンダル絡みでマイナスの側面を強調して報道したことに起因する。あることないこと、とまでは言わないが、いまのマスコミはこれと的を絞った人物の周りにわっと群がり、特定の視点――スキャンダル絡みが多い――でその人に関わる話題を針小棒大に取り上げ、あれこれ批判する。当人の反論や他の視点にはほとんど興味を示さない。

また、一般の人びとも実際に記事を読んだ人はまだよいほうで、テレビのワイドショウや車内の中吊り広告の週刊誌の見出しを見ただけで、その人物のイメージを作ってしまう人も少なくない。つまり、現代社会では、事実と違っていてもマスコミに報道されることによって、それが事実として一人歩きを始めるのだ。今はやりの言葉で言えば、国家の罠ならぬ〝マスコミの罠〟とも言うべき現象である。マイナス・イメージの島が世間に定着してしまったのは、まさにこの罠にとらわれた結果と言うしかない。これによって、私たちは日本の放送やメディア界にとって大きなマイナスになる〝負の遺産〟を背負わされてしまった。つまり、島が積極的に展開しようとしていた将来に向けての放送の可能性をも失ってしまったのではないだろうか……。

確かに島桂次の個性は強烈で、多くのマスコミが指摘した〝負〟の部分があったことは否定できない。しかし、それを補って余りある抜群のリーダーとしての先見性・実行力があった。世間にはそうした〝正〟の面があまり理解されていない。

一九九〇年四月、NHKは受信料を改定した。前年の衛星放送受信料新設に続く二年連続の料金改定であり、しかも二八％という大幅値上げだった。会長の島が陣頭指揮をし、郵政省（現総務省）、国会の了承を得たものである。島の豪腕振りを内外に示した出来事であった。

値上げを実現した島は思いのほか謙虚で、ＮＨＫの将来を見据えて幹部・職員に再三こう警告していた。

●ＮＨＫにとって、この値上げは恐らく最後のものになるだろう。少なくとも向こう十年間はこの値上げで財政上の心配はない。だが、財政が安定すれば、親方日の丸のＮＨＫのこと、規律が緩んで組織の腐敗が起こり、不祥事が続発するようになるだろう。

●それを防ぐためには、組織に緊張関係をつくっておかねばならない。組織の不断の見直し、創造的破壊（島は友人のジェネラル・エレクトリック社ＧＥ会長ジャック・ウエルチのこの言葉が気に入りよく使っていた）が必要である。メディアの世界はいま大転換期にある。多メディア・多チャンネルから通信・放送の融合といった流れである。また、官から民への流れもある。こうした状況下にあっても、ＮＨＫは従来どおりいわば新幹線が走っているのに箱根の山を駕籠で越えるような経営をしている。こんな時代後れで親方日の丸的、ノー天気な経営がいつまでも許されるわけがない。

ニューメディア（デジタル）時代にふさわしい公共放送はどうあるべきかというビジョンを自ら率先して示す。そして、誰もが〝あっ〟と驚くような大胆な改革を実行しなければ、ＮＨＫは視聴者・国民にそっぽを向かれ受信料の不払いが増えるだろう。

●自分は長年政治記者を務め組織のために泥水もかぶってきたが、記者としての一線は守ってきたつもりだ。率直に言って「皆さまのＮＨＫ」は、政治家、官僚に食い荒らされる伏魔殿だ。政治の圧力からＮＨＫをいかに守るか。自主独立、編集権の確保が公共放送にとって今後ますます必要になる。それが失われれば、視聴者の信頼も失われるだろう。公共放送としてのジャーナリズムの確立が何にも増して重要である。
●グローバリゼーションの時代というのに、日本のマスコミは「井の中の蛙」だ。日本は経済大国だが、情報発信力では小国。もっと世界に目を向け情報発信力を強化しなければ駄目だ。特にテレビは〝衛星中継〟という技術的条件をすでに整えている。一日も早く日本やアジアのニュース、番組を世界に向けて発信するシステムをつくらねばならない。

島の予測の何と的確なことか。二十年近くも前の発言とはとても思えない。いまのNHKを取り巻く状況、問題点をそのまま映し出している。

歴代のNHK会長の中で島が他の会長と異なるのは、幹部・職員を叱咤激励するだけでなく、自ら時代の一歩先を読んだ構想を常に持ち、それを実現するための意志と実行力も備えていたことだ。事無かれ主義者の多いNHK幹部の中にあっては異例である。島の思いは、日進月歩の技術革新、時代とともに変化する視聴者のニーズに合わせて、組織や職員の意識を改革し、公共放送ならではの質の高い放送番組を提供し続ける。これなくしては、公共放送NHKは崩壊するという〝危機感〟である。

二十年近くも前に、島はなぜNHKの将来に危機感を懐いたのか。島がNHKの経営を担った八〇年代から九〇年代初頭にかけてのテレビ界は、多メディア・多チャンネル時代を迎え、グローバリゼーションの波が急速に押し寄せていた。さらに、放送と通信が融合するデジタル時代の到来を間近に控えていた。

メディアはかつて経験したことのない地殻変動期を迎える。テレビでいえば、チャンネル数は数百に増え、海外のニュース、放送もどんどん入ってくる。放送と通信の壁がなくなり、放送は双方向になり、視聴者は放送を受けるだけでなくインターネットを通じて発信もできる。受信料に頼る公共放送、コマーシャルの商業放送のほか、見たい番組にお金を払う有料放送も続々生まれてくるだろう。

こうした時代状況の中では、公共放送といえども従来型の経営を漫然と続けていたのでは長期的には受信料の不払いが増え、立ち行かなくなることは必至だ。しかし、NHKは改革からは最も遠い位置にあり、経営陣の危機意識も極めて低い。誰も手をつけないのであれば、自分が経営変革の原動力にならざるを得ない。島の時代への洞察力に基づく責任感が、危機意識の基盤になっていたことは間違いない。

島は、トップの座に就くと改革に向けて走り出した。組織改革のプロジェクトや将来ビジョンを検討する審議会をスタートさせたほか、民間の協力を得て関連会社を次々に立ち上げた。これは受信料以外の収入を少しでも増やすとともに、番組制作を効率化し、NHK本体をスリム化することが大きな狙いだった。島自身も、グローバルなテレビ・ネットワークの構築などのため世界を飛び回っていた。

こうした島の変革への動きに、民放各社、郵政省、政治家などは、「NHKの商業化、肥大化だ」、「島個人の独断専行だ」などと一斉に反発した。これに対し、島は「時代や技術の流れを読めば、このままでは〝お先真っ暗〟なことが分かるはずだ。それなのに彼らは事態を直視せず、人がやることに文句ばかり言う。世界に目を向ければ嫌でも危機感を持たざるを得なくなるだろうに。時代が読めない奴らばかりだ」と歯牙にもかけなかった。こうした言動が、また各方面の反感を増幅させる。どちらを向いても敵ばかり。まさに四面楚歌である。

経営トップとして相手を無闇に刺激・反発させるのは如何なものかと思うが、島はどうも意識的にそれをやっていたふしがある。島にとっては、危機意識が薄い関係者への刺激・毒舌は放送界が迎えつつある事態にもっと関心を持てという分かりやすいメッセージだったのだ。

島の危機感はＮＨＫだけにとどまらず、日本のマスコミ全体に及んでいた。

「ニューメディア時代を迎えた日本のジャーナリズムの現状は、目を覆うばかりである。週刊誌は売らんかなのスキャンダルをただ追うイエローペーパーと化し、新聞は大部数と引き換えに主張を失った。いわんや放送メディアに至っては、放送行政の庇護のもと保身に徹して思考放棄、視聴率なるマカ不思議な商法に振り回されて視聴者に迎合する。安かろう悪かろうの低俗番組のたれ流しだ。これでは日本の民主主義は愚民主義になってしまう」

島の真意は、「地殻変動はＮＨＫだけの問題ではない。商業放送・新聞・雑誌などすべてのメディアに及ぶ。どのメディアも、真実の追求によって国民に奉仕するというジャーナリズムの原点に戻って抜本的改革をしなければ新しい時代を生き抜けない」ということだろう。


島が目指したのは、突き詰めていえば「デジタル時代にふさわしい新しい公共放送像」である。それには、少しオーバーに言えば古いＮＨＫをぶっ壊してまったく新しいＮＨＫとして再生させ、名実ともに世界をリードする放送機関にするという島の〝壮大な夢〟が込められていた。この目標に向かって島は猛烈な勢いで走り出した。しかし、島にとっては時代の流れで当然なことであっても、放送関係者、郵政省、国会議員などの多くにとっては島がなぜ改革を急ぐのかが理解できなかった。それでも島は強引ともいえるリーダーシップを発揮して内外を説得し、組織を改革の方向に引っ張っていった。

着々と布石を打ち、ＮＨＫ改革がいよいよ本格始動という段階になって島桂次の身に思わぬ出来事が起こった。国会での虚偽発言が引き金になってＮＨＫ会長の座を辞任せざるを得なくなったのである。

島の大胆なNHK改革プランは、ここで頓挫してしまう。会長在任は、一九八九年四月から一九九一年六月までの二年二カ月に過ぎない。島にとっては、志半ばの無念の退任であった。

残念なことに島の後を継いだ会長川口幹夫は、「組織を駄目にした放漫経営だ」として島路線を全否定しただけで、六年間の任期中、将来に向けての方策は何も示さず、無為のまま従来路線に終始した。

また、その後の会長海老沢勝二も改革を実行に移す前に職員の番組制作費の着服、不正経理・流用、カラ出張などの不祥事が相次いで表面化し、組織腐敗、職員のモラル低下が進行していることが明白になった。これに怒った視聴者は、〝視聴者の反乱〟とでもいうべき受信料の支払い拒否という挙に出た。不払いは燎原の火のようにあっという間に全国に広がり、NHKの経営基盤である受信料制度を根本から揺すぶる事態を招いた。NHKの貴重な財産である視聴者・国民の信頼を大きく損ねたわけで、海老沢はその責任を取って任期途中の二〇〇五年一月会長を辞任した。

後任には技師長・専務理事の橋本元一が就任した。が、批判は内部規律の弛緩のみならず、「受信料制度や公共放送の在り方」にまで広がった。橋本は三年の任期中にNHK改革の道筋をつけられず、二〇〇八年一月降板し、バトンを放送には経験のないアサヒビール相談役福地茂雄に渡した。NHK問題は、視聴者だけでなく国会や総務省なども巻き込んで、事態はますます混迷の度を深めている。

島が真っ先に手掛けようとした〝創造的破壊〟とも言うべき組織改革を伴う「多メディア・デジタル時代にふさわしい公共放送のビジョン」が島退任後二十年近く経つというのに未だ作成されないのだ。NHKという巨大船は舵が故障したままマスコミという荒海を目的地もないまま浮遊しているともいえよう。

いまのＮＨＫを取り巻く状況は、島が二十年近くも前に予測し警鐘を鳴らしたことの〝最悪の結果〟に他ならない。

「このままではＮＨＫは大変なことになるぞ、どうすれば生き延びられるか。脳みそを絞って死ぬほど考えろ！」と机を叩いて叫んでいた島の声が私の耳にはいまもはっきり残っている。

皮肉なことだが、最近になって島の主張・提言を現実の問題として理解し、その先見性を評価する声が、放送関係者や企業人の間からちらほら聞こえてくるようになった。「島にせめてもう二年間ＮＨＫのトップとして改革の道筋をつけておいて欲しかった。そうすればＮＨＫは時代に適合した新しい組織に生まれ変わり視聴者の信頼を損なうこともなかったし、世界の有力放送機関としてメディア改革の先導的役割も果たせたことだろう」という声も少なくない。

また、ＮＨＫの現状と再生案、メディア界の将来をどう考えるかを〝時代の流れを読む目〟を持つ島に聞いてみたいと思うのは私だけではないだろう。

人は一つだけでなく、いくつもの顔を持っている。その人のどの顔に焦点を当てるか、どの側面を見るかによってその人の評価は大きく異なるだろう。島は「君子豹変」という言葉が好きでよく使っていた。そして、「時代はいつも大きく動いている。それなのにいつまでも一つの考え方、発想にとらわれていては駄目だ。時代に合わせて自分の考えを転換し、他に先駆けて実行する。それにはあくまで〝公共のため〟という筋が通っていなければならない。これが現代の君子豹変だ」と言っていた。島の思考、行動も時代の流れに対応するかのように起伏が見られる。とても一面的とは言えない。

ここで、島桂次と本書の筆者である私との関係をごく簡単に述べておこう。私は、島より八年後輩で、もともとはNHK社会部記者だった。島が報道局次長兼報道番組部長になったとき、突如プローデュサーに担務変更を命じられ、ドキュメンタリー、NHK特集のチーフ・プロデューサー、ニュースセンター9時（NC9）の編集責任者などを務めた。その後、海外業務、広報の責任者として、日常的に島に接した。この間、島は理事から専務理事、副会長、会長へと昇りつめた時代であった。島の退職後も、しばしば会う機会があり、現職時代には聞けなかった話を聞くことができた。

私が地方局勤務を終えて東京に戻って来たのは、一九七二（昭和四二）年七月。二度の大阪局勤務はあったが、関連団体を含めると二八年間東京で過ごした。この間、数多くのNHK人に会ったが、島ほど強烈な個性と行動力を持ち、その優れた先見性で〝本気〟でメディアを変革しようとした人はいなかった。

本書は、私の見聞、関係者へのインタビューなどを通じて、毀誉褒貶の激しい島桂次という人物を、その卓抜な先見性・実行力に重点を置きつつ多面的にアプローチし、功と罪を含め可能な限りありのままに描き出す。それによって、日本だけでなく世界を視野に入れた一人のブロードキャスターの〝壮大な夢と志〟を浮き彫りにしようとする試みである。同時に、メディアの歴史に新しいページをめくろうと苦闘した島桂次という異色の経営者を通じて現代のマスコミの中で最大の影響力を持つNHKという巨大組織の戦後の軌跡を辿ってみたい。

メディア激変の時代にあって、将来ビジョンも描けず浮遊しているいまのNHK及び他のマスコミにとって、島の大胆な発想、行動力に基づくメディア戦略は大いに参考になるはずである。

# 第一章「シマゲジ」という男——生い立ちと新生NHK

東京文京区駒込の吉祥寺。室町時代の十五世紀半ばに開山された曹洞宗の名刹である。第二次世界大戦中の戦災で消失するまでは七堂伽藍と多くの学寮を持つ府内第一の大寺であり、僧侶を養成する「栴檀林」は駒澤大学の前身である。

現在の吉祥寺には、焼け残った山門、経蔵のほか、戦後に再建された鉄筋の本堂や書院などがある。山門から本堂に通じる参道の左右に広大な墓地があり、歴史上の知名人の墓も少なくない。

島桂次はその一隅に葬られている。島が死去したのは、一九九六（平成八）年六月二十三日。NHK会長を辞任して五年、インターネットで日本の情報を海外に発信する事業に意欲を燃やしていた中での突然の死であった。粟粒性結核だった。最晩年は一見元気そうだったが、一人暮らしの不規則な生活で結核が徐々に進行していたのだろう。いまも命日の前後には、島の生き様に共感する人や怒鳴られながら薫陶を受けた人がそれぞれにグループをつくって墓参を続けており、線香の香りが絶えることがない。

数年前のことだ。島の墓参を済ませて墓地を歩いていてすぐ近くに高野岩三郎の墓があるのを見つけた。

高野岩三郎は、戦後の新生ＮＨＫの初代会長である。私はこの偶然に驚いた。二人は思想的に相反するように見えるが、島が歴代会長の中で一番評価し、尊敬していたのが高野である。二人に共通しているのは、ＮＨＫを生まれ変わらせるため全身全霊を注いだが、組織内部や官僚など内外の強い抵抗にあい、十分な成果が上げられないまま道半ばで退任（高野の場合は病死）せざるを得なかったということである。歴史に〝もし〟、〝れば〟、は禁句だが、高野、島の志が実現されていたら、ＮＨＫという組織は現在とはまったく違うものになっていたかも知れない。

ここで戦後の新生ＮＨＫ初の会長高野岩三郎と当時のＮＨＫを取り巻く状況について若干述べてみよう。

高野は、東京大学経済学部の生みの親であり、労働運動にも深い理解を示す著名な経済学者、進歩的文化人の長老として知られ、太平洋戦争が終わった一九四五年当時は民間の大原社会問題研究所（現法政大学大原社会問題研究所）の所長をしていた。

戦前の日本放送協会（ＮＨＫ）は、言うまでもないことだが、実質的に国営放送であった。国策の遂行に協力し、戦時中は軍部の宣伝機関として国民の戦意高揚を推進した。

一九四五年八月十五日の敗戦を契機に、日本放送協会は、連合国最高司令官総司令部（ＧＨＱ）の管理下に置かれた。ＧＨＱの占領政策の基本目標は、日本の非軍事化と民主主義の定着。その一環として放送改革が取り上げられ、組織の徹底した民主化と並んで民主的な手続きによる会長の選出、そのために放送委員会（顧問委員会ともいう）の結成などが指示された。

この放送委員会によって会長に選ばれたのが高野岩三郎である。政府から独立した機関である放送委員会のメンバーには、各界から一七人の委員が選ばれた。この中には、京大事件の滝川幸辰、社会党代議士加藤シズエ、作家宮本百合子、社会主義運動家荒畑寒村、岩波書店店主岩波茂雄、演出家土方與志といった進歩的文化人が含まれているほか、青年代表として青年文化会議常任委員瓜生忠夫、日本共産党婦人部員槙ゆう子が選ばれている。これらの委員は時の逓信院の官僚が推薦した候補者ではなく、ほとんどはGHQがリストアップしたメンバーだという。この他、実業・農業・科学技術の分野からも委員が選ばれている。占領時代とは言え、現在のNHKの経営委員会に比べ、何と多彩、清新なメンバーの揃っていることか。

旧体制の陣営にとっては、まさに驚天動地の顔ぶれである。高野自身、革新政党・団体の協力を目指す民主人民戦線の世話人の一人であり、主権在民を唱え天皇制廃止が持論であった。この高野のNHK会長就任で、国民の多くが時代の転換を実感したといわれる。

高野岩三郎は、放送についてどのような〝志〟を持っていたか。

それは、高野のNHK会長就任の挨拶（一九四六年四月三十日）によく示されている。時に高野は七六歳という高齢。当然のことながら、ラジオ時代でテレビは未だない。

高野はNHKの使命やあり方についてこう述べた。

「ラジオを通ずる新日本建設の事業は、申すまでもなく、民主日本の建設である以上、放送の対象は非常に広範な国民大衆であり、即ち勤労者大衆がその中核であります。従って、ラジオはこの大衆と共に歩み、この大衆のために奉仕せねばなりません。

太平洋戦争中のように、専ら国家権力に駆使され、所謂国家目的のために利用されることは、厳にこれを慎み、権力に屈せず、ひたすら大衆のために奉仕することを確保すべきであります。また、いわゆる指導者顔して、大衆と遠くかけ離れ、遥か彼方から大衆に号令し、大衆に強制し、大衆にラジオを嫌悪する感情を抱かせてはなりません。あくまで大衆と歩むことの心懸けが肝要であります。

然し、大衆と共に歩むことは、決して大衆に媚び、大衆に盲従することであってはなりません。ラジオの真の大衆性とは、大衆と共に歩み、大衆と共に手を取り合いつつ、大衆に一歩先んじて歩むことであります。

広汎な国民大衆と共にあるためには、一党一派に偏せず、徹頭徹尾不偏不党の態度を固く守ることの必要は、申すまでもありません。ラジオとしては、民主主義的であり、進歩的であり、大衆的である以外には、何等特定の政治的意見を固執してはなりません」

そして、職員に対し、次のように要望する。

「ラジオは……衆人環視の中で日夜活動しつつありますが、此処に職を奉ずる諸君はこの極めて重大な責任をはっきりと認識し、各人の凡ゆる創意工夫を発揮し、積極果敢に万全の施策を講ぜられんことを切望してやみません」

ここには「大衆・視聴者重視」「不偏不党、特定の政治的圧力に屈しない」「職員の責任の自覚、創意工夫」の姿勢が明確に打ち出されている。

高野は会長に就任するや、NHKの民主化のため大規模な機構改革に着手した。その目玉が放送文化研究所の創設であり、自ら所長に就任した。また、放送の報道の役割を重視して放送記者制度を発足させた。それまでは通信社や新聞社から配信された原稿をリライトしてニュースとして放送していたが、自主取材を取り入れることによって報道機関・ジャーナリズムとしてのNHKがスタートした。

このようにＮＨＫが自立・新生の道を歩み始めたときに直面したのが、放送ストライキであった。敗戦からの復興は始まったばかりで、深刻な食料不足とインフレーションの嵐が吹き荒れ、国民生活を脅かしていた。

日本新聞通信放送労働組合の放送支部であるＮＨＫの労働組合は、団体協約の締結、賃金引き上げなど三項目を要求して一九四六年十月五日にゼネストに入った。放送の国家管理という戦時中にもなかった異常事態のなかで、ストは長期化し社会的反響も大きくなった。

高野らの懸命の説得で、放送支部はようやくスト中止を決定し、十月二十五日午前零時を期して放送を再開した。

労使の妥結条件は、「経済要求は認め、労働協約は後日協議のうえ締結する」というもの。高野が交渉の当初から終始一貫主張していた内容であった。

それにしてもＩＬＯ（国際労働機関）に関係し労働問題には最も深い理解を示す高野を長期のストと放送の国家管理という異常事態で苦境に追い込み、高野もあくまで経営者の姿勢でこの争議に対処したのは、まさに時代が生んだ歴史の皮肉といえよう。

確かに、高野岩三郎は、歴代のＮＨＫ会長の中で最もリベラルな人物である。何事にも真摯に取り組む高齢の高野が二十日余のストで心身をすり減らし健康を害したことは間違いない。

島が高野を高く評価したのは、「常に大衆と共に歩む」「如何なる権力にも屈しない」という信念を高野が持ち続け、その姿勢に少しのブレがないからである。島は、融通無碍の自分とは対極にある高野という人物をある種の〝羨み〟の気持ちで見ていた。

高野は、ストの後、ＧＨＱの方針が次第に右旋回し官僚や保守系の幹部職員の攻勢が強まる中でも、終始変わらぬ基本理念を主張し、悪戦苦闘した。そして、やがて病に伏し現職のまま亡くなった。会長在任期間は、三年で終わった。志半ばの無念の死と言えよう。

島は、よくこう言っていた。

「高野さんには、戦前の国営放送、全面的に戦争協力をした戦中のＮＨＫを総括し、古い官僚体質を一掃しておいてもらいたかった。それができたのは、高邁な理想を持つ高野さんだけだった。健康がそれを許さなかった。高野さんが目指した新生ＮＨＫの路線は、高野さんの死で一挙に逆戻りして古い体質を温存させることになってしまった。真に国民の立場に立った民主的で自立したＮＨＫの基盤をつくるのは、あの時期しかなかった。かえすがえす残念だ」

足尾銅山。江戸時代に発掘を始めた足尾銅山は、明治維新で古河市兵衛に払い下げられ、古河鉱業は最新の施設、機械導入して銅鉱石の発掘、精錬を行い、日本の近代化に大いに貢献した。が、その反面、鉱毒ガスと酸性雨で周辺の山々は木が枯れて禿山になった。さらに、そこから流れ出た鉱毒を含んだ土砂が近くを流れる渡良瀬川に堆積し、川魚など生物を死滅させたほか、雨が降ると流域に洪水を引き起こして農作物に大きな被害を与えた。わが国の〝大規模公害の原点〟とされ、公害反対運動を展開した田中正造の名前と共に人びとの記憶に残っている。

島桂次は、足尾銅山がまだフル操業を続けていた一九二七（昭和二）年六月三十日に栃木県上都賀郡足尾町（現日光市）に島賢太、リツ夫妻の間に男二人、女三人の五人兄弟の三番目の次男として生まれた。父の賢太は、かっては赤銅《あかがね》街道と呼ばれた鉱業所に通じる道筋に並んだ商店街の一角で食料品店を営んでいた。裕福とは言えないまでも、日々の生活には困らない一家だった。両親は格別学問のある人ではなかったが、ともに子供の教育には熱心で、本が欲しいとせがまれればいつでも買い与えていた。ちなみにこの時代では珍しいことだが、女性を含む五人の兄弟は全員高等教育を受け大学か師範学校を出ている。

島は幼い頃は何処に行くにも四歳違いの兄誠の後をついて回り、「金魚のふん」のようだと言われていた。だが、兄が宇都宮中学に入り宇都宮に下宿して家にいなくなると、近くの子供たちを集めガキ大将になった。小柄だが、すばしっこく負けず嫌い。そのうえ、足尾小学校の成績がいつも学年一番だったから、皆から「桂坊、桂坊」と呼ばれて可愛がられた。

後年の島からはちょっと想像できないが、十八番は祭りに来る骨董を売るテキヤの仕草の真似だった。柴又の寅さんよろしく、「ネズミのふんはおまけだよ」などと身振り手振りをつけてやって周囲を爆笑の渦に巻き込んでいたという。

兄の誠は宇都宮中学時代野球の名手でプロ野球からスカウトが来るほどだったが、桂次は野球好きだがそれほどではなかった。それでも剣道の訓練では、いくら叩かれても狙うのは面だけ。そんなところにも島の性格がうかがえたという。のちに地球化学を専攻し理化学研究所主任研究員などを務めた兄の誠は、宇都宮中学校時代も卒業するまで成績一番を通した俊才であった。島も兄のあとを追って宇都宮中学校に進学するが、誠が卒業後母校を訪ねたとき、二人をよく知る先生から、「君より弟のほうが学問のセンスがある。研究者になるなら彼のほうが向いているのではないか」と言われたという。島も一般には真面目な生徒と見られていたが、学校で禁止している映画を見に行って停学になったことがある。それ相応に一人暮らしの下宿生活を楽しんでいたのだろう。

海軍兵学校時代（1945 年頃）

だが、島の中学時代は軍事色一色に染められた太平洋戦争のさなかであり、島も「お国のためにこの身を捧げよう」という愛国少年の一人であった。一年間の猛勉強の甲斐があって、四年修了で難関の海軍兵学校に合格。一九四四（昭和一九）年十月八日、七六期生として舞鶴分校に入学した。京都府舞鶴の海軍機関学校は同月一日に海軍兵学校に統合され、島ら七六期生は新体制の兵学校が迎えた初の生徒だった。

太平洋戦争は緒戦の真珠湾攻撃（一九四一年十二月八日）でこそ華々しい戦果を上げたが、翌四二年六月五日のミッドウェー海戦の敗北をきっかけに日本軍は後退を続け、島が兵学校に入学した頃は日本の敗色が濃厚だった。兵学校に入学すると、早速「職務第一、生死超越」の教育が始まった。しかし、島の海兵生活はわずか十カ月で終止符を打った。日本が米英など連合国に無条件降伏したためである。終戦から一週間ほどして、島は短剣こそ着けていなかったが、アイロンのかかった夏服に身を固め片手にトランクという兵学校生徒の姿で帰宅した。

何もしないうちに戦争が終わってしまった。一八歳の島の内面で張り詰めていた何かが切れたことは想像に難くない。「敗戦で性格が変わってしまった。大声で怒鳴り何事にも敵対的、攻撃的な態度をとるようになった」「しばらくの間は米軍機が上空を飛んでくる度に、あんな音は聞きたくない。俺が撃ち落としてやったのにと叫んで毛布をかぶっていた」と身近な人びとは当時の島の様子を証言している。島も後に「俺は一度死んでいる。怖いものはない」と言っていた。確かに海兵卒業者の戦没率は高く、五期上の七一期が五七％、七二期五四％、七三期でも三一％に上っている。四、五年早く海兵に入っていれば、島も戦死の可能性がかなり高かったわけである。わずか十カ月の兵学校生活であったが、そこでの教育、体験が、島の死生観やその後の生き様に影響を与えたことは間違いない。

だが、いつまでも荒れた生活を続けるわけにはいかない。母親の強い説得をうけて敗戦の翌一九四六年八月旧制新潟高校に入学した。食糧事情が極端に悪かったその時期、米どころ新潟なら一面焼け野原の東京に比べて食べ物が手に入りやすいだろう、それに島家はもともと新潟新発田の出であることが新潟高校を選んだ理由だった。三年間の課程を終え東北大学文学部美学美術史科に進んだが、これも兄の誠が同大学理学部の助手をしていて来ないかと誘ったからだ。講義にはほとんど出ない怠惰な学生だったが、それでも高校時代は西田幾多郎の『善の研究』、出隆の『哲学以前』が愛読書であり、大学時代はカントの『純粋理性批判』やヘーゲルの弁証法についてのドイツ語の原書など専ら哲学関係の書物を読みふけっていた。

足尾の実家の商店は、売る品物がなく開店休業の状態で、仕送りの余裕はない。そこで島は東京に出て来て学資稼ぎのアルバイトに励んだ。「多摩川の土手に作った掘っ立て小屋に住み、闇屋をやっていた」とはその後の本人の弁だが、真偽の程は今ひとつ定かでない。しかし、いろいろな仕事をしていたことは事実で、川崎の新丸子で小学校の代用教員を一年間務めたというのもある。教員資格がなく大学生のまま小学生を教えるなどということは、現在ではあり得ないことだが、敗戦直後の混乱期にはそう珍しいことではなかった。そのとき、島は同じ小学校で正教員をしていた東京女子高等師範学校出の一人の女性と知り合い、二人は間もなく結婚した。それが妻志ゲるである。島は当時まだ大学生で学生結婚だった。島は結婚当初から志ゲるに生活を支えてもらい、その後も二人のこどもの育児など家庭のことはまかせっきりだった。

一九五二（昭和二七）年三月、島は大学を卒業した。卒論は映画論、それもエイゼンシュテインの「戦艦ポチョムキン」のモンタージュについてだったという説もあるが、大学の研究室にも記録がなく確証は得られなかった。

兄の誠によれば、島は研究者の道に進みたかったようだ。しかし、家庭の事情がそれを許さず、ジャーナリズムを目指した。厳しい就職難の時代だったが、幸いNHKと新聞社に合格した。「固い職場のほうがよいのではないか」という父親の意見もあって、島は卒業と同時にNHKの放送記者になった。ちなみに、当時の東北大の美学・美術史専攻の学生は毎年五人前後だったが、同学年では島の他に名物アナウンサーとして名を馳せた鈴木健二、一学年下ではクラシック音楽担当の細野達也（のち洋楽部長、理事）、ニュース担当アナウンサーの杉澤陽太郎（のちアナウンス室長）がNHKに入っている。島が採用された放送記者は、新聞記者が新聞記事を書くように、放送のために報道記事を書き、リポートするのが主な仕事である。先に述べたように放送記者は高野会長の時代にスタートし、一九五二（昭和二七）年の採用は五期生で三二名であった。


一カ月の記者研修の後、島が配属になったのはNHK仙台放送局。警察担当――サツ回りで記者生活の第一歩を始めた。この仕事が島の性分に合っていたのだろう。「新聞に追いつけ追い越せ」を合言葉に、事件・事故の取材に駆けずり回った。それこそ、全生活を取材活動に注いだ。

島は自伝（『シマゲジ風雲録』文藝春秋社、二〇〇五年）の中で「シマゲジ」というあだ名の由来に関連してその一端をこう述べている。

「私がなぜ『シマゲジ』と呼ばれるのか。駆け出し時代についたあだ名だった。殺人事件の現場に非常線が張られ、立ち入り禁止になる。だが、現場を見ないことには取材にならない。誰かと尋ねる警察官に、『シマケイジです』と名乗ると、警察官は本署から来た刑事と間違え、現場まで案内してくれる。こうなれば特ダネものだ。だが、度重なると、仲間の記者連中から、

『あの野郎、ゲジゲジ虫みたいな奴だ』

と言われ、『シマゲジ』の愛称を頂くことになった。私は、このあだ名を誇りにすら思っている。私のジャーナリストとしての出発点を象徴する呼び名だからだ」

敏腕で頭もいいが、態度は横柄、怖いもの知らず。気に入らぬことがあると誰かまわず怒鳴りまくり、ときには「俺のビンタは海兵仕込みだ！」と言って取っ組み合いのケンカをする。真夜中にべろべろに酔って警察署に押しかけ、当直の警察官にからむ。たちまち仙台市内の各警察署では、誰一人知らぬ人はいない〝有名記者〟になった。当時一緒にサツ回りをした岡田登喜男（のちに警視庁記者クラブキャップ、放送文化調査研究所長）によれば、酒場通いは毎晩、当時まだ仙台市内を走っていた輪タクを「俺がこぐ」と言って川に落ちたのはまだよいほうで、酔って社宅の玄関のガラス戸に激突、血まみれになったこともあったという。また、仙台北署のデカ部屋で、〝探偵長〟といわれていた署内でもやり手の警部補と事件情報をめぐり「言え」、「言えぬ」をきっかけに取っ組み合いの乱闘を繰り広げたことがあるという。いまなら、公務執行妨害で即逮捕ということだろうが、当時はそれくらいのことは大目にみるおおらかな時代だった。「有能だが問題児」というのが、大方の上司や先輩記者の島評であった。

仙台で三年ほど過ごした後、盛岡放送局に転勤になった。大勢の取材記者のいる仙台と違って、盛岡は後輩の記者と二人だけ。警察だけでなく、県庁、市役所、農協、水産などもカバーしなければならな

い。島も録音機を担いで岩手県内を飛び回り、「何でも屋」の記者になった。

岩手県選出でのちに総理大臣になった鈴木善幸とは、この盛岡勤務時代に親しくなったという説が一部にあるが、それは間違いだろう。鈴木は当時すでに当選五回の自由党代議士で党の政調副会長などを務めていた。地元に帰る時間は少なく、島もいろいろな取材で手一杯で、鈴木と会う機会はあまりなかったはずだ。互いに顔見知りくらいの関係はあったかも知れないが、やはり肝胆相照らす緊密な仲になったのは東京に帰ってからと見るのが妥当だろう。

盛岡でも問題を起こした。島自身の説明によるとこうだ。酔っ払った勢いでアナウンサーを殴ってしまったのだ。当時は各地方局に夜勤のアナウンサーは一人しかいなかった。しかも、アナウンサー以外は放送をしてはいけない決まりだった。ところが、取材を終えてしこたま酒を飲んで局に上がった島が、ささいなことがきっかけでアナウンサーとケンカになり、相手を殴り倒してしまったのだ。

「水をかけても、何をしても起きない。そうこうするうちに夜一〇時のニュースの時間になった。だが、アナウンサーは倒れたままだ。仕方がないので、私がラジオのマイクに向かい、『本日の（ローカル）ニュースは何もなし。みなさんお休みなさい。サヨウナラ』とやって、あとは音楽を流し続けた」という。

局長と放送部長の必死の工作で盛岡局内限りの口頭の厳重注意ということで処理されたが、今なら暴力行為と就業規則違反で確実に懲戒免職になっていたであろう。

しかし、何が幸いするか分からない。「こんな問題記者はとても手に負えない。東京本部で引き取ってもらうほかない」ということになり、一九五七年の人事異動で東京に引き取られた。だが異動先は希望の社会担当ではなく、官邸詰めに空きがあるという理由で政治担当だった。島桂次の政治記者としてのキャリアは、こうして始まった。栄転ではなく、いわば厄介払いのかたちで東京に帰ってきたのだった。島桂次、二九歳であった。

# 第二章　激動の時代へ——政治記者島桂次

一九五五（昭和三〇）年といえば、日本の政治の「五五年体制」が成立した年である。同年十一月十五日の結党大会で自由党と日本民主党が保守合同をして「自由民主党」を結党し、日本社会党はその前の十月十三日に分裂していた右派と左派が党大会を開いて再統一した。保守・革新の二大政党制が誕生したわけである。しかし、実質的には常に保守が過半数を確保し、自由民主党が政権を担当した。これは、一九九三年の細川政権樹立まで続いた。

この間は政権を担当する自民党の派閥政治が全盛期の時代であった。

島桂次は保守合同後の五七（昭和三二）年五月の異動で、報道局内信部政経班に転勤になった。それ以降の日本の政治の激動を四〇年にわたって取材し見守り続けることになる。

首相官邸詰めの新人記者の最初の仕事は、首相の〝張り番〟であった。朝から晩まで首相の周辺にいて動向を取材し、情報をデスクに上げる。これをしばらくして島が最初に担当した派閥は、三木武夫と松村謙三の三木・松村派である。

ちなみに、一九六〇年前後の自民党内には八つの派閥が成立し、八個師団と呼ばれていた。保守合同以前の旧自由党系が、池田（勇人）、佐藤（栄作）、大野（伴睦）、石井（光次郎）の四派であり、旧民主党系は、岸（信介）、河野（一郎）、三木・松村、石橋（湛山）の四派であった。その後の展開をいえば、派閥は領袖の死などで離合集散を繰り返し、七〇年代末から九〇年代初頭にかけては、田中派、福田派、大平派、三木派、中曽根派の五大派閥に収斂された。派閥間のつば競り合いが自民党活性化のエネルギーにもなっていた。各派閥には、新聞・通信各社とNHKなどが担当記者を張り付けていた。

島も、東京武蔵野市吉祥寺の三木邸に毎晩通って親しくなり、次第に情報が取れるようになった。しかし、深夜に当時内幸町にあったNHKに上がってデスクの前で他派閥担当の記者と情報をつき合わせてみると、三木の言った情報にしばしば正確でないことがある。特に組閣や党人事については、自分の派閥に都合のよい情報を意識的に流す。

島が地方で経験したサツ取材では、警察官は「知らぬ」「言えぬ」と言うことはあっても、「嘘」は言わない。ベテランの政治記者なら三木の言動に政治家独特のニュアンスを読み取っただろう。が、地方から〝ぽっと出〟の新米記者にそんなことが分かろうはずがない。

こんなことが幾度かあって、短気の島は「三木さん、あんたはなぜ嘘をつくのか」と食って掛かった。「嘘とはなんだ。無礼だ！」と三木。当然三木との関係は悪くなり、鬱々として楽しめない日々が続いた。こんな状態では、取材に熱が入らず、三木邸への夜回りなども次第にしなくなった。

島は、のちに「いまから思えばあんなことを言ったのは若気の至りだが、三木ほどの人でも自分のためになるなら時に平気で嘘を言う。政治家というのはウソをつかなければ生きていけない人種だと本当に思った。質のよい情報を取るにはよほどの信頼関係を政治家との間に築かなければ駄目だ。また政治家と記者の間も相性があることを悟った」と語った。

デスクの配慮で、一年ほどのち島の担当は池田派に変わった。

しかし、三木と島の関係はこれで終わったわけではなく、その後もいくつかの起伏を持って続く。それは後で触れることになるだろう。

池田派担当は、島にとって念願のポストであった。池田派は、ワンマンといわれた吉田茂の衣鉢を佐藤栄作率いる佐藤派とともに受け継ぐ保守本流の派閥である。池田派は、島が担当になる少し前の一九五七（昭和三二）年十一月に「宏池会」という名称で発足していた。島は、領袖の池田勇人という人物に前々から何となく好意を懐いていた。池田は、通産大臣を務めていた一九五二（昭和二七）年に国会で、「五人や一〇人の中小企業の業者が倒産し、自殺しても、それはやむを得ない」、「貧乏人は米を食わずに麦を食えばよい」と発言し、放言として世論の強い批判を浴びた。が、島は、その発言は一面から見れば妥当であり、池田を「正直な政治家」としてむしろ評価していたのである。そこに逆に池田の人間味を見たのだ。

池田は、御大の吉田茂と同様、無類の記者嫌いで知られていた。ベテランの記者ですらめったに話ができなかった。島は持ち前の負けん気を出し、何が何でも池田に食い込んでやろうと決意した。普通のやり方では駄目だ。島は体を張ることにした。朝五時頃から深夜二時頃まで毎日、東京信濃町の池田邸に詰め掛けるのである。各社の記者もそこまでやる者はいない。しかし、池田は完全無視。口をきくどころか視線も向けてくれない。池田邸にはいつも大勢の新聞記者が詰めかけていたが、邸内のどこまで立ち入ることができるかで池田との付き合いの深さの目安になった。応接間に通されるか、茶の間まで入れるかどうかでランク分けされていたのだ。そのときの島は、当然「応接間組」である。

一週間ほどたったとき、池田夫人の満枝さんが、「そんなに頑張ると体を壊してしまいますよ」と声をかけてくれた。「池田さんに会うまでは続けるつもりです」と答えたが、どうもそれを夫人が池田に伝えてくれたらしい。

その後の経緯は、島の自伝（『シマゲジ風雲録』文藝春秋社）によると次のとおりだ。少し長いが、そのまま紹介する。

「とうとう池田氏本人から声がかかったのは、一カ月以上経ってからのことだろう。といっても、池田氏が朝出かける前、車の窓を開けてのことだった。

『おまえはなんで俺のところへ毎日毎日通うんだ。おまえみたいな記者が来ても、俺は話をせん。無駄なことだ』

いきなり声をかけられると思っていなかったので、とっさに口から出た言葉が、

「なんでといわれても困ります。わたしは何となくあなたが好きなんです」

というものだった。池田氏は、

『うるさいっ』

とひと言残して去っていった。

その翌日、池田氏が帰宅した際、私は再び声をかけられた。

『俺も長い間政治家をやって来たけど、朝晩朝晩家の前に立っていたのはおまえだけだ。俺は政治家、おまえは記者だ。俺は記者なんか大嫌いだが、おまえが俺と人間的な付き合いをするというなら付き合おう。その気があるならこれから飲もう』」。

それから一晩飲み明かしたという。島の体を張った作戦が見事成功したのである。以来、池田との間

に信頼関係ができ、池田邸でも数少ない「茶の間」組に入ったことは言うまでもない。

酒を酌み交わしているうち、池田は島にもう一つ重要なことを言った。

「俺はいまいろいろ忙しい。おまえの相手をしている時間も多くない。俺に話を聞きたいときは大平（正芳）のところへ行け。俺が考えていることは大平も考えている」

このとき池田は、生涯続くことになる大平正芳と島桂次との交流の橋渡しをしてくれたのである。当時、池田は大蔵大臣や通産大臣を務め、次代の総理大臣の有力候補と目されていた。一方、大平は四年生議員で池田の信頼の厚い側近の一人だったが、まだ大臣も経験していなかった。

池田に言われたとおり東京文京区駒込林町の大平の家を夜訪ねると、志げ子夫人が玄関に出てきて、「ここは大平の家ですよ。記者さんなんかがいらっしゃるところではございません。何かの間違いではありませんか」と驚いていたという。それでも茶の間に通され、池田とは違い一滴の酒も飲めない大平を相手に島が一方的にぶちまくったという。

池田は島が気に入り、ときどき意見が聞きたいといって声をかけてくれたが、日常的には大平を通じて池田の見解を聞き、自分の意見や見通しを述べていた。

一九六〇（昭和三五）年、日米安保条約改定をめぐる騒動の中で自民党の岸信介首相が退陣し、石井光次郎、藤山愛一郎と池田の三人で総裁の椅子を争うことになった。長年、宏池会の事務局長を務めた木村貢によれば、投票前夜の七月十三日の深夜一時過ぎ、島が池田邸に、「大平はいるか。向こう（党人派）は、まだ多数派工作をどんどんやっているぞ」と票読みの情報を持ってやって来たという。また、決選投票の末、池田が勝ち、箱根の仙石原で組閣の構想を練っていたとき、島は池田に直接会って「安保騒動の混乱の収拾、事態の沈静化が最重要課題」と意見を述べている。そして官房長官に内定していた大平の車に同乗して東京に帰る車中で、大平と島は池田新内閣の姿勢に関連してこんな会話を交わした。

「池田さんはいつも言いたいことは言い、そのために大臣の席を棒に振ったことがある人だ。池田さんを補佐するために俺はどういう役割を果たしたらいいんだろうか。池田さんには足らず俺にあるのは何だろう。少なくとも俺には、相手の立場になってできるだけ考える寛容さと忍耐強さだけは自信がある。それが、これからの池田さんに必要なことではないか」

「そのとおりだ。それを池田さんに強く勧めなさい」

池田内閣の旗印である「寛容と忍耐」の発端である。

国論を二分した日米安保条約改定は、一九六〇年五月十九日深夜、雨が降りしきる国会を取り囲んだ三万人の〝アンポ反対〟の怒号が渦巻く中、自由民主党の強硬採決で承認された。が、岸信介首相の強引ともいえる政治手法は世論の強い批判を受け、岸は首相辞任に追い込まれた。

岸の後を継いだ池田は、〝低姿勢〟で国民に臨むことにし、そのキャッチフレーズが「寛容と忍耐」であった。また、向こう十年のうちに国民の所得を二倍にするという「所得倍増計画」を発表して国民の目を経済に向け、政治の季節から経済の季節への転換をはかったのである。世界から奇跡といわれた日本経済の高度成長の号砲を放ったのだ。

これより前、ポスト岸を決める総裁選挙には、池田のほか、石井光次郎、藤山愛一郎が立候補した。池田勝利のためには佐藤派の全面支持が不可欠であった。池田派の選挙参謀は大平である。島は、大平から「佐藤派の誰を頼りにすればよいか」と相談を持ちかけられ、即座に「若い実力者の田中角栄にしなさい」と答えた。大平と田中は、旧自由党の吉田茂派が池田派と佐藤派に分かれる前からの知り合いだったが、派閥を超えた固い絆はこの選挙を通じてできたといわれる。島も二人の結びつきに一口嚙んでいた。二人は総裁選挙中を通じて緊密な情報交換を行い、島も票読みの作戦会議に参加し、しばしば二人の連絡役を務めた。池田は、終始佐藤派の支持を得て決選投票の末、総裁に選ばれ、首相の座を手にした。政治家と記者の違いはあるが、こうして田中・大平・島のトライアングルの濃厚な関係ができたと島は言う。

しかし、島の政治人脈の原点はやはり池田勇人であった。島は、誠実で正しいと思ったことは一途に実行する池田の性格を好ましく思い、政治家としてだけでなく豪放だが気配りのある池田を一人の人間として尊敬していた。自分を政治記者として初めて評価してくれたのも池田であった。酒好きという点でも共通点があった。

もう一人は、大平正芳。事あるごとに、相談し相談される仲になった。島にとって、大平は兄のような存在であった。大平の家は出入り自由、島は自分の家のように振る舞った。

その頃の大平の思い出を島は、大平への追悼録に寄せた一文の中で次のように記している。

「当時の私は、向う気が強く、酒びたりで、いったん飲みだすと留まるところを知らず、文字通り〝無法松〟のような生活を続けていた。そんなある夜のことである。しこたま酒を飲んで大平邸を訪れた私は、ご機嫌で政治談議をするというより独りで勝手なことをぶっていた。おとうちゃん（大平）は一滴の酒ものまず、いやな顔ひとつ見せず酔っぱらいの〝たわごと〟に黙々と耳を傾けていた。……時間の経つのも忘れてウイスキーのボトルを三分の二ぐらいあけたころ、ふとおとうちゃんが顔をあげていわく。『島君、もう夜が明けてしまったようだ。実はこれから羽田から飛行機で大阪に行く用事があるので失礼するよ』。

このとき、さすがの私も酔いもさめてびっくり仰天、おとうちゃんに両手をついて謝った。のんだくれの駆け出し記者のたわごとを、五時間も相槌をうって聞いてくれるこの人は、いったい、どうゆう人なのか、これだけふところの深い忍耐強い人がいるだろうか。この時から、わたしはおとうちゃんがやがて必ず日本の卓越した指導者になると固く信じたのである」

一般にジャーナリストとは、単なる情報の分析や伝達をする人ではなく、権力に対して批判の姿勢を忘れず、いわゆる社会の木鐸でなければならぬとされている。

島の先輩政治記者で、のちにNHK解説委員長などを務めた山室英男は、ジャーナリストの要件は、次の四点だという。これは、山室が朝日新聞の大記者といわれた緒方竹虎（朝日新聞の記者、主筆を経て吉田内閣副総理、保守合同で発足した自由民主党代行委員）から学んだものだ。

（一）記者である前に紳士であれ。

（二）記者であると同時に歴史家であれ。

（三）記者は、絶対に口外できないことを知る立場にある人間であることを自覚せよ。

（四）記者は、入手した情報で「書いてよいこと」と「書いていけないこと」を自分で判断せよ（この判断が記者の死命を制する）。

だが、先にも述べたように五五年体制下は、野党の力が弱く、与党の自由民主党天下の時代である。自民党内では各派閥が〝党内党〟の状態で、互いに権力をめぐって激しい闘争を展開している。こういう状況の下では、記者は派閥の中に入り込まなければ価値の高い情報を取ることは難しい。奇麗事だけでは済まされない。政治の置かれた時代状況によって、記者は政治へのスタンスや取材の仕方など、それに適した対応を考えなければならないのだ。

政治記者には二つのタイプがあるといわれる。一つは、派閥には一定の距離をおき政界や政策をこつこつ取材してネタを取り、時にスクープ記事を書くタイプ。もう一つは、あまり記事は書かないが、有力政治家のふところに飛び込み、相談役的存在になって政界に一定の影響力を持つタイプである。島は間違いなく後者だろう。それは彼の記者としての生命線であり、本領発揮の領域であると同時に、ジャーナリストとしての悩みの種でもあった。

島は、当時を振り返ってこう語っている。

「『俺はこう考える。あんたはそこが間違っている。これはこうすべきではないか』と政治家と議論し、コミュニケーションをとることのほうが国のためになる。特ダネを抜いた抜かれたという次元で競争するより、日本の政治、社会を良くすることのほうが、本当の意味でのジャーナリストの仕事ではないか、と絶えず自分に言い聞かせていた」

派閥内で信頼関係がいったんできると、そうそう簡単に派閥に不利な情報を記事にできるものではない。総理・総裁を出している派閥ともなれば、極秘の情報も入ってくる。島は、入手した情報を書くかどうかについて、自分なりに二つの基準を設けていた。第一は、書くことが国益、くだいて言えば国民のためになるかどうか。国益になるなら、派閥の領袖らと徹底的に議論したうえで反対を押し切ってでも記事にする。第二は、書くタイミングである。情報は知ったからといってすぐ書くというのではなく、ものによっては機が熟すまで待つ。しかし、いずれの場合も記事にするかしないかは、自分の判断で決めるというものだ。

先に挙げたジャーナリストとしての四要件のうち、（一）の「紳士的たれ」は時に酒乱気味になるこの時代の島の場合、問題外だろう。（二）の「歴史の証言者たれ」は島が仰ぎ見る〝志〟である。（三）の「口外できないことを知る立場の自覚」と（四）「書くか書かないかの判断」は、日常の取材活動の中で最も留意していたことだ。それは、〝誰のための取材か〟という記者にのしかかる責任の重さでもあった。

島の乱暴な表現に従えば、政治記者は「十手取り縄の御用聞きがバクチ打ち」を兼用しているようなものだという。これは島一流の自虐的表現である。つまり、庶民の味方であるはずの御用聞き（記者）が、権力者（有力政治家）にすり寄ってその恩恵にあずかるバクチ打ちになるといったほどの意味であろうか。

島は自伝のなかで、「私に反省すべき点があるとすれば、ある時期の政治記者の多くがそうであったように、半分以上『あちら側の人間』になっていたことだ」と書いている。島は敏腕の記者・ジャーナリストとして池田勇人、田中角栄、大平正芳、鈴木善幸という最高権力者と深いつながりを持ち、それが必然的にNHKと島自身の立場と力を高めることになった。ジャーナリストと派閥の住人との〝境目〟はきわめて曖昧だ。政治家と親しい関係になった場合、その政治家にべったり言いなりになる場合と、シンパシーを感ずれば感ずるほどその政治家と率直に意見交換をしてもっといい政治をしてもらいたいと協力する場合がある。島がしてきたのは、間違いなく後者の付き合い方だ。

島は島なりにジャーナリストとしてのけじめを付けていた訳だが、この手法では、外の人間から見れば、権力とグルになっていて必要なことを国民に伝えていないのではないかと疑われても致し方なかろう。だが、これは批判を受けるかどうかではなく、一義的にはジャーナリストとしての信条の問題だろう。

派閥の力学で動く自由民主党にあっては、記者も派閥の中に入り込まなければ、思うような取材ができない。各派閥は、自分の派閥を〝ムラ〟と呼んでいたが、記者は多少の程度の差はあってもムラの住民にならざるをえない。私も一九六〇、七〇年代現役の社会部記者時代の泊まり勤務のとき、報道局の大部屋で各派閥担当の政治記者が夜回りから帰ってきて朝用のニュースの出稿でどこに力点を置くかをめぐって激しくやり合うのを再三目撃した。「これでは派閥の代理戦争でないか」と思ったものだ。これはなにもNHKだけではない。他の大手新聞社などにも共通していたようだ。

島については、同僚の記者に聞いても、大スクープをしたという話はあまり聞かない。無論、それぞれの時点に主要な政治テーマについて一番的確で掘り下げた情報を持っているし、内閣・党役員などの名簿を発表前にいち早く持ってくるのも島が多かった。知っているのにスクープ記事を書かなかったのは、先に紹介した島の信条によるものだろう。宏池会の幹部によれば、日中問題など重要な政策課題があった場合は、領袖と徹底的に議論し島の意見が実際に政策に取り入れられることが少なくなかったという。

ここで、島がいかに有力政治家に食い込んでいたか。それに関連したエピソードを紹介してみよう。まず、NHK元会長の海老沢勝二の話。

「四年間の地方勤務を終わって一九六一年東京に帰ってくると、霞クラブ（外務省記者クラブ）の担当になった。キャップが島さん。島さんは夕方にしか出てこない。発表物などは私ともう一人の記者で処理していた。大臣は大平さん。島さんは重要案件のポイントは事前に大平さんから聞いていてすべて頭に入っている。分からないことを聞くと即座に答えてくれた。ある晩、ちょっと付き合えというので、ついて行くと行き先は東京・信濃町の池田総理の私邸だった。案内も請わず、ずかずかと茶の間に入り込み『やあ、やあ』と言って総理と早速酒を飲み始めた。『今度霞クラブに来た海老沢です』と紹介してくれたが、うわの空。東京の記者は凄い、自分も早くこうならねばと思ったものです」

もう一つ、これも一九六一年の暮れのことだ。社会番組部のディレクター樋口英樹（のちNHK経営主幹）は、陳情合戦を中心に予算編成をめぐるドキュメンタリー制作を企画した。これには大蔵大臣田中角栄の自宅を含めた取材が欠かせない。政経部のデスクに相談したところ、「それは難しい」と言ってろくに話も聞いてくれない。たまたま政経部に来ていて机に足をあげてタバコを吸っていた島が、このやり取りを聞いていた。

樋口が自分のデスクに戻った頃、一本の電話がかかってきた。

「島だ。お前、本当にドキュメンタリーをつくりたいのか。そうなら、あす午後四時頃外務省の霞クラブに来い」

翌日指定の時間に訪ねて行くと、道路を隔てて隣にある大蔵省三階の大臣室に直行。秘書の案内も請わずにずかずかと部屋に入り、ソファーにどっかり腰を下ろした。

「角さん、こいつが予算編成のドキュメンタリーをつくりたいと言っている。目白の私邸での取材も含めて協力してやってくれないか」

「分かった。細かいことは秘書と打ち合わせておいてくれ。島、お前にちょっと話がある。残ってくれ」

大蔵省担当でないのにこんな調子。「角さんと島さんは、派閥が違うのにツーカーの関係だなと思った」と樋口は述懐する。

島が宏池会（池田派）の担当になったのは三〇歳のとき。宏池会会長の座は、初代の池田勇人から、前尾繁三郎、大平正芳、鈴木善幸、宮沢喜一へと引き継がれた。全員が自由民主党の枢要のポストを歴任し、このうち、池田、大平、鈴木、宮沢は総理大臣になっている。宏池会は、まさに保守本流、自民党の主流中の主流派閥であった。

宏池会で長年事務局長を務めた木村貢は、島についてこう語ってくれた。事務局長といえば派閥資金の金庫番である。

「宏池会の歴代会長は、みんな島さんを深く信頼していました。島さんは、頭の回転の早い人、切れる人という定評があり、会長とはいつも対等で、『あんた、おれ』の口調で話していた。それにはジャーナリストとしての矜持があったのでしょう。若い頃は酒癖が尋常ではなくすぐ人にからんでいました。大平さん、鈴木さんは、一方的にしゃべりまくる島さんの話を『うん、うん』とうなずいて聞いていましたが、宮沢さんとは確か物価問題だったと思いますが、激論が嵩じて取っ組み合いのケンカになったこともありました。歴代会長は、『少々酒癖がよくないが、憎めない人』と思っていたのではないでしょうか。

特に、大平、鈴木会長とは年は離れていましたが兄弟同然で、重要な政策課題や他派閥との間に問題が起きたときなどは、島さんを呼んで意見を聞いていました。四人も総理・総裁を出した派閥ですから、国家を左右する極秘事項の相談も多くあったはずです。いつ勉強したかと思えるほど政策に強く、党内の事情にも通じていました。政治家ではないが、日本の政治・政局に影響力を持った人でした。私たちは、『怖いが、頼りになる人。宏池会には欠かせない人』と思っていました。お金にはきれいで、迷惑をこうむったことは一度もありません」

派閥は、別名〝ムラ〟といわれることは前述したが、まさしく会長を頂点としたムラ共同体（ゲマインシャフト）である。島は宏池会というムラにすっぽり浸かり、他のムラとの間を飛び回っていた。派閥全盛期の実力のある敏腕記者の一つの典型であろう。

ここで、派閥にかかわった島の活動をいくつか具体的に見てみよう。

島は、池田勇人を「終生の恩人」と尊敬していた。その池田から島に「会いたい」との連絡があった。喉頭がんの治療のため東大病院に再入院する直前の一九六五年（昭和四〇）年六月末のことだ。島が早速駆けつけると、有名画家の富士山の絵をくれ、「お前に頼みたい」と言って語りだした。島によればこうだ。

「俺はもう先が長くない。心残りは宏池会のことだ。前尾と大平だが、どうもうまくいかない。それに二人ともいまひとつ喰い足りないところがある。これに比べれば、角栄は危ういところもあるがパワフルだ。大蔵大臣として使ってみてよく分かった。佐藤（栄作首相）の後はこのままいけば角栄が引き継ぐのもやむをえない。そのとき、宏池会が変にならないよう見ていて欲しい。お前さんが、大平、角栄ととくに親しいから頼むのだ」

いつもは強引な池田に似合わぬ丁重な物言いで、死期を悟っているようだったという。

「宏池会は多士済々、そんな心配はいりませんよ。まだ死ぬわけでもなし、早くよくなって下さい」

と言う島に池田は、

「宜しく頼む」の一点張りだったという。

ジャーナリストでありながら、首相を務めた人から宏池会の命運を左右しかねない依頼を受けたことに、島は事の重大性とともにジャーナリストと政治家の間の一線を踏み越えてしまったのかなという若干の戸惑いを感じた、と述懐している。島がその後、宏池会や自民党内で調整役的な行動をするのは、この池田の〝遺言〟がそもそもの動機になっている。

これより前、かねてがん治療中の池田勇人首相は、東京オリンピック終了の翌日一九六四（昭和三九）年十月二十五日辞意を表明、十一月九日後継の佐藤栄作内閣が成立した。全閣僚が留任したが、官房長官の鈴木善幸だけが辞任した。これには島が深く関わっていた。

「『首相の分身ともいえる官房長官は総裁派閥から出すべきだ。自分は身を引く』と佐藤新首相に言いなさい。そのほうがあんたのためになる」

と鈴木に強く進言していたのだ。こうすれば、佐藤は鈴木に恩義を感じ、今後とも鈴木を大事にしてくれる。田中、大平のつながりはあるが、佐藤派と宏池会の間にもう一本太いパイプをつくるというのが、島の狙いだった。島の見込みは見事に当たった。鈴木は佐藤の八年に及ぶ長期政権の間、大臣や党役員など常に陽の当たる道を歩き続け、佐藤派幹部なかでも田中角栄と二階堂進と親しい仲になった。

鈴木は、島が宏池会を担当し始めた頃には、すでに幹部の一人だった。官僚出身者が多い宏池会にあって珍しく生粋の党人派であった。鈴木は選挙区が盛岡、島は盛岡放送局に勤務したことについては前述したとおりだが、このことから二人には共通の話題も多く、鈴木は何かと島を頼りにしていた。島も鈴木の飾らぬ人柄に好感を持ち、親身になって相談に乗っていた。

一九六四（昭和三九）年秋頃、池田内閣の官房長官を辞めて無役になり少し暇になった鈴木が、島と二人きりで盛岡にお国帰りしたことがあった。

「おい島」「なんだ善幸さん」と言った調子で、周りの目には二人は本当に気を許した友達に見えたという。当時、盛岡放送局勤務だった渡部亮次郎（のちNHK政治部を経て園田直外相秘書官など）は、会食の席で鈴木がこう言ったのを今もはっきり覚えている。

「島は少々行儀が悪いが、頭がいいんだ。何しろ島は海兵（海軍兵学校）、俺は水産講習所（のちの東京水産大、現東京海洋大）だからな。口調は乱暴だが、俺のことを心配していろいろ動いてくれる。腹に一物ある政治家よりはるかに信用できる。だから、大事な問題はいつも打ち明け、助言してもらうようにしているのだ」

鈴木善幸は、のちに大平の急死の後を受けて党内の混乱もなくスムースに首相の座についた。

「これも鈴木が長年にわたり田中派（佐藤派の後継）との間に築いていた信頼関係があればこそだった」

と島は話していた。

宏池会内部でもこんなことがあった。

一九六五（昭和四〇）年八月、初代の池田勇人の死去に伴い、宏池会の第二代会長に前尾繁三郎が就任した。前尾は大蔵官僚の出身だが、学者肌で政界有数の読書家として知られていた。政治家としての見識は一流だったが、積極的なタイプではなかった。「待ちの政治家」と呼ばれ、「暗闇の牛」とも評された。総裁選挙にも佐藤栄作総裁に対抗して二度出馬している。しかし、宏地会という名門派閥を代表しているのにその結果は思わしくなかった。

二度目の出馬の一九六八（昭和四三）年十一月の総裁選挙では、三選した佐藤はおろか、弱小派閥のリーダー三木武夫にも抜かれ、最下位になってしまった。さらに一九七〇年十月の総裁選では、立候補を見送って「佐藤四選」に協力した。ところが、佐藤首相は四選後の内閣改造は行わず、宏池会の意向は無視されたかたちになった。これでは、派内がおさまらない。「前尾会長は、佐藤首相に抑え込まれ、言うべきことを言わない」という声が、若手議員を中心に噴き出した。宏池会内部は、「ベテランvs若手」という構図で混乱が続き、前尾と大平の対立も決定的になった。

若手グループのリーダー田中六助は、

「宏池会は前尾の考える『政策集団』ではなく、大平のいう『政権獲得集団』であるべきだ」

と派内の会合で述べ、会長交代を強く主張した。田中六助は、島が宏池会を担当した当初、日本経済新聞記者として一緒に仕事をした仲間である。

島はこのグループの賛同者というより会長交代の積極的な推進者で、「前尾会長が続けば宏池会は駄目になる」と声高に叫んでいた。田中らは、大平支持といっても現職の前尾会長の下では表立って動き回るのは難しい。そこで議員ではない島が派内工作をする役を引き受け、ベテラン議員などへの説得に走り回った。とくに、なかなか旗幟を鮮明にしなかったベテラン議員の有力者鈴木善幸が、「旗（総裁候補）の立たない派閥は意味がない。大平以外に人がいないではないか」との島の執拗な説得に根負けし、大平支持にまわった。これで派内の大勢が決した。

一九七一（昭和四六）年四月、前尾繁三郎は健康を理由にしぶしぶ会長を退き、宏池会は分裂することなく大平正芳に引き継がれた。

大平は、島の労を多とした。実はこのとき、大平は政治的な危機に直面していたからだ。このまま派内の混乱が続けば、大平は自分が主催する政策研究グループ「木曜会」同志を率いて派を割ることすら考えていたのだ。その場合、実際についてくるのは若手を中心に七〜八人、最悪を考えれば総理・総裁への道を断たれることにもなりかねない。それを島の尽力で宏池会を割らずに済んだどころか、第三代の会長の座も獲得することができたのである。

当時大蔵省に勤め大平の私設秘書的存在だった森田一（大平の娘婿、のち首相首席秘書官、国土交通相）は、こう語る。

「大平の島さんに対する信頼はこれで一段と上がり、伊東正義さんと並ぶ名実共に政治家、記者の垣根を越えた〝真の盟友〟になったと思います。島さんは別格の扱いになり、重要なことから内輪の問題まで何でも心置きなく打ち明けて相談していました」

伊東は、農林事務次官を経て政界に入り、「趣味が大平」と言うほど、大平の人柄、政治家としての素質に惚れ込んでいた。のちに大平内閣の官房長官を務め、大平が急死したあとは首相臨時代理として国政を担当した。

「大平クーデター」とも呼ばれるこの騒動に影の主役として動いた島は、一方で、前尾グループの恨みを一手に受けることにもなった。それが後に二十年という歳月を経て島桂次の運命を大きく左右したという見方も一部にある。

それは前尾の引退でその選挙地盤を譲り受けた野中広務に絡む話である。野中は自民党の幹事長などを務めた実力者で、政界を引退したいまも隠然たる影響力を持っている。野中は京都府副知事を経て一九八〇（昭和五五）年六月の選挙で衆議院議員に当選した。五七歳での初当選であった。野中は、つねづね「前尾先生は私の恩人です」と口にしていた。前尾と野中の交友の中で、「大平クーデター」のことが話題になり、野中は前尾から無念の宏池会会長辞任、島の暗躍などの詳細を聞かされていたはずだ。

野中は後に筆者とのインタビューで、「そんなことは話題にもならなかった。事実無根だ」と一笑に付したが、「野中さんが『政治家でもない一記者の島が前尾会長引き降ろしの工作をするとはとんでもないことだ。いつか機会があればケリをつける』と思っていたことは十分ありうることだ」という宏池会関係者は少なくない。「江戸の仇を長崎で討った」という類いだ。この件については四章で詳しく説明するが、国会での虚偽発言という厳然たる事実がある以上、衆議院逓信委員会委員長たる野中が二十年も前の私憤をまじえて島をNHK会長辞任に追い込んだとはとても思えない。しかし、今回の取材でも「十分考えられることだ」という意見を複数の人から改めて聞かされた。

島が大平のために積極的な役割を果たしたのは、まさに寛容と忍耐を地でいく大平の人柄、茫洋と見えるがその裏に潜む見識、政策構想力、それに国の先行きを見通すリベラル保守の国家観に共鳴したからに他ならない。そして、いつかこの男を一国の首相にしてみせる。これが島の政治における「志」であった。

この間、島桂次は平河クラブ（自民党）、霞クラブ（外務省）キャップなどを経て一九六五（昭和四〇）年に報道局政経部副部長、七〇年には念願の政治部長にはなれなかったが政経番組部長になり政治、経済番組を統括する地位に就いた。さらに七三年にはニュースセンター（報道局）次長兼務で局内の番組全体に責任を持つ報道番組部長になった。番組を握ることで島の内外の影響力は一段と強まった。詳細については五章で述べる。しかし、管理職になっても夕方になると一人の政治記者に戻って相変わらず永田町回りを続けていた。

一九七二（昭和四七）年五月十五日、沖縄が日本に返還され、佐藤栄作首相は、これを花道にして七年八カ月にわたる長期政権の幕を閉じた。

次期政権を目指して名乗りをあげたのが、三木武夫、田中角栄、大平正芳、福田赳夫。いわゆる、「三角大福」の登場である。

大平と田中は、一方が寛容と忍耐の人、他方が決断と実行の人ときわめて対照的だが、単なる政治家同士の利害関係でなく互いに長所を認め、足りないところを補い合う深い友情で結ばれていた。この二人がそれぞれの派閥を代表して一九七二年七月の総裁選で争うことになったのである。

総裁選前のある日、島は東京目白の私邸に田中を訪ね、面と向かってこんな進言をした。

「角さん、あんたが党内最大派閥の領袖で、次の総裁の最有力候補であることは間違いない。だが、あんたはまだまだ若い。急ぐことはない。先に大平に総理大臣をさせて、それを角さんが継ぐというかたちのほうがよいのではありませんか」

これに対し、田中は例のダミ声で、

「島よ、大平君には確かに俺より優れた面がある。だが、彼は幹事長と大蔵大臣のポストをまだ経験していない。この二つをやっておかないと、やりづらいことも多かろう。だからこの際、すでに二つのポストを経験している俺が、まず総理になる。その代わり俺がやった後は、必ず大平君に総理をしてもらう。これははっきり約束する。俺の内閣ができたら、大平君には最重要の仕事をしてもらうつもりだ」

と言って譲らなかったという。

島はそのままを大平に報告し、大平は「そうか」と言って田中の言い分を聞き入れた。

そして大平の全面協力を得た田中が決選投票の末、福田赳夫を破り、一九七二(昭和四七)年七月田中角栄新内閣が発足した。

田中内閣の最重要課題は、日中国交回復。大平は外務大臣として田中首相を助けることになった。

一九七二年九月、大平が田中首相と共に日中国交正常化交渉のため、北京に向かう十日ほど前、島は深夜大平の私邸を訪れ、次のように助言した。

「角さんのこと、派手なことはすべて独り占めするでしょう。だが大切なのは、裏で行う実務交渉。あなたがすべて仕切らねばなりません。とくに、台湾問題をどう扱うか。両方に良い顔はできませんよ。決断が必要です。場合によっては〝国賊〟呼ばわりされ、暗殺もされかねない問題です。これだけはしっかり腹に入れて断固とした交渉をして下さい」

「『遺書でも書かねばな』と大平が真顔で答えたので、かえって面食らった」とはのちの島の弁である。日中間の交渉は、田中首相ら代表団が北京に到着した当日の九月二十五日から始まった。交渉は主に大平と周恩来首相、姫鵬飛外相の間で行われ、何度も壁に突き当たったが予定どおり二十九日に日中国交正常化を謳った共同声明が発表された。

問題の台湾問題については、国交正常化の調印式が行われた後の記者会見で、大平が、「日中関係正常化の結果として、日華平和条約はその存在意義を失い、終了したものとみなす」と述べ、ケリをつけた。周恩来首相ら中国側は、最大の関心事だっただけに調印式の当日の大平の発言を高く評価した。

大平は帰国後、島に「君の助言もあって俺のハラは出発前に決まっていた。いったん関係が正常化したからには、発表は早いほどよいと思い、その日のうちにした」と語っている。

田中・大平二人三脚の田中内閣は、田中首相の金脈問題が政治問題化して、一九七四年十二月に総辞職に追い込まれ二年五カ月で崩壊した。ちなみにロッキード事件が表面化したのはそれから二年後のことである。

田中内閣の後、椎名悦三郎副総裁の裁定による三木内閣、さらに福田内閣と続いたが、この間も、田中は大平との約束を守るべく、終始大平を支持した。金権政治批判の世論や党内事情もあって大平内閣の早期実現はならなかったが、田中が大平との約束を果たそうと努力したことは間違いない。

島桂次は大平内閣の実現に心を残しながら、一九七六（昭和五一）年九月NHKアメリカ総局長としてニューヨークに赴任した。三木首相は、不況対策そっちのけでロッキード事件の追及に力を入れ世論の喝采を受けていた。しかし、企業倒産が相次ぐなど経済状況は悪化の一途を辿り、自民党内には不満が高まっていた。それが、「挙党協（挙党体制確立協議会）」という三木包囲網を生み、「三木おろし」につながっていく。

同年十一月になって、ニューヨークの島の許に「大平と福田がポスト三木の総裁選を避けるために東京品川のホテル・パシフィックで密約を結んだ」という情報が届いた。それは、「福田総理・総裁、大平幹事長の体制でスタートし、二年後に福田が必ず総裁の座を大平に明け渡す」を暗黙の前提とした三項目からなる合意で、福田、大平のほか、園田直、鈴木善幸が文書に署名している。福田自身は回想録の中でこの文書の存在を否定しているが、当時、園田直の政務秘書をしていたNHK政治部出身の渡部亮次郎は「四人の署名のある文書の実物を見た」とはっきり証言している。

島は、すぐさまニューヨークから大平に電話した。

「あんたは福田と文書で約束したそうだが、そんなものが当てになりますか。岸信介総理と大野伴睦さんとの約束を思い出してください。大野さんは岸総理に政権禅譲の約束を反故にされたではありませんか。総理総裁をめざすなら、いまこそ断固戦うべきです」

「島君、文書の内容は外に出さない約束だから言えないが、たとえ騙されても、それが国のためになるならいいじゃないか」

「だから、あなたは駄目なんです。お人よし過ぎますよ！」

と島は一方的にまくし立てたが、密約が交わされたあとだったこともあって大平の決意を変えることはできなかった。

「これ以上政治を混乱させて国民に迷惑をかけるべきでないというのが大平の信念だったのだろう」とのちに島は述懐した。

一九七七（昭和五二）年七月、島は一〇カ月のアメリカ勤務を終えて帰国した。東京での政治記者としての活動が再開された。

しかし、島が指摘したとおり二年後の福田から大平への総裁禅譲の期待は裏切られた。福田が総裁の継続を希望し、七八（昭和五三）年十一月、自民党史上初の党員・党友全員参加による総裁公選が行われることになった。国会議員に先立って、党員による予備選挙があった。福田、大平のほか、中曽根康弘、河本敏夫の四人が立候補したが、実質的には福田、大平二者の血みどろの争いになった。序盤・中盤は福田優位のうちに進み、朝日新聞の世論調査（十月二十二日）は「大平は中曽根にも抜かれ三位」と報じたほどだ。

島は、「選挙は勝たねば意味がない。田中派の全面的協力が不可欠だ。電話だけでなく角栄に直接会うべきだ」と直言した。

「会うとしたらどこで会うか。新聞記者が張り付いている。よほど考えないとな」

「信濃町の池田邸はどうです。角さんは遠縁であそこにはちょくちょく顔をだしていましたし、池田さんの霊前で約束するというのもよいではありませんか。ただし、協力を取り付けるだけで他のことは一切約束しないで下さい。角さんにはそうしてもらう貸しがあるのですから」

それからしばらくして大平邸を深夜に訪ねたとき、大平から「会ったよ」と一言あった。朝日、毎日などが何と報道しようが、「これで勝った」と島は確信したと言う。

大平派の指揮を執ったのは、鈴木善幸だった。島は鈴木を補佐する実質的なカゲの参謀役であった。ここでも田中派とのパイプが有効に働き、竹下登、後藤田正晴ら幹部も選挙事務所に顔を出すなど田中派は一致して大平を応援した。とくに、東京を中心に田中派が行なった党員を一人一人掘り起こすローラー作戦が威力を発揮した。

予備選挙は大差で大平が勝利し、大平政権が誕生した。福田は「天の声にもときにはヘンな声がある」と言って本選挙出馬を見送ったのである。田中はこの選挙を通じて、ようやく大平の長年にわたる厚意に報いることができたのだった。

大平正芳は、一九七八（昭和五三）年十二月一日に臨時党大会で念願の自由民主党第九代総裁に選任された。このあと、十二月七日に第六八代首相に指名された。

だが、この大福対決の選挙は、大平にとっては「福田二年、大平二年」という密約実現の大義名分があったが、福田は最後までこれに納得しなかった。二人の間には大きなしこり、いや怨念が残った。

大平は総裁選に名乗りを上げてから六年もの雌伏期間があったため、自分の政権が成立したら「こうしたい」という政策構想を持っていた。

大平は意欲満々で、首相に就任早々、時代が急速に変貌している中で、「日本はどうあるべきか」「われわれは何をなすべきか」という問いに応えるべく総勢二〇〇人の学者、有識者を動員して九つの政策研究会を組織した。テーマは、「田園都市構想」「家庭基盤の充実」「総合安全保障」「環太平洋連帯構想」

など、政治、外交、防衛、経済、社会、科学技術など広範な分野にわたっている。

各研究会の報告書は、大平首相の死後に発表されたものもあるが、「家庭基盤の充実」では、少子高齢化や家庭の崩壊、「田園都市構想」では、地方と中央の格差の是正などいまにつながる問題を先取りして伝えている。また、情報化、ソフト化、サービス化といった言葉を総合的に世界に先駆けて使ったのも本報告書であることを指摘しておいてよいであろう。

さらに、地球社会の新たな担い手として太平洋諸国が自由で開かれた相互依存関係の形成を目指す「環太平洋連帯構想」は、日本が世界に向けて発したスケールの大きな外交メッセージとして世界各国の注目を集めた。

しかし、大平政治が順調に見えたのはここまでで、経済情勢の悪化に加えて、国内政治はことごとく福田派など反主流派に足を引っ張られて停滞した。

島によれば、「大平政権は党内抗争に明け暮れ、首相はやりたいことの十分の一もできなかった」。これは大平首相の死後首相代理を務めた伊東正義も同意見だったようだ。

党内抗争が激しくなるにつれ大平の苦悩は深まった。が、寛容と忍耐の人である大平は、同時に信念の人であった。「国の借金を次世代に引き継ぐわけには行かない。このままでは日本の財政は破綻する。そのためには、一般消費税を導入し税制改革を断行しなければならない」というのが大平の信念であった。だが、そうすれば、国民の反対に会い選挙も危なくなり、首相の座を反主流派に明け渡すことになるかもしれない。

島は「確か、国会解散前の一九七九年の夏のことだったと思う」と前置きして、大平首相の苦悩のひとこまをこう記している。

「ある夜十一時頃、大平さんの家に電話すると、志げ子夫人が小声で『主人、もう随分の間、応接間で頭を抱え込んだまま、うずくまっているの。島さん、ちょっと寄って話してみてよ』と言うのです。早速、訪ねてみると、大平さんは相変わらず同じ格好のままでいる。声をかけると、ようやく頭をあげて『一般消費税をやるか否かで、まだふんぎりがつかず悩んでいる』とつぶやくのです。いま思えばずいぶん無責任だったが、私はつい大声で『なんですか！　政治家がその政策が必要だと思ったら、内閣を投げ出してでも自分の命を捨ててでも、信念にしたがってやるべきじゃないですか』と怒鳴ってしまった。ところが大平さんはそれに何も答えずに、また下を向いたまま目を閉じて黙っている。……その姿こそ大平さんの最大限の葛藤の表現だったと思います。結局、大平さんはたとえ自民党が選挙で負けても、この際、一般消費税の導入はすべきだという決意を固めて選挙戦に臨むことになるのですが、この頃の大平さんは、すでに心身ともに消耗し尽くしていたと思います」

後に、島は当時を回想して、

「あのときは、何とか大平さんを励まそうと『政治家は自分の信念にしたがって命を捨ててでもやるべきだ』などと思わず乱暴なことを言ってしまった。しかし、たとえあなたの信念であっても消費税の導入はもっと時間をかけ国民の理解を得てからやりなさいと言うべきだった」

と反省していた。

大平は「一般消費税の導入」を掲げて選挙戦に入ったが、選挙民の余りの反発にこれを引っ込め、「増税なき財政再建」に方向転換した。が、時すでに遅く、大平自民党は一九七九（昭和五四）年十月七日投票の総選挙で過半数がとれず敗北した。

果たして、福田・三木の反主流派からは「大平辞めろ」の大合唱が起こった。そして、十一月六日に予定された特別国会の首班指名に、総裁の大平のほか、福田が立候補の名乗りを上げた。同じ自民党から二人の候補者が立候補するという異常事態になったのだ。

その頃のある深夜、島が憤懣やる方がないといった表情で大平邸を訪れ、寝ていた大平を叩き起こしてこう進言したという。

「総理、党内の総裁選挙ならいざ知らず、国会の首班指名に同じ党から二人の候補が出るなど前代未聞、そんな勝手な党員は即刻除名すべきです。そもそも保守合同時代（五五年体制）が長過ぎたのです。これを機にあなたが決断して、本格的な二大政党制に日本の政治を変えていくべきではないですか！」

これに対し、大平は目を閉じたまま、

「一面では君の言うとおりだ。しかし、野党に政権担当能力のない現実の中では、何より政局の安定が不可欠だ。雨降って地固まるだよ。いまは地面を割るべきときではない」

と答えたという。

「また、奇麗事を言って。選挙は勝たねば意味がありませんよ！　情勢は甘くありません。田中、大平派のほか、中間派の票をできるだけ集めて下さい……」

島は当時NHK報道局統括次長の要職にあったが、夜になると派閥記者に戻り、鈴木善幸ら宏池会幹部と情勢分析をする一方、中曽根派の渡辺美智雄、新自由クラブの山口敏夫らと連絡をとり情報交換という名目で間接的に大平への支持を依頼した。「記者としての業務を逸脱していることは十分承知していた。が、大平、福田は大接戦であり、何としても大平に勝たせたいというやむにやまれぬ気持ちだった」と後に述懐している。

十一月六日の衆議院本会議で、大平は決選投票の末、わずか一七票差で福田を破り、再度、首班に指名された。

九月十七日の総選挙から首班指名までほぼ四〇日であったことから大福のこの対決は「四〇日抗争」と呼ばれる。


第二次大平内閣が成立したものの、自民党内の主流派、反主流派の対決は、ますます悪化し抜き差しならないものになって行った。さらに、盟友田中角栄との関係も、「灰色高官」といわれた二階堂進の党三役入りを認めなかったことから、ギクシャクしていた。

田中とは互いに足らざるところを補い合う長年の盟友だが、思考は「決断型」と「熟慮型」とまさに正反対。また、福田は大蔵省の先輩だが、ことごとに政策で対立。内外の課題は山積し、日程は分刻みの超過密、ほとんど休みも取れない。それに、大平はもともと争いを好まない性格である。あれやこれやが重なって大平はこの時期、「疲労困憊の状態にあった」と島は言う。

こうした中、一九八〇（昭和五五）年五月十六日、野党から提出された内閣不信任案が、福田、三木の両反主流六九人がこぞって本会議を欠席したため、可決・成立してしまった。

これに対し大平首相は即時解散を行い、憲政史上初の衆参同時選挙が行われることになった。

こうして総選挙に突入したわけだが、わずか半年あまりの間に二度も総選挙を行うのだから自民党の金庫は空同然。幹事長だけに任せておけないと総裁の大平自身がスポンサーの企業トップに電話をかけまくっているのを島は目撃している。その姿に「鬼気迫る壮絶さを感じた」という。

選挙資金に加え大平にとって頭の痛いのは、不信任案採決を欠席した代議士の公認を認めるかどうかの問題であった。島は無論「公認すべきでない」という主張の急先鋒であった。時の総理、総裁に反旗を翻しておきながら自民党公認で出馬しようなんてとんでもないというわけだ。

「少なくとも、福田、三木、安倍晋太郎ら領袖クラスは公認すべきでない。自民党が大平・田中と福田・三木の二つに割れても、福田・三木について行くのはそんなに多くない。それより新自由クラブなどとの連立を模索したほうがはるかに生産的だ」

と島は大平に説いた。それが自民党主流派の読みでもあった。

しかし、大平は自由民主党が「大角自民党」と「三福自民党」の二つに割れる事態を避けるため、全員を公認した。「なぜだ」となおも迫る島に対し、大平は「総選挙の資金を新たに出す代わりに、『二つに割れるのは困る』という条件を財界がつけてきたのだ」と憮然とした表情で答えたと言われる。

一九八〇（昭和五五）年五月三十日にまず参議院選挙が公示されたが、島はその数日前東京瀬田の私邸で大平に会っている。疲れ切った表情で、顔色はどす黒く声にも生気がなくいつにも増して口数が少なかった。「総理、大丈夫ですか」との問いに、「もうここまで来たら全力を挙げてやる以外にないだろう」と大平は答えた。島はなんとなく胸騒ぎを覚え、「くよくよ考えずに少しでも休んで下さい」と言って引きあげたという。

公示日、大平は自民党本部前で第一声を発したあと、東京新宿や神奈川県内で演説を行った。周りの人びとには、体がかなりきつそうなことははっきり分かった。夕方、私邸に帰ってかかり付けの医師が脈をとると、不整脈が出ていた。絶対安静になり、深夜に寝台車で虎の門病院に入院した。

極秘の入院であったが、島には「本人限り」ということで、その日のうちに大平の家族から入院の知らせがあった。まさに、身内の扱いである。島自身、見舞いに行けば却って迷惑になると思い控えていたが、まさか亡くなるとは前日まで考えもしていなかったという。

大平の容態が急変した六月十一日の深夜、「お父ちゃんが死んでしまう。早く来て！」と志げ子夫人から悲鳴のような声で島に電話がかかり、すぐ病院に駆けつけた。志げ子夫人と共に病室に入り意識のない大平の手を握っていると、童謡の「月の砂漠」が自然に島の口をついて出た。涙が頬に伝わる涙をぬぐおうともせず、島は〝月の砂漠をはるばると……〟と二番の終わりまで歌いあげたという。そのときの島の心象風景は誰も窺い知ることはできない。荒涼たる砂漠の先にやっと目的地を見出し、いざこれからというときに倒れた大平と自分のこれまでの人生を重ね合わせたのか。それとも大平と志げ子夫人になぞらえて歌ったのか。

十二日午前五時五四分の死去と伊東正義首相臨時代理就任を確認し、島は渋谷の放送センターに帰った。連絡を受けた政治部長の河崎齊が、虎の門病院へのテレビ中継車の手配や「大平首相死去」の原稿の準備を終えて報道局長室で島を待っていた。ＮＨＫは、午前七時のニュースから一斉に報道を始めた。公式発表より三〇分も早いニュースであり、他マスコミの追随を許さないスクープだった。「ＮＨＫニュースで初めて大平首相死去を知った報道関係者も多かったのではないか」と河崎は言う。

衆参同時選挙は、大平が死去して一〇日後の六月二十二日に投票が行われた結果、衆議院、参議院とも自民党が圧勝した。過去六年間続いていた与野党伯仲状態に終止符を打ち、自民党は待望の「単独過半数」を獲得した。

「選挙の審判なんて皮肉なものだ」と晩年の島は私に語った。

「大平が元気だったら、自民党の苦戦は避けられなかった。それが大平の死去が追い風になって自民党の大勝をもたらした。こうした安定した政治状況の中で、せめて二年間大平に思う存分腕を振るわせたかった。自分の知る限り大平ほど『国民の目線で、国民に信を置いた政治をしようと考えていた政治家』を私は知らない。

大平の政治信条は、『国民の側にも何でも政治任せという〝甘え〟があってはならない。しかし、政治家は常に謙虚で自己改革を怠らず、時代の流れを的確に読んで柔軟に対応することが大切だ。わが身を捨ててでも国民のために尽くす』ということだった。

この志が、大平の突然の死によって実現されずに終わってしまったことがかえすがえす残念だ。

大平と私の関係は、政治家と政治記者といったケチなものではなく、日本を国民からも諸外国からも評価される国にしようという共通した思いで結ばれた人間的なものだった」

「あの風貌とあーとかうーといった間投詞をはさむ口調から世間一般に誤った印象を与えていたようだが、大平ほど勉強家で、財政、外交から庶民の生活にまで通じていた首相はいない。次の世代に付けをまわさないようにと心をくだいていた。争いごとをできれば避けたいと願い、平和と理想を常に追い求めていた知と情を兼ね備えた政治家だった。

角さんとの関係でも、一方的に押しまくられているように見えるが、実は、聞くだけ聞くと理論的に反論し、自分が納得しないことは受け付けなかった。政治家だから当然、妥協はあったが、角さんが『今日も大平に押し切られた』とよくぼやいていた。このことは近くで見聞きしていたからよく知っている。大平は思いやりのある人間関係を尊ぶ〝和の人〟であり、〝信念の人〟〝知の人〟でもあった」

晩年の島は、大平のことを話し出すと、止まらなくなる感じだった。

大平の次の宏池会会長には、番頭役だった鈴木善幸が適任と見られていた。一部に「善幸が会長になったら、宏池会は第二田中派になってしまう。田中派の支店ができるようなものだ」という声がないではなかった。田中と鈴木は一九四七（昭和二二）年四月に行われた新憲法下初の総選挙で当選した「同期の桜」であり、同時期に自民党の三役を何度も務めた仲だった。田中にとっては、理屈を言う大平よりはるかに扱いやすい人物と一般には見られていたからだ。

しかし、宏池会の大勢は党総務会長を一〇期務めるなどの実績を評価し鈴木を支持していた。ところが、当初は宏池会会長就任に乗り気と見られていた肝心の鈴木が、「その任にあらず」と宏池会の会長就任を断っているというのだ。

鈴木と島は、先に述べたようにツーカーの仲である。

同時選挙で自民党が圧勝してそれほど経たないある日、宏池会の幹部田中六助が、「善幸が会長就任を断っているが、宮沢（喜一）では派内がまとまらない。島ちゃん、どう思う」と困り切った表情で尋ねた。

「そうだな。あんたの言うとおり、善幸で行くしかあるまい」

「それでは一緒に口説いてくれ」ということになった。

大平正芳には、派内に伊東正義など真に信頼できる〝心友〟が何人もいた。が、鈴木の場合、みんな実績のある先輩政治家として尊敬はしているものの、直言をしてくれるような同僚、後輩の政治家はほとんどいない。それが鈴木に宏池会会長就任を渋らせている大きな理由だった。

田中六助と島は鈴木に会って、「私たちが犬馬の労をいとわず支援する。党内抗争の激しかった大平時代のあとにはあなたのような温和だが芯のある政治家が必要なんだ。内外の問題は山積しており、国政の空白は許されない」と口説き落とした。

自民党の後継総裁には中曽根派会長の中曽根康弘が意欲を見せていたが、党内の流れは宏池会、田中派の支持を受けた鈴木に集まった。一九八〇（昭和五五）年七月十五日鈴木が無競争で自民党総裁に決まり、二日後の十七日の衆・参議院の本会議で首相に選ばれた。

鈴木の名前は海外ではほとんど知られていなかったから、米英のテレビや新聞は、"Zenko Who?"（善幸とは何者）というリポートや記事を盛んに書いた。

「首相になったからと言っていまさらあんたの政治スタイルが変えられるわけがない。肩の力を抜いて自然体でやりなさい。ただ、首相という地位は孤独で、いつも決断を迫られる。くよくよせずに自分がよしとする判断をしなさい」

これが首相に就任した鈴木に島が最初にしたアドバイスだった。

鈴木が自民党の総裁・総理として唱えた「党内融和」「和の政治」も、島らの進言を受け入れたものだった。大平首相時代の島は、必要があればいつでも大平と電話で話すことができ、官邸や公邸、私邸なども頻繁に訪ねて情報を交換していた。宏池会の幹部会などにも出席していた。周囲からは、「大平に最も近く、影響力のある記者」と見られていた。それが、鈴木時代になるとその存在が一段と大きくなった。「鈴木首相にとって欠かせない記者」になったのだ。

まずその手始めが、鈴木内閣の組閣・党役員人事だった。

島は、「参考にして下さい」と言ってこんなメモを鈴木に手渡した。

①宏池会は総力を挙げ、幹部はこぞって入閣する、

②好き嫌いにこだわらずライバルの中曽根康弘、河本敏夫を閣内に取り込む、
③田中派の二階堂進の党三役入りは世論の反発が予想されるが、（無二の親友である）首相が強く望むならやむを得ない、
④ただし、人事の主導権は首相が握り、目白（田中）の言うままにはならない、
というものだった。

鈴木は基本的にこの線に沿って組閣を進め、宏池会からは伊東正義が外相、斎藤邦吉が厚相、田中六助が通産相、宮沢喜一が官房長官、加藤紘一が官房副長官に就任した。

問題は入閣を渋る中曽根の取り込みだった。その経緯の一端を中曽根にごく近い読売新聞の渡邉恒雄（当時常務・論説委員長、現読売新聞グループ本社会長・主筆）は、『渡邉恒雄回顧録』の中でこう記している。

「僕が島桂次に頼んで、鈴木善幸さんにとりついでもらったんだ。もう総理になるというので、ホテルのロビーにわんさか記者たちがいるなか、あらかじめ島に教えられた部屋に行く。そこで鈴木善幸は言ったよ。『中曽根君には行管庁長官として入閣してもらいたい』と。

僕はそれを中曽根さんに伝える。そうしたら中曽根さんは、『大蔵大臣か幹事長をよこせ』と言い出すわけだ。

僕は再び島経由で連絡をとる。それで何度かやり取りをして中曽根さんに、『鈴木のほうは、どうしても行管庁長官にと言ってきかない。大蔵大臣も幹事長もだめだ、もう行管庁長官を受けるしかない』と。しかし、中曽根さんは納得しない。

もう組閣は土壇場、また島と連絡を取り合う。『とにかくもう中曽根と鈴木とを直接電話で話をさせよう。われわれが間で交換台をやっていたのでは、もう手間がかかってしょうがない』と結論を下し、

彼が鈴木に、僕が中曽根に連絡をとり、そうしてようやく中曽根さんが行管庁長官を受け入れたわけだ」

少し長い引用になったが、渡邉はいまも続く中曽根と長年の盟友関係にある政治記者である。この回顧録は、当時の島が鈴木と、渡邉が中曽根といかに密接な信頼で結ばれ、政治記者でありながら、それぞれの派閥を代表して重要閣僚の人事にまで関わっていたことを具体的に示している。

渡邉は回顧録のなかで、さらに続けてこう語っている。

「行政管理庁長官になったことが、中曽根総理への道に繋がるんだ。世間の同情を集めたし、何より行革、民営化の起点になるポストだった」

これについて、島は「交渉の過程での中曽根のゴネにさすがの善幸さんも業を煮やし、中曽根派からは渡辺ミッチー（美智雄）を一本釣りするので中曽根に入閣してもらわなくてもいいと言い出したのだ。そこで、俺が『まあ、そう言いなさんな。これは中曽根のテクニック。必ず入閣しますよ。結局、そのとおりになった。まあ、俺は中曽根の総理への道を開いてやった恩人だな』」とよく冗談交じりで話していた。

鈴木内閣の官房長官だった宮沢喜一（後首相）は、こう話してくれた。

「私を表の官房長官とすれば、島さんは裏の官房長官だった。鈴木首相は島さんを頼りにし、公私にわたって相談していた。とくに他派閥との橋渡しや幹部間の意思疎通で島さんがいろいろ動いていた」

鈴木政権は、厳しい経済状況の中で、行政改革、財政再建を掲げて手堅く政策を推し進めた。が、政権発足から一年ほど経って外交でつまずいた。

鈴木首相は、一九八一（昭和五六）年五月四日から訪米し、レーガン大統領と会談して「日米の同盟関係」を確認する共同声明を発表した。「日米同盟関係」という文言が公式文書の中で述べられたのは、これが初めてだった。このため、同行記者団の関心はこの点に集中し、鈴木首相は、帰りの専用機内の懇談で「日米同盟には軍事同盟は含まれていない」と明言してしまった。鈴木首相は、「集団的自衛権を約束するものではない」という意味で、この発言をしたのだが、明らかに言葉足らずだった。

アメリカの対日世論は悪化し、折角の訪米は成果をもたらすどころか、日米関係は一気に冷え込んでしまった。

「俺がついていたらあんな不用意な発言はさせなかったし、問題化する前に火を消していた」と島を悔しがらせた発言だった。島は当時、NHK報道局長（一九八〇年七月就任）で本業に多忙で首相に同行できる立場ではなかった。

日米関係は、その後も険悪化する一方で、伊東正義外相が同年五月十五日「同盟の解釈をめぐる政府内の対立」の責任をとるかたちで辞表を提出。一枚岩の結束を誇ってきた鈴木内閣は、この頃から何かにつけ軋みが目立つようになった。また、長老の首相経験者の岸信介や福田赳夫らが、「鈴木は外交や安全保障問題が分からないのではないか」と公然と批判の狼煙をあげた。重点課題の財政再建がうまくいかず、不況感が広がる中で、一九八二年九月に行われた朝日新聞の世論調査で鈴木内閣の支持率は二六％、不支持率は実に五二％に達していた。

鈴木の自民党総裁の任期は、一九八二（昭和五二）年十一月二十六日までで、周囲の情勢から再選は確実とみられていた。しかし、財政は悪化の一途を辿り、このままでは自民党内で泥沼の政争が再燃することは明らかであった。鈴木は、自分が身を引くことによってこの事態を何としても避けようと密かに考えていたのだ。島は同年七月報道局長から理事に昇格していた。

島によれば、「記者独特のカンでどうも鈴木の様子がおかしい。政権を投げ出すのではないか」と感じ、鈴木に「あんた、もう一期やるんでしょうね」とぶつけてみた。その時期は、鈴木が首相就任後初めての岩手県へのお国入りから帰った直後、同年九月初め頃だったという。

すると、鈴木は「実はまだ誰にも言っていないが、今期限りで辞めるつもりだ」とポツリともらした。

「政治状況が悪いことは百も承知だ。あんたには、行・財政改革に道筋をつけること。北方領土の返還交渉。金のかからない政治など、まだまだやらねばならない課題がたくさんあるではないか。周囲の雑音であんたに嫌気がさしてきていることは分かる。が、万難を排してやるのが百戦練磨の政治家善幸ではないのか。首相辞任には断固反対だ。俺にできることは何でもやる」

と島は鈴木に詰め寄った。

しかし、鈴木はそのときはこれ以上は多くを語らず、

「このことは自民党内はおろか、宏池会の幹部にも話していない。目白（の田中角栄）にもだ。承知しておいて欲しい」

とだけ付け加えた。

「このことは聞かなったことにする。総理、あんたの決意は固そうだが、いまはその時期ではない。万一投げ出すにしろ、情報が漏れたら大事だ。それに段取りのこともある。もう一度初心に戻ってじっくり考えて欲しい」

と言って島は鈴木と別れたという。

それから十日ほど経った頃、島は鈴木の決意が変らないとみて、「総理、あんたは自分の後継についてどう考えているのか」と質した。

「すぐに宮沢というわけには行くまい。ここは行革に熱心に取り組んでくれている中曽根でつないで、

宮沢らの世代に渡すしかあるまい」と鈴木。

「その線でしょうね。だが、中曽根は策士、いろいろ耳あたりのいいことを言うでしょうが、腹は分からない。少なくとも後に影響力が残るようにして下さい」

同年九月二十六日の日中国交回復一〇周年記念式典に出席して中国から帰国した直後、マスコミは「鈴木再選、固まる」（帰国の翌日十月二日付け読売新聞）とデカデカと報じていた。それから数日後の同年十月初め、島は鈴木に呼ばれた。

「そろそろ辞任を発表したいのだが……どういう名目にしたらいいだろう」

「発表までは極秘にして、世間があっと驚くかたちで一斉に行う。名目は、和の政治を唱えたのだから『党内融和のため』ということで押し通す。原案は書きましょう」

鈴木は島の進言を受け入れ、同年十月十二日に首相退陣を表明した。同日朝まで宏池会の幹部にも首相退陣は知らされておらず、田中角栄、三木武夫、福田赳夫ら元首相のほか、前尾、宮沢ら宏池会幹部には、同日表明に先立って退陣を知らせる親書が届けられた。

その骨子は次のとおりだ。

「時局はまことに重大であり、自民党にとって党の融和が最も重要である。自分が総裁の座を争いながら党内融和を言っても説得力がないので、退陣を決意した次第である。人心を一新し、新しい総裁のもとで党風の刷新を図り、真の挙党体制を築くというのが、私の願いであり、最後の仕事と考えた」

この唐突ともいえる鈴木の首相辞任について、島はのちに私の問いにこうコメントした。

「首相就任自体が大平の急死によるもので、鈴木本人にとって思いもかけないことだった。首相の座が自分では望んでいないのに自然に転がり込んできたわけで、大平のような首相になったらこうしようという心構えとビジョンがなかった。そこで自然体で全力を尽くすという善幸流でやったわけだが、最初のうちはそれでもよかったが、所詮長続きする手法ではなかった。本人もまあ二年やればよいと考えていたようだ。経済が低迷し、日米、日韓関係が険悪化する中で、相変わらず党内抗争は止むどころか激化している。マスコミからは、「外交に弱い」とか「暗愚の首相」と袋叩きにあい、また、盟友のはずの田中派との関係も、田中のごり押しで幹事長以下党の主要ポストを田中派に独占され、ギクシャクしていた。端で見ていて宮沢官房長官らがもう少し体を張って総理をまもってあげたらと歯がゆく感じたことも何度かあった。これはジャーナリストと政治家の感性の違いからかもしれない。

いずれにしろ、『和の政治』は完全に無視されたわけで、これでは自民党総裁に再選されても思うような政治ができず、暗礁に乗り上げるのは目に見えている。これがベテラン政治家善幸の読みであり、退陣を決意した最大の理由だと思う。

しかし、権力の椅子に恋々とすることなく淡々とした気持ちで辞任する。これはそう簡単にできることではない。そこに政治家としての善幸の哲学・信条が示されていると思う。行・財政改革の土台を築いた功績は小さくない」

鈴木内閣は一九八二（昭和五七）年十一月二七日に退陣した。が、宏池会会長は、首相辞任後も続け、鈴木が宮沢喜一にバトンを渡したのは、四年後の八六（昭和六一）年九月だった。宮沢政権が成立するのは、さらに五年後の一九九一（平成三）年十一月五日であるから、鈴木政権から宮沢政権までには九年の間隔がある。

この間に、島も、理事、専務理事、副会長を経て会長に登りつめ、その年（一九九一年）の七月に会長を辞任していた。

ＮＨＫの役員になり本来業務が忙しくなっていた島だが、宏池会との関係は続いていた。以前ほどではなくなったが、いろいろ相談が持ちかけられた。

島は宏池会の幹部連中とは例外なく親しかったが、とくに池田首相時代に一緒に宏池会を担当し日本経済新聞記者から一九六三（昭和三八）年の総選挙で政治家に転身した田中六助とは〝切っても切れない〟関係にあった。

実は、島も宏池会の初代会長池田勇人から「選挙に出ないか」と声を掛けられ、父親とも相談した。しかし、「お前には人様に頭を下げることは向いていない」と言われ、断った経緯があった。

その田中六助が、宏池会のプリンス的存在である宮沢喜一と気が合わず、派内の権力をめぐって宮沢との間で、いわゆる「一六戦争」を繰り広げていた。宮沢が派閥横断の「平河会」というグループをつくれば、田中は「新世代研究会」というグループを発足させるといった具合で、二人はことごとに張り合った。性格も対照的で、宮沢は知の人、田中は情の人で、派内を二分していた。鈴木も自分を宏池会会長、首相へと押し上げるために行動してくれた田中に恩義を感じ、一六戦争は見て見ぬ振りをしていた。が、たまたま宮沢と鈴木が縁戚関係になったため、田中六助は宏池会の跡目を継ぐことを諦めざるを得なくなった。

「島ちゃん、俺は宏池会を出て自分の派閥をつくろうと思うんだ。実は大平からも時期が来たら派閥をつくれと言われていたんだ」

「何を馬鹿なことを言うんだ。宏池会はあんたが血を流して大平、鈴木時代を支えてきたのではないか。宏池会はあんたの派閥みたいなもんだ。派を割ることだけはしないで欲しい。数が欲しいなら他派閥に六助別働隊をつくればいいじゃないか。俺も一肌ぬごう。善幸、宮沢にも俺の口からあんたの立場をよく話しておく」

島はそう言って、中曽根派の「温知会」グループのリーダー渡辺美智雄との仲をとりもった。田中は中曽根政権成立後、中曽根派に急接近し、自民党政務調査会長、幹事長を務めた。しかし、軸足は宏池会に置いたままで、派を割ることはなかった。

田中六助は、持病の糖尿病が悪化し、一九八五（昭和六〇）年一月、六二歳で死去した。

島は、こう述懐した。

「六さんは、特攻隊上がりで行動力のある人だった。頭もよい人で所得倍増計画の立案者の下村治さんが六さんは難しい経済理論でも理解が早い、宮沢より頭がよいかも知れぬと言っていたほどだ。時に饒舌で放言もあったが、政策立案力もあり、一度国政を担当させたかった男だ。宮沢としっくり行っていたら、中曽根に五年もの長期間政権を担当させることもなかったし、宮沢ももっと早く首相になれただろう。人の相性はどうにもならない。かえすがえす残念だ」

もう一人、島が宏池会で尊敬していたのは伊東正義。中曽根の次に組閣をした竹下登が、一九八九年リクルート事件で失脚した後、伊東を自民党の総裁候補、後継の首相に推す声が党内から高まった。たまたま出張でアメリカに来ていた島を産経新聞アメリカ総局長の阿部穆（のち産経新聞常務、現マスコミ総合研究所理事長）がホテルに訪ねて来た。阿部は政治部長も務め、長年、島とともに宏池会を担当していた。

阿部は会うと早速、

「島さん、伊東さんに電話して、首相を受けるよう口説いてくれないか」と言った。

「伊東は、絶対受けないよ」

島がこう答えたのには理由があった。確かに、伊東は身辺清潔であり、政治改革に意欲を燃やしていた。自民党のイメージ・チェンジには最もふさわしい首相候補であることは間違いない。しかし、伊東はもともと政治家には珍しく欲のない人であり、大平の死を受けて首相臨時代理をしたとき、「このまま首相を務めて欲しい」と言われて即座に断ったことがあった。

「なんなら、君がここから電話をしてみたら」とうながし、阿部が伊東と直接話したが、島に代わるまでもなく、答えは「ノー」だった。

伊東ははっきりものを言う剛直な性格であり、大平や鈴木とは違って田中角栄を「ダーティな政治家」と批判していた。自民党の再生のためには、党を挙げての政治改革が必要だが、いま仮に首相を引き受けても、党内の政治状況を考えると、とても改革を強力に推し進めることはできない。それに健康状態もあまりよくない、という理由があった。が、伊東が固辞する最大の理由は、「自分がそばについていながら、大平を志半ばで死なせてしまったという後悔から、自分は今後政治の表舞台には立たないという決心していた」からであった。それが島には分かっていたのだ。

伊東は、後藤田正晴とともに島が尊敬する見識と決断力のある数少ない政治家の一人だった。

島は、のちにこう語っている。

「あのとき伊東さんが、政治改革を看板に政権を担当していれば、たとえ志半ばで倒れても、永田町政治はかなり違った局面を迎えていただろう。あのとき、阿部君と一緒に伊東を口説き落とすべきだった。自分の判断ミスで阿部君には申し訳ないことをした」

宏池会会長の宮沢が首相に就任したのは、島がNHK会長を辞任した四カ月後の一九九一（平成三）年十一月だった。宮沢と島は無論長年の付き合いがあり、時に酒に酔って取っ組み合いをするほどの仲だった。が、「他の歴代会長に比べればひざを交えてじっくり話す機会が少なかったようだ」と長年宏池会の事務局長を務め歴代会長に仕えた顧問の木村貢は言う。

宏池会で四人目の首相になった宮沢について、島は次のように評した。

「宮沢さんは文字どおり才知の人だ。池田首相の秘書官から始まった政治キャリアも華麗で、文句のつけようがない。経済を中心に内外の政策にも強く、確か宏池会会長代理だった一九八三年には池田首相の『所得倍増計画』を発展させた『資産倍増計画』を提言している。

ただ、宮沢さんの時代は、大平さんや善幸さんの時代に比べ派内の人間関係がずっと複雑になり、とても一枚岩といえる状況ではなかった。それに宮沢さんは何でも自分でやるタイプだから、真剣に支えようという人が周囲にほとんどいなかった。柔和な感じを与えるが、実際には向こう気が強く、襲ってきた暴漢を一人で取り押さえるほど腕力も強かった。

五五年体制の制度疲労が誰の目にも明らかになり、政治改革が求められたが、なにをやってもうまく行かなかった。結局は、自民党政権を野党に奪われ、自民党政権の「第一五代将軍徳川慶喜」になってしまった。

もっと早い時代に首相としてその才能を十分に発揮させたかった」

島桂次は身長一六〇センチそこそこの小柄だが、眼光は鋭く、態度は横柄、口調は無愛想で攻撃的である。各派閥の領袖や幹部はともかく、多くの代議士を〝あの陣笠連中〟と言い、霞が関の官僚を〝風見鶏の小役人ども〟と見下す。国会の廊下で会っても、挨拶をしないどころか視線も向けない。これはジャーナリストとしての矜持と誰にも負けたくないという島特有の競争心・反抗心によるというのが大方の見方である。

だが、そんな無愛想な島が先に述べたようにあの気難しい宏池会初代会長の池田勇人に可愛がられ、大平、鈴木らとは兄弟のような関係だったのはなぜだろう。記者と政治家の関係は、一方的に情報をとるだけのテーク・アンド・テークだけの関係では長続きしない。池田、大平らは島のどんな点を評価したのだろうか。

おそらく、ひとつは特定の問題・課題について、「いいことはいい、悪いことは悪い」という明解なもの言いと、そこに含まれる島独特の世界観とアイディア、先見性を評価し、自分が思索し判断する場合の「鏡」にしたのではないか。

もうひとつは、島が大変な思いをして独自に築いた情報網、人脈および島の派閥を横断した行動力を高く買ったからではないか。当時の自民党にあっては、各議員の交流は、多くの場合、所属派閥の範囲内に限られ思いのほか狭いものであった。

この時代でも、朝日新聞の後藤基夫、共同通信の内田健三、ＮＨＫの山室英男など派閥を担当しながらも、派閥と一定の距離をおき、あくまでジャーナリストとして記事や解説で勝負した政治記者がいなかったわけではない。

しかし、島は派閥の中枢に入り込む道を選んだ。派閥の領袖や自民党のトップのふところに飛び込まなければ、真に価値のある情報は取れない。記者は評論家ではない、ナマの情報に接する場にいて政治の実相を観察すべきだ。理想を追い求めるのではなく、記者はあくまでマックス・ウェーバーのいうレアル・ポリティーク（現実政治）を追求するリアリストであるべきだと島は考えたのだ。

いずれにしろ政治記者と政治家の関係は、いまも続く難しい問題だ。島自身、一時宏池会の幹部のように行動し、政局や領袖・首相らの判断に一定の影響力を持っていたことを認めている。だが、自分なりの判断基準を持っていた。「政治家の言いなりにならず行動はあくまで自分の判断で行う。派閥や自民党という枠にとらわれず、常に国益、国民のためになるかどうかを頭に置いて考える」というものだ。

閣僚人事などにある程度の影響力を持つようになると、「永田町にＮＨＫの島あり」と評判になり、とくに大平、鈴木内閣時代は、「話を聞きたい」といった代議士からの面会の申し込みや電話がひきも切らなかった。島によれば、「俺は政治家ではないので、向こうから聞かれない限り組閣や党人事にこちらから意見を言ったことはない。聞かれれば、いつでも答えられるようメモは用意していたが……」という。しかし、今回の私の取材で、「確か鈴木内閣の組閣だったと思うが、島さんがあたかも官房長官のように鈴木首相の右隣に陣取って大声であれこれ指図しているのを見たことがある」と証言してくれた人がいた。

先にも一部述べたが、政界に対し影響力を持つ島と同タイプの政治記者に、昨今自民、民主両党の大連立の仕掛け人として話題を呼んだ読売新聞の渡邉恒雄がいる。渡邉はその回顧録の中で島についてこうも述べている。

「島は池田さんに非常に可愛がられて、宏池会に深く入り込んだ。もちろん大平さんとも仲がよくて、巷間よく言われているように宏池会の幹部みたいなことをやっていた。池田さんの腹心だった伊藤昌哉君の回想録（『自民党戦国史』）では、『島記者からこういう話を聞いた』という言葉が頻繁に出てくる。本当にある意味でメチャメチャな記者だったよ」

メチャメチャな記者だったかどうかはひとまず置くにしても、一九六〇年代から九〇年代にかけ、島が永田町の政界を縦横に走り回り、政治や政局にかなりの影響力を持っていたことは疑いがない。

一方、島は生前、渡邉恒雄についてこう語っていた。

「俺が池田さん以来、一貫して保守本流の主流派を担当したのに対して、ナベツネ（渡邉氏のこと）は大野伴睦、河野一郎、中曽根康弘と傍流の党人派を担当し続けた。政権派閥の中にいるといないのでは、情報の量、質がまったく異なる。俺はナベツネの苦難の時代を知ってる。それだけに一九八二年中曽根内閣ができたときの喜びはひとしおだったようだ。俺も中曽根政権成立には多少嚙んでいたので、ナベツネから何度も感謝の電話がかかってきた。ナベツネが読売新聞の筆政をつかさどるようになった一九八五年以降、巷間言われるように読売の論調は中曽根べったりになった。二人はそれぞれの権力を維持するために互いにもたれあっている。民間の読売新聞ならそれでもよいだろう。だが、公共放送のNHKはそうはいかない。たとえ自分の主義・主張と異なっていても幅広く見解を紹介しなければならない。公私の混同は許されないのだ」

本書の執筆に当たって、私は当時の島をよく知る人物に幾人も会ったが、その中で印象的であった一人が元首相の中曽根康弘である。九〇歳を過ぎたいまも毅然とした態度と風貌の中曽根は三〇年も前のことを明瞭に記憶しており、島について興味深い話をしてくれた。

「島君はぶっきらぼうで多少行儀が悪い感がなきにしもあらずだが、実際に会うとずばずばものを言うものの思いのほか謙虚だった。政治や外交についてよく勉強していた。派閥の担当が違うのでそんなにしばしば会っていたわけでないが、いろいろ教わることも少なくなかった。島君には、派閥を超えた大局観・国家観があった。それは読売新聞の渡邉（恒雄）君も同様だ。いまの記者にはそれがない。島君らに比べれば、大学生と幼稚園児の差があるように思う。寂しいことだ」

「私の首相時代、NHKの経営について民間の活力を導入してもっと組織の活性化を図ったらどうかと働きかけた。島君がいろいろやってくれたが、島君の突然の辞任でそれがストップしてしまったことは残念なことだ。NHKの放送内容について偏りがみられる、公共放送なのだからもっと左右のバランスを保って欲しいと注文をつけたこともある。だが、島君の答えはいつも反省すべきは反省するが放送内容については任せて欲しいというものだった」

島は一九九六（平成八）年六月に死去したが、九歳年長の中曽根は二〇〇三（平成五）年に国会議員は引退したもののいまも政界に隠然たる影響力を持ち多忙な毎日である。また、三歳年上の渡邉も時に批判の対象になることはあるがマスコミ界のドンともいえる存在で政界の影の指南役になっている。

自分の担当する派閥、親しい派閥が権力の座にあるか、強い影響力を持っている間は、すべてが政治記者にプラスに働く。ところが、担当派閥が権力の座から降りるか、領袖の影響力が弱まった場合、一挙に逆風になって担当記者に襲い掛かることがある。島の場合、これが顕著だった。

そのひとつの例を見てみよう。

田中角栄と島が密接な関係にあったことは、再三述べたが、鉄の結束を誇った田中派も、一九八三（昭和五八）年十月東京地裁で田中がロッキード事件で懲役五年、追徴金五億円の実刑判決を受けた頃から、足並みの乱れが目に付くようになった。竹下や金丸信らが中心になって、一九八五（昭和六〇）年二月七日田中派内に「創政会」（経世会の前身）を結成した。

その直後のある日、島は田中から政治情勢について意見を交わしたいので東京目白の田中邸に来てくれないかと連絡を受けた。二人が話していると金丸が至急会いたいと訪ねて来た。

そのときの模様を島は自伝『シマゲジ風雲録』に次のように記している。こうだ。少し長いが、そのまま引用してみよう。

「田中氏の秘書が、いまはＮＨＫの島さんが来ているので少し待って欲しいと伝えた。ところが、金丸は納得せず、

『そんなものは早く出してしまえ』

というような意味のことを言った。

私も金丸氏が来ているのなら遠慮しなければならないと思い、そう田中氏に伝えると、田中氏は控えの間に聞こえるような大きな声で、

『ふざけるな。どうせあいつらの話は分かっている。そんなものに会う必要はない。ほっとけ』

と言いだした。それを控えの間にいた金丸氏はじっと聞いていたらしいのだ。

『けしからん、あいつらは。もしやりやがったら（反旗を翻したら）、あいつらの息の根を止めてやる。島っ、お前もそう思うだろう』

とまくし立てるから、私もつい、

『そうだな。それじゃまるで明智光秀のような野郎だな』

と調子を合わせてしまったのだ。

後で聞いたら、それが全部、金丸氏らに筒抜けになっていたという。

『島根の県会議員上がりと、甲州の黒駒の勝蔵みたいな野郎だ』とか、なんだ角さん、あんた甘すぎるんじゃないか』

とか、酔いにまかせてそんなことまで、言ってしまったように記憶している。

いま考えると、どうもそれから竹下氏や金丸氏は私に対して徹底的にけしからんと思うようになったようだ。

しかも悪いことに、私と二階堂進氏、鈴木善幸氏はいわゆるポン友だった。竹下氏は二階堂氏と完全に対立していた。だから、反竹下の急先鋒として田中氏に空気を入れていたと誤解された。そこから経世会の恨みつらみが私に集中してきたのだった」

「それがなにより証拠には、竹下氏が経世会をスタートさせた頃から、私と竹下氏らとの関係は急速に悪くなっていったのだ。それが時間を経るうちに、それこそさまざまな形で私に跳ね返るとは、そのときは思ってもみないことだった」

こうしたことは田中角栄の力の減退、竹下、金丸の派内の主導権掌握と確実に比例している。もっとも島の酒にまかせての暴言も多少は影響しているだろう。

島桂次が抜きん出た取材力と卓抜たる情報分析力で五五年体制下の有数の政治記者であったことは誰しも否定できないだろう。しかし、政界への実質的な影響力を持ったこともあって、「体制派」「保守反動」「自民党のエージェント」はては「宏池会の走狗」などと呼ばれ、批判されたことも事実だ。

これについて、島は「野党に政権担当能力がない以上、権力の実態を分析しようと思えば、自民党の中枢を取材する以外にない。自分は思想的に右でもなければ左でもない。権力の所在や目指す方向を見極め、よければよい、悪ければ悪いと率直に言うのが自分のスタンスだ」と言っている。

と同時に、「あの横柄な態度は何だ」という声が、島が報道局長、理事とNHKの階段を昇るにつれて国会議員や郵政官僚の間で高まってきた。一般の政治記者ならいざ知らず、公共放送NHKの経営に携わる身でありながら、国会議員や役人をあしざまに罵り、高圧的な態度をとるのは許せないというのだ。「国会はNHK予算の承認権を握っているのだ」とあからさまに言う議員もいた。だが、島は歯牙にもかけなかった。現在の法制上そうなっているが、NHKは報道・言論機関であり、本来、国会や官庁から独立した存在であるべきだという考えを基本的に持っていたからだ。

時には、大声で毒舌を振るい挑発的ともいえる態度に出ることもあった。が、これもコミュニケーション理論で言えば、「正面の理」「側面の情」「背後の脅し」のうち、海千山千の政治家や官僚には強面《こわもて》の「脅し」が効果的と考えていたからに他ならない。

島は、四十年に及ぶ政治記者としての活動を振り返って会長辞任後、私にこう語った。

「突き詰めて言えば、自分の活動は国会、政府権力との戦いの四十年間だった。彼らは、NHKを自分たちの思いのままになる国営放送局のように考え、機会あるごとに理不尽な要求を突きつけてくる。NHKは国営でなくあくまで国民のための公共放送なのだ。この権力との戦いに明け暮れたと言っても過言ではない。自分ほど不当な申し入れに抵抗し跳ね除けたものはいないといささか自負している」

また取材活動に関しては、

「自分の政治記者時代は野党の力が弱く自民党の派閥政治全盛の時代だった。宏池会に基盤を置いて取材活動をしたわけだが、保守リベラルの考え方は自分の心情、体質にも合っていた。いまの視点では派閥にのめり込んでいたと言えるかも知れないが、自分では記者としてのけじめはつけていたつもりだ。

派閥の維持にはカネがかかることは、大平らが苦労していたのを身近で見ていたのでよく分かっている。田中角さんが金権政治を助長したことは批判されるべきことだ。しかし、角さんはカネを集めるだけでなく他派閥にも配っていた。カネをもらいながら金権政治は〝悪の権化〟で何としても排除されなければならないなどと奇麗事をいう政治家は許せない。田中のロッキード事件の逮捕は検察の生け贄だという見方もある。永田町では日本の戦後を彩るもっと大きな〝巨悪〟があることは常識だった。これを掘り起こさず検察の情報だけを信じてロッキード事件のみを報道するマスコミの姿勢も問題がある。無論、ＮＨＫも含めてだ。

自分としては日本の政治をよりよくしようと精一杯の努力をしたつもりだが、カネのかかる政治の実態、問題点などについてジャーナリストとしてもっと積極的に報道すべきだった。これが派閥記者の限界だろう。その意味で自分はフリーの立花隆氏の仕事（『田中角栄研究』）を高く評価する」

と語っている。

島といえば、異色、ぶっきらぼうで高圧的といった面ばかりが強調されているが、それは一面に過ぎない。政治記者として島と親しかったマスコミ総合研究所理事長の阿部穆（元産経新聞政治部長、常務取締役）は、こう語ってくれた。

「島さんは、確かに外面はよいとは言えず、口調は攻撃的だった。しかし、付き合って見ると思いのほか親切で、よく相談に乗ってくれた。努力家で寝る間も惜しんで人に会っていた。異色でも何でもなく幅広い見識を持った正当な政治記者だった。記者としては取材力、分析力に優れ、間違いなく超一流だった。行儀のいい紳士揃いのNHKでは異色かも知れぬが……。強面《こわもて》、無愛想は、メディアとしては後発のNHKにあって、朝日、毎日などに追いつくためのジェスチャーが身についたものではないか。私は、島さんはわざと悪ぶってみせる〝偽悪の人〟と言うのが妥当だと思う。乱暴な言葉の蔭に、温かい心がひそんでいた。そうでなければ、池田さんや大平さんら大物政治家があれほど信頼するわけがない」

阿部の話を敷衍するかたちで、最後に大平家のエピソードを紹介してこの章を終わろうと思う。

大平家では、いまも兄妹が集まると、「島さんはお父ちゃんの信頼が厚かったが、ママにはもっと信用があったわね」と話題になるという。大平正芳は、先に述べたように一九八〇年の選挙戦の最中に心臓疾患で倒れ現職総理として亡くなった。島はその後も、NHKの最高幹部としての多忙な業務の合間をぬって毎週のように東京瀬田の大平邸を訪ね、志げ子夫人を励まし、何かと相談にのっていた。これは志げ子夫人が一〇年後に亡くなる一九九〇年まで絶えることなく続いた。

志げ子夫人の島に対する信頼がいかに厚かったか。それは死後の遺産相続の立会人に島を指名していることで明らかであろう。

志げ子夫人も島のためにいろいろ骨を折っている。島の長男が慶応大学の同窓生で東京の有名料亭の娘さんと結婚することになったとき、「東京の商家には商家のしきたりがある。私に任せなさい」と言って東京下町育ちの志げ子夫人が結納から結婚式まで一切を仕切った。

政治家である大平が亡くなってから一〇年間も家族ぐるみの付き合いをし、志げ子夫人の相談相手になっていたとは。あの強面《こわもて》、無愛想な島から誰が想像できるだろう。
これも政治記者島桂次の一面である。

# 第三章　瀕死の恐竜——崖っぷちのＮＨＫ！

この数年間に、視聴者・国民のＮＨＫに対する信頼は地に落ちた。

二〇〇八年一月末、アサヒビール相談役からＮＨＫ会長になった福地茂雄は、就任の挨拶で「ＮＨＫはいま、崖っぷちに立たされている」と述べた。また、映画監督の山田洋次は、四面楚歌、非難ごうごうのＮＨＫの現況を寅さんシリーズにちなんで、「ＮＨＫはつらいよ！」と表現している。

何がＮＨＫを「崖っぷちに立たせ、つらいよ！」と言わせているのか。

ここで、島桂次の歩みからは多少それるかも知れぬが、最近のＮＨＫの動きを追ってみよう。ＮＨＫの地盤沈下は、島の改革構想が実現しなかった結果という一面もあると思うからだ。


言うまでもないことだが、ＮＨＫは公共放送として受信料という独占的な制度によって支えられている。現在の放送法は、「受信機を設置した人はＮＨＫと受信契約をしなければならない」としている。これは契約義務であり、受信料の支払い義務を定めているわけではない。まして罰則規定は一切ない。それでも多くの人びとが受信料を支払っているのは、ＮＨＫに対する〝信頼〟である。換言すれば、信頼こそがNHK存立の命綱といえる。
この肝心の視聴者・国民の信頼が、このところ急速に失われているのだ。

その発端は、『週刊文春』が二〇〇四年七月二十九日号で報じた「衝撃の内部告発——NHK紅白プロデューサーが制作費八〇〇〇万円を横領していた！」という記事だった。実は、この不正はこれより三年も前にプロデューサーの上司に報告されていたが、内部でうやむやにされ放置されていた。組織一体の隠蔽である。しかし、その後の調べで、番組制作費の不正使用、横領額は最終的に二億円に上ることが判明した。普通では考えられない巨額である。

「一人の番組プロデュサーが億を超える大金を自由気ままに使えるとは！」
「NHKの経理のチェック体制は一体どうなっているのか」
「個人のモラルは地に落ち、組織の規律は緩みきっているのではないか」
という視聴者・国民の怒りの声が殺到した。

しかも、この『週刊文春』の記事がきっかけになってNHK内部の不祥事が堰を切ったように噴出した。カラ出張、不正経理、裏金作り、着服・横領など。番組制作、報道部門だけでなく、営業部門や地方局にも及んでおり、不祥事は底なし沼の様相を呈した。

朝日新聞が同年七月二十四日付けの社説で「日本放藹協会では困る」という見出しを掲げ、「不正に使われた金は、視聴者が支払った受信料の一部だから、協会幹部はなぜ不祥事が起こったかなどについて説明する義務がある」と厳しく批判し、新聞、雑誌、テレビなどのマスコミは続々とこの問題を大きく取り上げた。

当時のNHK会長海老沢勝二ら経営トップは、当初、不祥事が発覚する度に関係者を処分し、モラルダウンした一部不心得者と直属上司の監督不行き届きの問題として処理しようとした。内部規律の引き締めとコンプライアンス（法令順守）によって事態を乗り切れると甘く考えていたのだ。

だが、一連の不祥事は、個人レベルの問題ではなく、改革もないまま親方日の丸のぬるま湯に浸かっている組織の体質そのものに根差している。島桂次のあと会長になった川口幹夫が島の改革路線を否定しただけで二期六年間を無為のまま過ごしたうえ、海老沢政権は三期目という長期政権のなかで次第に海老沢のワンマン体制になっていった。現場は新しい目標に向かっての改革どころか萎縮して上には逆らえず自由に物が言えない状況が強まっていたという。現場の活力喪失が、職員のモラルダウンを生み、これがいまも続いている不祥事の引き金になっている。こうした構造にこそ組織腐敗の真の原因が潜んでいたと言えよう。

「皆さまのNHK」を謳いながら、極めて官僚的で不誠実な対応も加わって、視聴者・国民はNHKに対する怒りを一挙に爆発させた。「受信料の支払い拒否」という行動に出たのだ。NHKの根幹を揺るがす〝視聴者・国民の反乱〟である。受信料の不払いは、燎原の火のようにあっという間に全国に広がった。不払い拒否はピーク時には四五〇万件、金額は四〇〇億円に達した。八〇％台だった受信料の収納率が七〇％と一挙に一〇％も落ち込んだ。このままではNHKの財政基盤は崩壊する。不払いという行動まではしなかった視聴者も、「そんないい加減な組織か」という目でNHKを見るようになり、NHKへの信頼は失墜した。まさに経営の危機である。

海老沢会長は、任期途中の二〇〇五年一月責任をとるかたちで辞任し、技師長・専務理事の橋本元一が会長の座に着いた。橋本は、技術畑一筋でそれまで会長の有力候補と見る人はほとんどいなかった。

会長辞任後の海老沢に、「なぜ橋本を後任に推したのか」と聞いてみた。

海老沢の答えは、こうだった。

「副会長ともう一人の専務が辞任し、専務クラスは橋本しかいなかった。橋本が経営全般に通じていないことはよく分かっていたが、自分が顧問として残り、橋本を補佐してやれば十分務まると思った」

海老沢は実質的に〝院政〟を考えていたわけだが、その考えは甘かったと言わざるを得ない。橋本は、当時の経営委員長石原邦夫（東京海上日動火災保険社長）のアドバイスを入れて顧問制度を廃止し、数日前に顧問に委嘱したばかりの海老沢を辞任させたばかりか、その責任を問うかたちで退職金を凍結した。海老沢への退職金は未だ支払われていない。


折しも、もう一つの課題、NHKと政治の関わりが世間の注目を集めていた。

それは、朝日新聞が二〇〇五年一月十一日の朝刊で四年前にNHK教育テレビで放送されたETV2001『シリーズ　戦争をどう裁くか』の第二回「問われる戦時性暴力」が政治家の圧力で改変された、と報じたことで口火が切られた。

朝日新聞の記者は、内部告発や放送当時の放送総局長松尾武への独占インタビューなどをもとに、「政治家の介入による番組改変は編集権の侵害であり、それを許したNHKは報道機関と言えるか」と大々的に報道し、NHKの姿勢を厳しく批判した。これに対し、インタビューを受けた前総局長の松尾は、「政治の圧力は受けていない。朝日の記事は自分の真意を正しく伝えていない」と反論、NHKも記事は事実を歪曲しているとして朝日新聞に公開質問状を出した。一方、朝日新聞は「記事内容に間違いはない」と提訴を前提に通告書で反論するなど、記事の内容をめぐってNHKと朝日新聞の組織ぐるみの対立に発展した。

さらに、圧力をかけたとされる自民党の中川昭一、安倍晋三の両代議士も、それぞれ「朝日の記事は一方的であり、ＮＨＫに圧力をかけるようなことはしていない」と主張し、対立は三つ巴になり一層複雑化した。

この番組は、放送前から右翼団体などが「放送中止」を要求しており、ＮＨＫの幹部が二〇〇二年度のＮＨＫ予算と事業計画を説明するため、中川昭一、安倍晋三両代議士にそれぞれ個別に会った際、この番組の内容が話題になったという。具体的にどのようなやり取りがあったかは、分からない。しかし、ＮＨＫの幹部らが、両代議士に会った後、会長にも報告し、数回にわたり番組の構成やナレーションなどについて番組担当者にいろいろ手直しの指示をしたことは事実である。こうした作業は放送の直前まで続き、それには担当の部長だけではなく、番組制作局長、役員である放送総局長さらに国会、総務省とのパイプ役である総合企画室の担当局長まで顔を揃えた。きわめて異例なことである。

問題は、この番組改変が二人の自民党有力代議士の発言に影響を受けて行われたかどうかである。二人の代議士は、ともに「公正中立の番組作りを求めただけ。圧力をかけるような発言はしていない」と否定しており、ＮＨＫ側は「あくまで自主的な判断で改変した」と主張している。取材協力した市民団体が番組改変によって期待した内容の放送がなされなかったとして損害賠償を求める訴訟を起こした。しかし、最終的には最高裁判所が二〇〇八年六月、「ＮＨＫの編集権の範囲内のこと」と判断し訴えを退けた。

しかし、たとえ自主判断であっても政治家に会った後での番組改変は、政治家の圧力によって行われたと〝疑い〟を持たれ、ジャーナリズムにあるまじき行為をしたと批判されても致し方ないであろう。

放送法によって、NHK予算は国会の承認がなければ執行できない。従って、NHKでは、毎年、年が明けると、幹部らが衆・参院総務委員会の委員を中心に各党有力議員を訪ねて次年度予算や事業計画について説明し、「一つ宜しく」とお願いするのが恒例化している。いわば、事前の根回しである。その際、過去の放送番組について話題になることがよくあり、政治家からNHKの姿勢や番組内容、編集方針について厳しい批判が出ることは珍しいことではない。

しかし、安倍、中川両代議士が意見を述べたのは、〝未だ放送されていない〟番組の内容に関してである。両代議士は、この番組について放送に反対している団体などから情報は得ていたにせよ、当然のことながら番組は見ていない。ドキュメンタリーなど時事性のある番組については、放送前に番組内容や構成を詳細に説明することは原則的にしてはならない。編集権にかかわる問題だからだ。

しかし、NHKにとっての編集権は憲法二一条（言論の自由）や放送法三条（何人にも干渉されない）で保障されているから何の心配もないと〝奇麗事〟で済むような問題ではない。政治家の番組に対する意見、批判と「政治介入」は、紙一重の差である。政治権力は、折あらば、NHKを自分たちに有利な方向に使えないものかと鵜の目鷹の目で狙い、有形、無形の圧力、介入を仕掛けてくるのである。弱腰と映るかもしれぬが、NHKにとってジャーナリズム（ニュース・番組制作）としての編集権は、政治とのせめぎ合いの中で辛うじて確保しているのが実情である。

ETVの特集番組「問われる戦時性暴力」は、戦争下における性犯罪という重い難しいテーマを扱っており、これに挑戦したディレクターの意欲は評価に値する。

だが、この種の番組を放送すれば各方面から猛烈な抗議が来ることは事前に十分予測できることだ。

それに備えて、企画の段階で「いまこのテーマをこうした手法で番組制作をすることが妥当かどうか」について議論を尽くしてNHKとしての確たる視点、スタンスを決め、制作段階に入ってからも番組が企画の狙いどおりに作られているかどうかチェックをすることが不可欠である。

ＮＨＫの番組には、ＮＨＫ風と言うかある種のスタンダードがある。保守的と言われるかもしれぬが、「制作者の意図、主張をナマのかたちでは出さず、常に多様な視聴者を考え全体のバランスをとる」ことでも言えよう。

この番組は、「ＥＴＶ２００１」の四本シリーズの特集『戦争をどう裁くか』の内の一本として制作された。番組の狙いは、「女性法廷」（正式には、日本軍性奴隷制を裁く女性国際戦犯法廷）を通じて戦時性暴力が〝人道に対する罪〟として問われるようになった歴史的潮流を考察するというもので、取材は制作会社ドキュメンタリー・ジャパンによって行われた。

放送の一〇日ほど前、ドキュメタリー・ジャパンが中心になってまとめた番組の試写が行われた。その際、「法廷との距離が近すぎる」「企画意図と違う」などの意見が出て番組は大幅に手直しされることになった。これを機に、ドキュメンタリー・ジャパンは制作から降り、ＮＨＫが直接、編集作業を行うことになった。そして、女性法廷中心の構成を改め、法廷についての海外報道機関の反響などが付け加えられ、昭和天皇有罪の法廷判決のシーンも削られナレーションに変えられた。放送二日前には番組責任者の教養番組部長らのＯＫも出て四四分の番組が完成した。

ところが、放送前日に放送総局長松尾武と渉外担当局長野島直樹が首相官邸で官房副長官の安倍晋三に会って帰ってから完成番組を再度見て修正を次々に指示した。中国人元慰安婦や元日本兵の証言のほか、天皇有罪のナレーションなどが削除された。そして、最終的には四〇分間というシリーズの他番組より四分も短い異常なかたちで放送された。四分間を他の映像素材で埋める余裕もなく当日の放送時間ぎりぎりまでの手直しだったことをうかがわせる。

ＮＨＫの幹部は政治家の発言に余りにも神経質になっていたのではないか。松尾総局長らは、政治家にこう言うべきであった。

「おっしゃることはよく分かりました。番組はもう完成しており、ＮＨＫとして『公正』には十分配慮してあります。この番組は『戦争をどう裁くか』というシリーズ番組の一本です。全体を見ていただけば、人道に対する罪がどのような歴史背景を持ち、現在、世界でどう受け取られているか、また『問われる戦時性犯罪』についても、番組の狙いがどこにあるかお分かりいただけると思います。すべての番組をご覧になって、それでもご不満でしたら、同じ時間帯に討論番組を設けますので、そこでお考えを十分に述べてください」

安倍官房副長官と放送総局長、渉外担当局長の会談の模様は目に浮かぶ。苦労は容易に察せられる。だが、たとえ、物別れになろうとも、最終的には、政治家ベースではなく〝放送という場〟に引き込んだ上で、会談を終わるべきだったろう。

ＥＴＶ特集「問われる戦時性暴力」の改変に関して政治的圧力の有無については、朝日新聞とＮＨＫの主張は「あった」「ない」の平行線を辿ったままである。朝日新聞は、「真実と信じた相当な理由はあるにせよ、取材が十分であったとは言えない」とする第三者機関の検証結果を受け、報道からほぼ八カ月後の二〇〇五年九月三十日、秋山耿太郎社長（二〇〇五年六月二十四日に就任）が「取材の詰めの甘さを深く反省します」というコメントを発表した。朝日新聞にはＮＨＫとの論争に加え、政治家、自民党筋からの何らかの圧力、嫌がらせがあったといわれる。

私個人の心証からすれば、ＮＨＫ、政治家とも「ない」と言っているが、確たる証拠がないだけで当時の状況からすれば、限りなくクロに近い「灰色」である。

政治家の発言に示唆を受けた幹部の指示で放送直前に番組を大幅に手直しして放送したことは事実である。通常は直接の責任者である部長が認めたのであれば、そのまま放送する。それをそうしなかった。放送直前の番組改変が「自主判断によるものか政治圧力によるか」は、当事者以外には〝謎〟である。

この問題をめぐってもう一つ注目される点は、放送から四年も経った二〇〇五年一月という時点に、朝日新聞がなぜ記事にしたかということである。記事は主に番組担当プロデューサーだった長井暁の内部告発に基づいている。

長井は、朝日の記事が出た翌日に記者会見し、涙を浮かべながら、「私もサラリーマン。家族を路頭に迷わせるわけには行かない。告発については四年間悩み続けてきたが、真実を述べる義務があると思って決断した」と、以下の趣旨を述べた。

「放送の二日前に番組は完成し、直接の上司の教養番組部長のＯＫも出ていた。なのに、政治家に会ってきた放送総局長らが出てきて『あそこを切れこれを加えろ』と言って番組をズタズタにしてしまった。現場の意向は完全に無視された。政治家の圧力があったことは確実で、事実、番組制作局長らも『二人の自民党代議士から猛烈な抗議があった』と話していた。政治の番組介入は明白で公共放送の使命を守るために告発した」

「海老沢会長は自民党べったりで、政治家の意向を汲んだ指示がどんどん降りてくる。現場では、ジャーナリストの気概が失われ、海老沢体制の締め付けだけが強まる。自由な発想の番組制作ができる環境とは程遠い。一日も早い海老沢会長らの辞任こそが、NHK再生の道であると考えた」

長井によれば、この一月ほど前の前年末にNHK部内の内部告発の窓口であるコンプライアンス推進委員会に「番組への政治介入があった」と訴えたが、はかばかしい反応がなく、朝日新聞を通じて実情を知ってもらうことにしたのだという。

だが、こんな情報もある。NHK局内では、要所に直系の部下を配置して情報管理を行う海老沢に反発するグループの活動も水面下で次第に活発になっていた。その反海老沢活動の中核が長井も属する番組制作局だったと言われる。海老沢に対するいわゆるネガティブ・キャンペーンである。外部のマスコミに情報を流し、番組制作局のOBが現役から情報を得て海老沢批判の記事を月刊誌などに発表していた。長井自身も朝日新聞の記者と綿密に打ち合わせた上で最も効果的な時期に内部告発に踏み切ったと言うのだ。

折りしも、受信料不払いが急増し、海老沢会長への世論の批判も高まっている。そこで、「政治家の圧力で番組が改変された」と外部マスコミに内部告発をして海老沢追い落としの決め球にするというアイディアが浮かび上がった。放送から四年も経ったこの時点での告発には、こうした背景があるという声が少なからずあるのも事実だ。

その観点からすれば、この作戦は見事成功した。海老沢は、それから二週間後にNHK会長を辞任した。しかし、これではプロデューサー生命をかけた長井の内部告発が局内抗争の武器に使われたことになる。いかにも陰湿なNHKらしい話ではある（長井は二〇〇九年二月に退職）。この番組制作局を中心とする反海老沢の動きは、もう一つ思わぬ余波を生んだ。ＮＨＫ会長選任の権限を持つ経営委員会の委員長石原邦夫が、「いまの内部の混乱は報道系と番組制作系の抗争が引き金になっている」と考えたというのだ。そして、後任会長は報道、番制系を排除し、無難な技術系の技師長・専務理事の橋本元一を選んだといわれる。これが事実とすれば、極めて安易な人選である。これがＮＨＫにどんな影響を与えたかは改めて検証する。

「問われる戦時性暴力」に対するマスコミや研究者の関心は、もっぱら政治介入が「あった」「ない」に集中している。言論の自由、編集権の独立の観点から言って当然のことだが、番組の内容・質など多面的検討も必要だと思う。

朝日新聞は第三者委員会に紙面の検討を依頼し、それに基づいて先の秋山耿太郎社長の「取材の詰めが甘かった」という談話を発表し、判断を読者にゆだねた。

これに対し、ＮＨＫは「政治の圧力はなかった」と言うだけで、あの内容での番組提案採用が妥当だったかどうかなどについて視聴者の誰もが納得できる情報公開も、説明もしていない。長井の告発も、憶測や伝聞情報（聞いた、話していた）だけで信じるに足るものではないとしている。これでは、隠蔽がＮＨＫの体質と言われても致し方なかろう。第三者に検証番組の制作を頼み、この問題についての事実関係の一切を公開すべきであった。これが視聴者・国民および時代の要請である。

このままでは、ＮＨＫはこの問題でも政治家と口裏を合わせたとして、〝政治の圧力に弱いＮＨＫ〟というイメージが国民の間に定着し、ＮＨＫ報道への不信の念を増幅させることになるであろう。

マスコミ同士が、事の是非をめぐって論争・対立するのは別に悪いことではない。多様な意見が存在する民主主義社会にあってはむしろ当たり前のことである。しかし、論争はあくまで事実に基づき客観的に行われるべきであり、感情的なやり取りは極力排除されるべきだろう。残念ながら、NHKと朝日新聞の対立では、いくつか感情的といえる応酬があった。

こんなとき、本書の主人公島桂次なら組織のトップとしてどんな対応をするだろうか。推測してみよう。

まず、局内的には会長室に部長以上の関係幹部全員を呼びつけ、

「何て馬鹿な対応をしたのか」

と怒鳴りつけるだろう。

「いったん完成した番組を直前に手直しするのは最も下手なやり方だ。方法は二つ、そのまま放送するか、止めるかだ。お前たちは管理者として腹がすわっていない。判断が誤っていたら辞表を出せば済むことだ。政治家に言われて完成番組を改変するなんてあってはならないことだ。しかも、見てもいない番組の内容をとやかく言われるようではNHKの番組もなめられたものだ。何のために役員、渉外担当者がいるのか。政治家の圧力があったら、はっきりノーと言って、それでも片がつかなければ大喧嘩をして来い。最終責任は俺が持つ」

また、朝日新聞への対応では、論争が膠着段階に入るのを待って、密かに秋山社長に連絡をとって二人だけで会い、「泥仕合になることだけは避けよう」と提案しただろう。

そして、率直にNHK側の調査の実情を説明し、

「なあ、秋山さんよ、あんたも政治部育ちでNHKが政治と密接な関係にあることは百も承知だろう。確かに政治家の注文はひどいもんだ。俺の代になって政治家の注文は極力排除しろと言っているんだが……俺のところの幹部の対応もまずかったが、大朝日ともあろうものが、大スクープのように一面トップで取り上げ、鬼の首でもとったかのように大々的に報道するのは少々大人気ないのではないか。それにしても未放送番組への政治介入はあってはならないことなので、今回のことは徹底的に調べて措置するつもりだ。

朝日とNHKが喧嘩をして喜ぶのは、永田町の一部の政治家だけだ。それにしても最近の永田町のマスコミ攻勢はひどい。いまは喧嘩をしている時期ではない。一緒にスクラムを組んで永田町に対抗しようではないか」

以上は〝仮想〟だが、島なら現場レベルとは別に組織のトップとして番組への政治介入について明確な指示、決断をしたであろうことだけは間違いない。

橋本元一は、任期半ばで退任した海老沢勝二の後を継いで二〇〇五（平成一七）年一月二十五日NHK会長に就任した。橋本は、海老沢時代に技師長・専務理事として技術関係の業務は統括していたが、経営全般については格段の見識があるわけでなく、まして国会など政治対応はまったく経験がなかった。橋本の会長就任は、大方の人にとっては予想外の人事であった。

橋本は、就任の翌日海老沢前会長を「顧問」に任命したが、「これでは海老沢の院政ではないか」という抗議が殺到し、三日後にはこれを取り消す失態を演じた。橋本政権はスタートからつまずいた。

海老沢時代に任命された理事（役員）は、二カ月後の同年三月任期満了とともに全員が退任した。理事の任免権は会長にある。橋本会長は一人の再任も認めず、理事全員に海老沢時代の混乱の連帯責任を問うたのだ。当然、橋本自身も新年度の予算と事業計画が成立した段階で辞任するものと思われた。橋本自身、退任した理事たちに比べより責任の重い地位にいたからだ。

しかし、橋本は大方の予想に反して会長職に留まった。これに対し、NHK内外から「いったい何を考えているのか」という声が高まり、橋本は一挙に局内の信望を失った。

受信料の不払いが全国的に広がり、NHKへの信頼感は急速に低下した。局内では、職員のモラルが落ち不祥事が止まない。こうした「危機」を克服するには、トップの強烈なリーダーシップが何よりも大切である。

東京海上日動火災保険会社という一流会社のトップでもある経営委員長の石原邦夫にはその意味が十分分かっていたはずだ。本当に橋本で乗り切れると考えたのだろうか。橋本は技術の専門家であり、早くから技術系のホープとして期待されていた。私も職場が一緒だったことがあるが、人柄は誠実、手堅い仕事振りには定評があった。しかし、その後、役員として経験を積んだとは言え、変革期で危機に立つNHKの経営の舵取りをするには必ずしも相応しくないというのが私の率直な意見だ。

だから、NHK関係者の多くは「この難局を乗り切るに相応しい人物が会長に推薦されるだろう。内部に人材がいなかったら外からでも構わない」と思っていた。だが、会長の任免権を持つ経営委員会委員長の石原邦夫は動かなかった。極めて安易な人選をしたのだ。これでは、「本業の保険事業に忙しく、NHKは片手間の仕事としか考えていないのではないか」と批判されても致し方なかろう。

もちろん、橋本にも気の毒な面がある。予想もしなかった会長のポストを突然押し付けられ、「全面的にバックアップする」と言っていた海老沢の顧問就任は世論の総反発に会ってキャンセルを余儀なくされた。さらに、経営委員長石原からは「海老沢前会長とは一線を画せ」と示唆を受けたという。

橋本も平時のＮＨＫなら無難に会長職を務め上げただろう。だが、いまのＮＨＫは、大乱世、生存できるかどうかの瀬戸際に立たされている。こうした状況の中で、橋本は自分を支える理事をすべて現役の局長クラスから選んで任命した。まったくの〝素人政権〟である。若返り自体は悪いことではない。だが、経営経験のまったくないものばかりの執行部では難局に立ち向かい大胆な改革はすることはとてもできない。この際は、関連団体を含めたオールＮＨＫの中から適材適所で理事を選び、「望みうる最強の役員体制」をつくるべきでなかったか。

それでも橋本は、自分にできる最大限の努力をしたと思う。「新生ＮＨＫ」、「視聴者第一主義」を掲げてコンプライアンス（法令順守）による規律の確立を目指し、「ＮＨＫだからできる放送」「落ち込んだ受信料収入の回復」を追求した。

橋本の腰の低さは「ＮＨＫも庶民的になった」と一部で共感を呼んだ。しかし、国会審議や記者会見などの橋本は、いつもメモに目をやりながらぼそぼそと受け答えをする。これがテレビを通じて映し出されると、視聴者に「自信なさ」「自分の言葉で明解に話せない」といった印象を与える。さらには、「この会長でＮＨＫ改革ができるのか」といった疑問を招くのだ。

橋本執行部の問題点のひとつに、いつも受身であることに加えて、「ＮＨＫがいま何を考えているか」が視聴者に伝わらないことがあった。

当時の総務大臣菅義偉の「放送法を改定して受信料支払いを義務化するが、同時に二〇％程度値下げする」という今ひとつ根拠のはっきりしない発言や命令放送に関して「国際放送で北朝鮮関係のニュースは積極的に放送するように」いう編集権を侵しかねない発言に対しても、「ＮＨＫの考えはこうても支持の仕様がないではないか。

だ」という立場や反論を視聴者に分かるようになかなか説明しない。「みなさまのNHK」と言いながら、いつも攻め込まれるまで何の見解も発表しようとしない。これでは視聴者がNHKを支持しようと思っても支持の仕様がないではないか。

橋本執行部は、二〇〇七年九月にNHKの改革を目指す五カ年の中長期経営計画を策定し、最高の意思決定機関である経営委員会に提出した。しかし、経営委員会は「改革の内容が十分でない」として否決しただけでなく、経営委員による「経営改革ステアリングチーム」をつくって、そこで経営計画策定に向けて方向性を示すことを明らかにした。経営委員会が自ら経営改革の旗を振ることを内外に示したわけだ。これはNHKの歴史から見てかつて例がなく、執行部提出の経営計画拒否も極めて異例である。このことで執行部と経営委員会の対立がはからずも表面化したが、経営計画拒否は不信任に等しい。橋本執行部の命運は実質的にこのとき、絶たれたと言えよう。

橋本会長時代のNHKがまずやるべきことは、「デジタル時代の公共放送はどうあるべきか」というグランド・デザインの策定だった。

それに基づいて、年次毎の工程表（ロードマップ）をつくり、組織、財源、サービスを大胆に改革する。時代は発想の転換を求めているのだ。橋本執行部が策定した五カ年の中長期経営計画は従来の方針にとらわれ、とても抜本改革を目指すものといえない。その意味で経営委員会の否決を一概に非難するわけにはいかない。

「いまメディア界は大激動期に直面しており、NHKも抜本的な変革を迫られている」。この時代認識が十分でなかったことが、橋本会長不信任の引き金になっているといえる。

「NHK民営化論・不要論」「チャンネル数削減などスリム化」「国際放送による情報発信の強化」などさまざまな声が外から聞こえてきたが、橋本時代のNHKはこれらの課題に説得力のある回答を出せなかった。このうち、対外情報発信については、二〇〇八年九月に日本国際放送会社が設立され、社長には国際通の高島肇久（元報道局長、外務報道官）が就任した。二〇〇九年二月から英語による二四時間ニュース国際放送「NHKワールドニュース」がスタートしたが、CNN、BBCはもちろん、アジアの主要国でももっとも遅いスタートであり、苦戦が予想される。

受信料不払いによる収入減は、営業部門の努力でほぼ解消し、二〇〇九年度には不払いが激増する前の二〇〇三年度の水準に戻る見通しだ。しかし、NHKの財政を支えてきた受信料制度は、多メディア・多チャンネル化、メディア融合の中で、いまや構造的制度疲労を起こしている。短期的には財政が安定しても、長期的には維持が難しくなるのは明らかだ。

その指標は、NHK番組への接触率の低下である。接触率は一〇代、二〇代の若者層だけでなく、各年代でNHK離れが進行しており、接触率が高いのは六〇歳以上の老人層だけというのが実情である。例えば、一〇代、二〇代の若者でNHKの番組を一週間に五分間以上視ている人は五人のうち一人にすぎない。この接触率の低下は、一定のタイム・ラグを置いて受信料の低下をもたらすと専門家は指摘している。これにどう対応するか。

一方、通信との融合によるネット放送の普及など技術革新は日進月歩である。この趨勢はもはや変えようがない。問題はテレビ業界が先見性をもってどう取り入れるかであろう。

NHK執行部と世間の常識（世界の潮流と言ってもよい）の間には大きなギャップがあるのではないか。

いまほどトップのリーダーシップが必要な時期はない。だが、現在のＮＨＫは、船長が方向をどこに向けるか決断がつかず、ただ大海を漂っている巨大船とでもいえよう。大勢の船員には緊張感がなく責任を押し付け合い、船底ではネズミが走り回っている。こんな光景が目に浮かぶ。

二〇年近くも前に島桂次が危惧していたのは、決断、改革ができず浮遊するＮＨＫだった。

「メディア激動期を迎え、ＮＨＫが率先して思い切った改革を実施しなければ、ＮＨＫは外圧によってズタズタにされてしまう。自分たちの組織を自分たちで変えられないようでは存在理由がない。時代の潮流に合わせて常に大胆に組織を変革する。そのスピードは今後ますます早くなる。先見性と実行力こそが、トップに求められる最重要の資質だ」

「組織は大きくするだけが能ではない。多様化するデジタル時代の公共放送の組織、サービスはどうあるべきか。十分な検討が必要だ。いまのＮＨＫの分割、一部民営化、さらに、ＮＨＫを関連団体も含め地域によっていくつかのグループに分け、それらが緩やかに結びつく〝ＮＨＫコーポレーション〟というかたちもありうるのではないか」

「電波に国境はない。日本は経済大国だが、情報小国だ。情報に関しては、完全に輸入超過、もっと発信力を強める必要がある。いつまでも〝井の中の蛙〟的発想では駄目だ。技術革新は日進月歩、このままでは放送は通信に呑み込まれてしまうぞ。トップ以下もっと知恵をださねば」

島は、機会ある度にこう力説していた。

この数年間のＮＨＫの衰退（あえて崩壊とは言わない）には、目を覆いたくなる。不祥事の続発した海老沢時代に始まり、橋本は衰退をさらに加速させたと言えよう。いずれも変革期という時代認識に敏感でなく、大胆な改革を構想しそれを断行する気概に欠けていたと批判されても致し方ないであろう。実は、衰退の引き金を引いたのは六年間の任期を無為のまま過ごした海老沢の前任者川口幹夫であるという意見が強くある。それについては、あとで詳述する。、海老沢はそれでもデジタル化の推進に精力を注ぎ、二四時間ニュース・チャンネルの創設など時代に対応した事業展開を計画していた。しかし、任期途中の辞任でその計画は頓挫した。ワンマン体制である種の〝恐怖政治〟を敷いたことが、辞任後、強い反動を呼び計画が引き継がれなかったのだ。組織にとってトップの構想力と実行力それにリーダーシップが、いかに重要か。危機的状況であればあるほど、その重要性は増してくる。

ＮＨＫと言う組織は、「多少お役所的だが、良い番組を作る品格のある放送局（Decent NHK）」というイメージで長年、視聴者・国民に信頼され、支持されてきた。それが、いまや「腐敗の巣窟」と思われている。信頼を回復するには、組織を改革し、質の高い番組を出し続ける以外にないであろう。信用は一瞬にして崩れるが、回復には時間がかかる。ＮＨＫを見る視聴者・国民の目はまだまだ厳しいことをトップを始め職員の一人一人が自覚すべきであろう。

橋本の会長任期満了間近の二〇〇八年一月十七日、ＮＨＫ報道局映像取材部の記者ら三人が、前年三月に他の記者が出稿したニュース原稿をもとに勤務時間中にインサイダー取引をし、それぞれ一〇万円から三〇万円の利益を得た疑いで、証券取引等監視委員会の調査を受けていたことが発覚した。インサイダー取引は、報道の仕事をする者の基本的倫理に関わる極めて重要な問題である。取材内容は報道目的以外に使用しないのが鉄則だからだ。ＮＨＫの信用はこれでまた大きく失墜した。橋本は全職員を対象にインサイダー取引について調査を開始する一方、責任を取って経営委員会に辞表を提出した。経営委員会は任期満了の三月二十四日に橋本の辞表を受理したが、それは任期満了による退任ではなく辞表提出による辞任というかたちであった。

橋本は彼なりに三年間会長の職務を精一杯務めたことは疑いない。

二〇〇七年六月、石原邦夫の後のNHK経営委員長に富士フイルムホールディングス社長古森重隆が就任した。古森は代議士安倍晋三（元首相）を囲む財界人でつくる「四季の会」のメンバーであり、安倍とは思想信条も近いといわれる。富士フイルムの中興の祖といわれる有能な経営者だが、ワンマンであくの強い人物という評もある。安倍の推薦でNHK経営委員に送り込まれたといわれ、NHK改革に強い意欲を燃やした。「NHKの幹部は世間を知らない」が口癖といわれ、先に述べた執行部策定の中長期経営計画の否決を主導した。

さらに、二〇〇八年一月末で任期が切れるNHK会長の人事に関しては、橋本元一会長の再任は眼中になく、初めから財界人から起用する方針で人選を進めていた。経営委員会での古森の議事運営が余りにも強引で独断的だと内部から批判の声が出る一幕もあったが、最終的には、二〇〇七年十二月二十五日の委員会で古森の推薦したアサヒビール相談役の福地茂雄が次期会長に選出された。

NHK会長選出とあれば、かつては日銀総裁と並び世間の注目を集めたものだ。だが、今回は福田康夫首相らも、ほとんど口出しをせず人選を古森にまかせ放しだった。このことは、ある意味でNHKの地盤沈下を如実に語っている。

橋本会長時代に大胆な改革ができなかった以上、外部の人が会長に選ばれること自体は別に問題はない。古森と福地は親しい友人関係にある。また、放送法の改定で経営委員会の権限が強化されたが、経営委員会と執行部の間には明確な一線が引かれ、NHK業務の執行については福地会長が全面的な責任を持つべきだ。

しかし、二〇〇八（平成二〇）年十月十四日、NHK経営委員会は執行部作成の二〇〇九年度から二〇一一年度までの三カ年経営計画案を「（年度を越えた）二〇一二年度から、受信料収入の一〇％の還元を実行する」と明記する修正を加えて、承認した。

福地茂雄会長ら執行部は、地上デジタル放送への移行のための費用が予想よりかさむことに加え、「先が見通せない経済情勢で、四年先の約束は難しい」として受信料値下げの数字を入れることに抵抗した。しかし、これを最後に任期切れで辞任する委員長古森重隆のゴリ押しともいえる主導で修正を加えて議決したのだ。受信料の値下げ自体は悪いことではない。が、経営委員会が自らの修正案を議決するというのは異例なことである。

古森は、同日の経営委員会後の記者会見で「一〇％は実現可能であり、国民にとってパンチのあるキリいい数字」と説明したといわれるが、「まず値下げの数字ありき」では到底納得できない。デジタル時代を迎えメディアが激変している状況下では、まず、公共放送はどんなサービスを行うか、どんな組織にするかのビジョンの策定を急ぐべきだろう。ビジョンに基づいて、二〇一二年度にはこういうサービスをするからこれだけの予算が必要、余ればそれを受信料の値下げに当てるというのが筋だろう。中味や事業形態も明らかにせず、「一〇％の値下げは実現可能」と言うのは無理がある。たとえ、それが目標値であってもだ。なのに、経営計画に明記された。国民に対する公約である。順序が〝逆〟と言わざるを得ない。古森が自分の会社（富士フィルム・ホールディング）の増資をする場合、その理由を株主に説明しないということはないだろう。「一〇%値下げ」も同じだ。最中の皮だけあって、あんこの量が決まらない、というのではしまらない。無理な押し付けは、どこかで破綻することが多い。

それにしても、副会長以下の現役執行部は何をしていたのだろう。なぜ、役員が足並みを揃え進退をかけて経営委員長の古森のゴリ押しに抵抗しなかったのか。新しい経営計画にしろ、従来の〝親方日の丸〟路線の発想から抜け出していない。もっと世界の動向に目を向け、発想の転換が必要だ。

島桂次なら、質の高い番組制作、インターネットの利用促進、海外への情報発信のシステムをつくり、組織を思い切ってスリム化して、視聴者が満足し、世界のメディアが注目する公共放送像を創造していたであろう。経営委員会の考え、提案に常に先行するのが島のやり方だった。当時の経営委員長は住友銀行会長の磯田一郎だったが、「経営委員会はＮＨＫのあり方、哲学を問うところ」と言って執行部に細かな注文を付けるようなことはなかった。私が見る限り、個性が強くキレ者の二人が衝突することはなかった。そして、二人とも放送に深い愛情を持ち、時代を先取りすることを常に考えていた。

古森・福地体制（古森は二〇〇八年十二月退任、福山通運社長小丸成洋が経営委員長に就任）の下で、新たな発想に基づく思い切った業務改革が推進されることを期待するが、ＮＨＫは報道機関（ジャーナリズム）であり、文化創造の発信拠点であることをまず念頭に置いて欲しい。

憲法や放送法で「言論・表現の自由」が保障され、放送番組については、政治を始め何人の介入も許されない。なぜこのようなことを言うかというと、新体制になってから放送現場で、「国益」とか「公正・中立」という言葉が急に流布するようになったといわれるからだ。「国益」、「公正・中立」などの言葉は、一歩間違えば〝政治的意味合い〟を持つ言葉になるからだ。

島桂次はいつも言っていた。

「ＮＨＫは視聴者・国民のための〝公共放送〟であって、政治家や特定の人のための〝国営放送〟ではない。だから、政治家にとって聴きたくないこと、見たくないことも放送するし、時に政治家、政府とも対立する。政治家や一部の人が耳当りのいい放送だけを聴きたいなら、国営放送にすればよい。『時代の流れを的確に読み、視聴者・国民のために放送する』、これが公共放送ＮＨＫ存立の原点だ。また、ＮＨＫ革新のためには時代の最先端にいつも関心を持つことが肝心だ」

大分わき道にそれてしまったが、この辺で型破りだが独創的だったＮＨＫが生んだ唯一人の経営者、島桂次のその後に戻ろう。

# 第四章　挑戦の始まり——ＮＨＫ王国と政治

ＮＨＫは、一九六五（昭和四〇）年十月に東京内幸町の日比谷通りに面した放送会館を出て渋谷の巨大なガラスの城（放送センター）に移った頃から〝空気が変わった〟といわれる。ＮＨＫをよく知る人の間で、こう指摘する人が多いのだ。

作家の小林信彦は、こう書いている。二〇〇五（平成七）年のことだ。

「ＮＨＫが変貌したのは、一九六五年、内幸町のビルを出て、代々木にとんでもないパレスをつくってからだと思う。

ゴムゾウリで社屋に入れた内幸町時代とはちがい、代々木のパレス、狸御殿は、廊下が色分けされていて、充分にうさんくさかった。

昨年（二〇〇四年）末、世界各国のテレビが大津波の喪に服しているときに、ＮＨＫだけが〈紅白〉の数字を稼ぐのに狂っていたことは、今や、公然と語られている」

小林はさらに、「東京オリンピック以来、ＮＨＫは着々と子会社・関連会社をふやして巨大化している。ＮＨＫにはまともな人が多いと思うが、まともな人が中心になるとは限らない」と述べ、多メディア・多チャンネルでは、変貌したNHKはもう存在理由がないのでは、とまで言い切っている。（『週刊文春』二〇〇五年二月三日）

小林の意見の当否はひとまず置くとして、内幸町から渋谷・神南への移転で「NHKの空気が変わった」という感じを与えるようになったことはどうも事実のようだ。

それでは、なぜ放送センターに移転しなければならなかったのか。その理由を見てみよう。

放送センターは、手狭になった放送会館に代わる施設として一九六三年四月から東京渋谷の元米軍基地ワシントン・ハイツ跡に建設が進められた。翌六四（昭和三九）年十月に開催された東京オリンピックの期間中は、突貫工事で完成した一部施設が内外の放送機関の取材・放送基地として使用され、ここから通信衛星シンコム三号を中継して競技の映像がアメリカに送られた。衛星中継はオリンピック史上初の試みで、ニューヨーク・タイムズは「開会式の生中継は画質もすばらしく、あっと言わせるものだった」と伝えた。

時はまさに日本経済の高度成長期。東京オリンピックは敗戦から復興を遂げ国際社会に復帰した日本の姿を世界に示そうと開かれたもので、NHKも一役買ったわけだ。

NHKの放送業務の移転は、建物建設の進捗に合わせて一九六五（昭和四〇）年十月から三度に分けて行われ、最後まで内幸町の放送会館に残っていた報道部門が放送センターに移転したのは一九七三（昭和四八）年七月であった。

この時点で、放送会館は閉鎖、売却されたが、跡地は現在の日比谷パークビルの一帯がそれである。日比谷通りに面した放送会館本館は、戦前に建てられた地上八階の品格のある建物で、戦前、戦時中に軍の宣伝放送を行い国民の戦意高揚に協力した〝負〟の歴史を持つほか、敗戦後は占領軍の検閲放送が行われた。

しかし、国民とともに歩む新生の公共放送NHKの舞台となり、現在につながるラジオ、テレビの基盤はすべてここで形作られたと言って過言ではない。

少し固いが家族の誰もが安心して視聴できる番組をつくり、早くて正確なニュースを送り届ける「信頼できる放送局」というNHKのイメージが定着したのも、内幸町の放送会館時代である。所得の多少に関係なく受信機を持つ家庭から一律に料金を集める受信料制度が維持できたのも、この時代に築かれた「信頼」があればこそである。

ラジオ放送に加えて、NHKでテレビジョン放送が開始されたのは、一九五三（昭和二八）年二月一日である。日本は、七年近くの連合国軍の占領を経て、前年の一九五二年に独立を回復していた。敗戦の混乱は収まっていたが、国民の生活はまだまだ苦しかった。平均的なサラリーマンの月収が一万五〇〇〇円程度なのに、テレビは一台二五万円前後。ほとんどの家庭にとってテレビは、高嶺の花であった。放送開始時のNHKテレビの放送時間は四時間、受信契約者は八六六であった。

同年八月には、NTV（日本テレビ）が放送を始めたのを皮切りに、民間テレビ局が開局し、日本の放送体制は、テレビ、ラジオともNHKと民間放送が並存することになった。

テレビは、新しいメディアとあって、草創期の担当者たちは、創意工夫と努力を積み重ねて、新聞、雑誌、映画とは異なる独自の〝テレビの世界〟を形作って行く。

やがて、茶の間が娯楽の殿堂になり、居ながらにして世界旅行も体験できるようになった。また、茶の間に政治、経済が持ち込まれた。テレビ・ニュースについて言えば速報性に加えて、映像と音声による分かりやすさもあって、国民に対する影響力を急速に高めて行った。

一九五九（昭和三四）年一月には教育テレビが始まり、さらに同年四月十日の皇太子明仁殿下と正田美智子さんの結婚と華やかなパレード、一九六四年十月の東京オリンピックというビッグ・イベントもあって、テレビは各家庭に急速に普及した。

受信契約数は早くも五年後の一九五八（昭和三三）年に一〇〇万台に達し、六〇年に五〇〇万台、九年後の一九六二年には一〇〇〇万台を突破した。同年の毎日新聞の調査で、「世の中の出来事を知るのに最も多く利用するメディアは？」という趣旨の質問に対する回答で、「テレビ」と答えた人が一番多かった。テレビが、初めて「新聞」を抜いてトップ・メディアになったのだ。その後も、テレビはその座を保っている。

業務の拡大に伴って、ラジオ時代に建てられた放送会館はすぐ手狭になり、第一新館、第二新館と継ぎはぎで拡張されたため、内部はまるで〝迷路〟のようだった。放送会館は、使い勝手が悪かったが、当時の人間関係は濃密だった。

日比谷通りに面した大理石の正面玄関はともかく、職員出入りの内玄関は受付を兼ねた警備員は居るもののほとんどフリーパス。私の経験でも給料日には着物に着飾った飲み屋の女将さんが付けの回収に社会部や政経部のデスクの脇で待ち受けていたものだ。また、こんなこともあった。徹夜勤務が一段落して地下二階の風呂に行くと見慣れない人が入っている。聞くと、脚本家でＮＨＫを住み家にしているという。仕事はＮＨＫで行い、夜は泊まり勤務者用のベッドにもぐり込んで寝ている。近くの新橋、銀座で飲んだ後は真夜中に放送会館に帰って来るが、守衛さんは顔なじみなので出入り自由。着るものは、会館内の売店でときどき下着を買っているが、ジャンパーの着たきり雀なのでパーティなどに行くときは、知り合いの衣装の担当者に頼んで背広やオーバーなどを借りて着て行く。放送会館は、冷暖房が効いているうえ、食堂もあり、住み心地は上々だと言う。冗談のような話だが、万事におおらかな時代の一つの実話である。

渋谷の放送センターでは、起こり得ないことである。管理が厳しくなり、顔見知りなのに警備員がいちいち用件を確認したうえで、職員に連絡する。ロビーのコーナーで長時間待たされることも珍しくない。予め分かっていても打合せ室など用事のある部屋にエレベーターで直行なんてことは到底できない。冒頭に述べた内幸町の放送会館から渋谷の放送センターに移ってNHKの〝空気が変わった〞というのは、こうした出入り口での管理強化といった外形的なことだけではあるまい。

放送会館時代のNHKは、「半官半民」と言われながらも、職員の一人一人が聴取者・視聴者とナマの形で幅広い接点を持ち、番組も報道、教養、娯楽を問わず、血が通った手づくりで個性的なものが多かった。一方、聴取者・視聴者の側にも、NHKは多少堅苦しいところだが、下駄履きで行っても親切に応対してくれる。「おらが放送局」として自分たちが支えているという意識が、中央、地方を問わず多くの人の間にあったように思う。

それが渋谷の放送センターに移った途端、なんとなくよそよそしく、近づき難くなった。NHK王国の象徴とも言える高層のガラスの城の外観にまず圧倒され、玄関を入っても広いロビーと厳しいチェックに大抵の人は疎外感を感じる。出入り口のチェックはテロ対策を考えれば、むしろ当然のことだろう。だが、それだけでは〝空気が変わった〞の回答にならない。

古い付き合いの俳優の森繁久弥がNHKの正面玄関で「どちら様でしょうか」と言われて、「二度とここには来ない」と森繁をカンカンに怒らせた話はよく知られている。放送総局長が森繁邸を訪れ平身低頭して、ようやく勘気を解いてもらったが……。

これは、何も出入り口の管理担当者の対応のまずさだけの問題ではなかろう。内幸町の放送会館時代にはまず起こり得なかったことだ。〝近代化〟という名目で組織運用の合理化が進められる過程で起こった象徴的な出来事と言えるだろう。

ごく具体的に言えば、組織の肥大化によって縦割りの硬直化現象が起き、外部だけでなく内部も含めて人間的な交流が低下したこと。さらに仕事が以前のように手づくりの血の通ったやり方ではなく、極めて官僚的で機械的なシステムに則って行われるようになったことが基本的理由として挙げられる。一部の人びとは、こうした変化を「空気が変わった」と言ったのである。

しかし、NHKの本部が放送会館から放送センターに移転して「空気が変わった」といわれる中でも、終始一貫変らなかったことがある。NHKと政治との関係である。NHKにとって政治との関係は、放送法で決められた避けられない構造的問題である。NHK予算、事業計画は国会の承認が必要であり、会長を選ぶ経営委員の任免権は首相にある。カネとトップ人事が政治に握られているのだ。

ここでは主に歴代会長と政治との関わりを見てみよう。

戦後の新生NHKになってからの会長は、初代の高野岩三郎から現在の福地茂雄まで一五人を数える。

高野は、第一章で述べたように「権力に屈せず、ひたすら大衆に奉仕すること」を基本理念にし、戦前、戦中の放送への反省、国民軽視の官僚主義の体質の払拭などで放送民主化の推進に努めた。ところが、歴史の皮肉といおうか、労働運動に最も理解があるこの人物が「小児病的」ともいえる組合のストと放送の国家管理という異常事態に会い、病に倒れ亡くなった。会長在任は三年、高野のＮＨＫ抜本改革は道半ばで挫折した。結果として、古い体質が温存されることになった。

高野の死去を受けて一九四九（昭和二四）年五月、専務理事の古垣鉄郎が二代目会長に昇格した。古垣は、朝日新聞社の出身でロンドン特派員時代に当時駐英大使だった吉田茂の知遇を得て親しい関係にあった。日本の政治は、一九四七年から四八年にかけて保守・自由主義と社会民主主義のいずれの路線が主流になるかの〝分水嶺〟だったといわれ、保守、革新の対立が激しかった。こうした状況下にあって、確証はないが高野会長の革新性を危ぶんだ吉田首相が、古垣にお目付け役を依頼したという説があるが、十分にあり得ることだと思う。

古垣の会長在任は七年に及んだが、この間の一九五〇（昭和二五）年六月一日、戦後の放送法制の基本をなす「電波三法」――「電波法」「放送法」「電波監理委員会設置法」が施行された。

「放送法」によって、日本放送協会（ＮＨＫ）は社団法人から特殊法人になり、古垣鉄郎は、そのまま新法人の会長に任命された。

また、「放送法」によって、ＮＨＫの組織、運営などが規定され、経営委員は、各層、各界を代表する人を国会の同意を得て内閣総理大臣が任命し、経営委員会がＮＨＫ会長を任命するという現在も続いている会長選出の手続きが正式に定められた。

電波三法のうち、「電波法」「放送法」はいまも存続しているが、「電波管理委員会設置法」はわずか二年で廃止された。

「電波監理委員会」は，アメリカのFCC（連邦通信委員会）にならったものだ。放送を含む電波行政を政府から切り離して設けられた中立的で超党派の独立した機関である。〝国民とともに歩む〟という高野が主張した公共放送のあるべき姿を実現するうえで画期的なものであった。

政府は、行政権は内閣に属するという憲法の規定を理由に、放送行政を独立した機関にまかせ内閣の権限外に置くことに強く抵抗した。しかし、放送の民主化のためには不可欠とするGHQ（連合国軍最高司令官総司令部）の方針に押し切られた経緯があった。

その後も、政府内の不満は続いていた。吉田内閣は対日平和条約が発効し日本が独立を果たしてまもなくの一九五二（昭和二七）年七月、電波監理委員会を廃止し、放送行政を郵政省の管理下に戻した。この頃には、NHK内部でも郵政官僚と手を結ぼうという勢力が再び力を盛り返し、放送行政の管理・監督権を内閣に取り戻す動きに密かに協力していたといわれる。放送民主化のための法制上の保証は大きく後退し、以後、放送への政府、政治の関与が深まっていく。

これより先、一九五〇（昭和二五）年六月二十五日未明、朝鮮戦争が勃発、NHKは正午のニュースで第一報を伝えた。朝鮮戦争で東西の緊張が高まる中で、レッド・パージの大波が各職場を襲った。共産主義の浸透を恐れたGHQと政府がとった措置で、一万二〇〇〇人が共産党員ないしは同調者として職場から追放された。NHKでは、一一九人が対象になった。該当者は、放送文化研究所、技術研究所に多かったが、これは一九四六年十月のストライキ後、協会が活動家を放送現場に影響の少ない文研、技研に移動させていたためであった。しかし、レッド・パージは放送現場にも影響を与え、特に自主取材を始めたばかりのニュース部門が蒙った打撃は大きかった。職場のリーダーがいなくなり、当分の間、ニュース取材もままならなかったという。

世はあげて保守色を強める逆コース、右旋回といわれる時代に入った。国民に軸足を置いた放送の民主的改革は頓挫し、組織内部では官僚的体質が復活し、政治からの直接、間接の風が強まってきた。

時代の風潮は番組にまで及んできた。ラジオの人気番組「ユーモア劇場」の突然の廃止である。この番組は、ラジオ史上名高い「日曜娯楽版」の後継番組として一九五二年六月から放送されていたもので、全国の聴取者から寄せられる投書を素材に政治社会を風刺するコントが売り物であった。投書は最盛期には月に一万通を超えていた。

「国民大衆の声を反映させる」というのが、民主的放送の役割である。国民大衆の不平不満は、どうしても政治家の不正・不義に集まる。折りしも、造船疑獄に対する国民大衆の怒りが高まっていた。「ユーモア劇場」は早速これを取り上げ、一九五四年二月七日に「犯罪の蔭に国会議員あり」、四月二十五日には犬養健法相の指揮権発動で東京地方検察庁の逮捕を免れた佐藤栄作自由党幹事長に関して、「黒いサトウもいろいろ加工すれば白いサトウに変わります。自由セイトウ株式会社」とやってのけた。

国民大衆は拍手喝采だったが、時の権力が反発した。

NHKは一九五四(昭和二九)年度に受信料の値上げを考えていたことから、政府は放送法改定と値上げ問題を微妙にからませながら、国民大衆に大きな支持を得ていた「ユーモア劇場」に揺さぶりをかけてきたのである。国民大衆の声をそのまま反映する「ユーモア劇場」の風刺コントは、時の政権、政治家にとって脅威だったのだ。

肝心のNHKの経営は、政治の直接、間接の攻勢に対してなす術を知らなかった。古垣会長は放送の自立性を主張するどころか、ただずるずると後退するだけだった。

結局、「ユーモア劇場」は、同年六月十四日で放送打ち切りになった。この日のサヨナラ番組はショパンの葬送行進曲で終わったが、これは政治介入に対する現場のせめてもの抵抗であった。

古垣の前任会長の高野岩三郎は政治権力の介入を排除し政治的に自由であることが、〝国民とともに歩む〟公共放送の使命であると固く信じていた。常に一般市民の目線で物事を判断し、理不尽な圧力、要求は拒否し、時に政治権力と対立することも辞さないというのが基本姿勢だった。従って、政治権力におもねるようなことは決してなかった。

高野の会長在任は敗戦直後の混乱期、古垣は東西冷戦が激化し講和条約によって日本が独立を果たした時期である。時代状況に違いがあるとは言え、古垣は高野らの努力でようやく緒につき始めた放送民主化の動きにブレーキをかけ、古い体質のＮＨＫに逆戻りさせたといえる。これは吉田内閣の逆コース路線と歩調を合わせたものであった。

例えば、放送民主化の推進役になると期待された「電波監理委員会」が廃止されたときも、「ユーモア劇場」に政治家から強い批判を寄せられたときも、古垣の態度は極めて消極的であった。

それは、古垣が新ＮＨＫ発足時の挨拶で述べた「国民とともにある放送という根本方針を実現するために努力する」という発言とは裏腹に、事業運営に当たって国民の立場をより重視する道ではなく、国会や政府つまり政治との円滑な関係を構築する道を選んだからであった。政治権力をチェックするという公共放送のジャーナリズムとしての力を弱め、逆に政治の圧力・介入があった場合は、できるだけ表面化させず内部でうやむやに処理する。高野会長時代に比べれば、まったくの方向転換であった。

ジャーナリスト出身でリベラルな考えの持ち主といわれた古垣が、なぜ、このような道を選んだのか。吉田首相が国民本位の革新性を怖れてより穏健な政府に理解を示すNHKを望んだこと、役職員ら幹部の間に古い官庁的体質のNHKへの復帰を求める声が多かったこと、さらに古垣に公共放送のあるべき姿について確たる信念がなかったことなどが挙げられる。無論、逓信省など内閣はこの路線変更を歓迎した。

だが、この路線変更はその後のNHKに大きな傷を残した。

「皆さまのNHK」と言いながら、国民・視聴者を軽視し、国会・政府を重視する政治との癒着の構造が、NHKの事業運営の基本方針として定着してしまったことだ。

公共放送として「政治との距離」を適正にとり、ジャーナリズムとして、ときに政治権力と真っ向から対立する姿勢が必要なのに、それを事実上放棄してしまったのだ。NHKの歴史上、政府与党など政治権力と対立、対峙した例はほとんどない。

会長としての古垣鉄郎について、島桂次はこう語っていた。

「古垣さんの時代にNHKの官僚主義、政治にべったりの体質ができたことは否定のしようがない。前任の高野さんが苦労してつくり上げようとしていた国民のための公共放送を唯々諾々と政府の意に従う〝国策放送〟にしてしまった。

例えば、『ユーモア劇場』。世論の圧倒的支持がこちらにあるのだから、思い切って政府、与党と対立し、『ユーモアが分からない政治家は世界に通用しませんよ』くらい言って要求を拒否する姿勢を示せば、NHKと政治との適正な関係ができたかもしれない。古垣さんにその勇気がなかったということだろう。

いずれにしろ、この時期に、政治に押され っ放しで政府・国会依存の体質の基盤がつくられたことは間違いない」

島は、ＢＢＣと対比させながら、こう語ってくれた。島はＢＢＣの歴代会長と面識があったが、実力会長といわれたジョン・バートとは相互の協力関係や公共放送のあり方をめぐって激しくやりあった仲であった。ＢＢＣの事情についてはよく通じていた。

「イギリスのＢＢＣは同じ公共放送であることから、ＮＨＫと似た組織だと言われているが、まったく違う。根本の姿勢が違うのだ。ＢＢＣは草創期の一九二六年のゼネストの際、チャーチル首相から放送を使って中止を呼びかけたいと要請があったのに対し、初代会長のジョン・リースはきっぱり断った。そして独自の判断で労働者側の言い分も対等に扱った放送をした。以来、ジャーナリズムとしての独自の判断が、ＢＢＣの伝統になり、時に政治と激しく対立している。保守派の人びとは、ＢＢＣをオックスブリッジ（オックスフォード大とケンブリッジ大）のエリートからなる社会主義者の集団と批判しているが、国民の多数はＢＢＣを支持している。ＢＢＣは政治との距離は自分で判断し、一貫して一般国民の利益を尊重する方針をとっている。そこが永田町・霞が関重視のＮＨＫとはまったく違う。また、ＢＢＣは国民の支持を得るため情報公開に熱心で、物事をうやむやに処理するＮＨＫとは異なっている。リースと古垣の差、勇気の有無が、その後のそれぞれの公共放送の行方を決めたと言って過言でないと思う」

古垣鉄郎は一九五六（昭和三一）年六月、七年間に及んだ会長を辞任し、慶応大学教授の永田清が次の会長に就任した。永田は学界の出身だが、日新製糖社長として実業界の経験もあった。永田は教育テレビの創設に意欲を燃やしたが、一方、政府の管理・監督強化を狙った放送法改定問題に振り回された。急な病をえて一九五七年十一月俄に亡くなった。在任わずかに一年半弱、五四歳という若さであった。

永田の後の会長には、二代続けてジャーナリストの長老が就任した。朝日新聞出身の野村秀雄と毎日新聞出身の阿部真之助である。

野村は一九五八（昭和三三）年一月に会長に就任したが、野村の会長就任については、こんな経緯があった。

朝日新聞社時代の同僚であった岸信介内閣の副首相石井光次郎が、会いたいと言って来て、「これは首相と郵政相と相談した結果である」として永田の後継会長を引き受けてほしいと要請した。これに対し、野村は、「ＮＨＫの会長は、相当高い見識があり、国内的にも国際的にも視野が広く、加うるに時代感覚を身につけた人、しかも同時に公平で勇気のある人物でなくてはならぬ。そうゆう点からいって僕は不適任だ」と言って固辞したという。ここに当時の人びとがＮＨＫの会長という地位をどう見ていたか、一つの会長像が示されている。昨今の会長の実像と比較してみると極めて興味深い。

野村は、朝日新聞代表取締役、熊本日日新聞社長を歴任し、気骨のあるジャーナリストとして知られ、国家公安委員などの公職を務めていたこともあって、その後も会長就任を固辞し続けた。やる、やらないと話し合っているうちに、ＮＨＫ後任会長に野村という名前が新聞に出た。

そこで、つむじを曲げたのが経営委員長の阿部真之助である。この人事は、政治独走で行われ、経営委員会に何の相談もされていなかったのだ。野村と阿部は、政治記者仲間で古くからの知り合いであったが、これでは会長の任命権を持つ経営委員会の長である阿部が怒るのも無理ない。それにこの人事と抱き合わせで、郵政相の田中角栄がＮＨＫへの監督権を強める放送法の改定を目論んでいることも阿部の気に入らなかった。

阿部の説得には郵政相の田中が直接乗り出し、野村後任会長を認めてもらう代わりに、放送法の改定は見送ることで妥協が成立した。

最終的には、朝日新聞社時代の同僚で親友の美土路昌一のほか、阿部も説得に加わり、野村は政府の放送法改定案の再検討を田中郵政相に認めさせたうえで会長就任を受諾した。

野村の会長任命については、経営委員会による民主的手続きを無視し、一方的な政治主導の下で行われたことで、その後の会長選出に大きな〝汚点〟を残した。

しかし、野村は会長決定の日の経営委員会で、

「ＮＨＫはどこまでも中立不偏、独立不羈を信条として、自由の精神と公正な態度を堅持しなければなりませんが、同時にその重大なる使命と責任とを自覚し、自らをよく律し、つねに反省する謙虚さをもって、内外から信用され親愛されるＮＨＫでなければならないと思います」

と述べ、「放送の自由と国民への奉仕」を基本理念とすることを明らかにした。

会長就任と同時に、自ら不偏不党、一切政治に関与せず、政治を語らぬことを決意し、国家公安委員などいくつかの公職を辞任した。また、自身も含めてＮＨＫの職員一同に政治関与を禁じた。いろいろな政治家がＮＨＫの協力を求めて来るのに対して、これを拒んだ。

政府や政治家の介入には、毅然たる態度で対処した。野村の伝記も、「野村によってＮＨＫが得るところがあったとすれば、それは、政府ならびに自民党からの政治的圧力に対する反発力、防御力を強くしたことだろう」と指摘し、「野村会長の識見と貫禄、その自らなんら求むるところのない態度が、政治の圧力に対する防御になった」とも述べている。

野村の在任期間中はテレビが普及し、その影響力が急速に上昇した時代であった。一九五九（昭和三四）年の皇太子の結婚とパレードは、テレビ時代の幕開けと言われるが、政治に対するテレビの影響力を人びとに見せ付けたのは、一九六〇年の日米安全保障条約改定をめぐる動きであった。国論を二分する論議が高まる中で、安保問題についての情報を国民・視聴者に多角的に提供しようとNHKは番組を通じてキャンペーンを展開した。

新安保条約は、一九六〇年五月一九日深夜、国会で自民党によって強行採決され成立の運びになった。国会は与・野党対立で警官隊が導入されるなど大混乱になり、外では一〇万人規模のデモ隊が国会を取り囲んで「安保反対」を叫び、全学連の学生の一部は国会構内に乱入した。

NHKは、この強行採決の前後にテレビ、ラジオで安保関連の番組を集中的に編成した。「政治の安定に役立つのが、NHKの大きな役割である」という野村の決意によるものだといわれる。自民、社会、民社三党首を始めとする政治家、学者、言論人らを総動員し、海外の動向も含めて「議会政治のあり方」を問い、「暴力を排し議会制民主主義を守ろう」というものであった。

この間、NHKの放送に対しさまざまな政治的圧力があったが、野村は毅然とした態度で終始した。その例を一つ紹介しよう。野村の伝記に書かれた当時の理事前田義徳（のち会長）の証言である。

安保騒動のさなか、一〇人ばかりの自民党議員がNHKに来て、野村会長と会見した。議員たちは、「NHKは左だ。放送番組、放送内容が左偏向だ」と非難した。黙って聞いていた野村は、突如声を大きくして、「君らはなっていない」と一喝、「君らは、もっと政治を勉強し給え。NHKのことはおれに委せたがいい」と言って席を立った。同席した前田は「お引き取りください」と議員たちに帰ってもらった。

前田は、「そのとき、野村会長の存在、野村の真骨頂をもっとも強く感じた」と述懐している。

野村は、NHKの安保放送について、外部とくに政治の圧力に左右されることはなかったが、NHKとしてこの問題をいかに取り扱うべきか、番組内容は「不偏不党」「政治的公平」にかなっているか、出演者の発言内容は適正かどうか、などを厳しくチェックするよう指示した。上層部の指摘でカットされたこともあった。一種の自己規制であり、行き過ぎだとの声も一部にないでもない。しかし、野村は、安保問題に対する公共放送としてのスタンスを明確にするとともに、外部に容喙の口実を与えないよう神経を使っていたと解釈するのが妥当だろう。

安保をめぐる激動はその後もデモ隊と警官隊の流血衝突などが続いたが、一九六〇年六月十九日新安保条約が自然承認され、一応の終末を迎えた。

この間にNHKで放送された安保関係の番組は、テレビ五四本、ラジオ一〇一本にのぼり、文字どおり「茶の間に政治」を持ち込んだ。これらの放送を通じて、人びとは、映像と音声による速報性と同時性、テレビの持つ威力、影響力の大きさを真に実感したと言えよう。報道の世界でもテレビが他のメディアを圧してリーディング・メディアになって行く。テレビの受信契約数は、一九六〇年八月に五〇〇万台を超え、翌九月からはカラーテレビの本格放送が始まった。

また、野村は人命軽視の風潮を憂慮してNHKの番組から〝暴力追放〟を決意し、六〇年六月から何本かの番組が姿を消した。皮肉なことに、野村が会長を辞任する五日前の十月十二日、東京の日比谷公会堂で開かれた「総選挙に臨むわが党の態度」をテーマにした自民、社会、民社の三党首の立会演説会の最中、社会党委員長の浅沼稲次郎が右翼団体に属する一七歳の少年に刺殺される事件が起きた。

NHKでは演説会をビデオ収録しており、直後にその瞬間をニュース速報としてテレビで放送した。一国の公党の党首が公衆の面前で暗殺され、その映像が全国に伝わったのだ。反響はすさまじかった。

どんな名アナウンサー、名文記者であろうと、その緊迫感をテレビ以上に生々しく伝えることはできないだろう。ジャーナリズムとしてのテレビにとって一つのエポックであったことは間違いない。

それにしても、青少年への悪影響を考えNHK番組から暴力シーン追放を決断した野村にとって少年によるテロはかえすがえす残念な出来事であった。

一九六〇（昭和三五）年十月十七日、野村秀雄はNHK会長を退き、阿部真之助が後を継いだ。会長の選任をめぐる政府の人事介入で、当初こそ二人の間に若干の感情のもつれがあったが、在任中は阿部が経営委員長としてよく協力してくれたことを、野村は感謝していた。阿部は野村より四歳年長の七六歳だったが、野村の「後を引き受けてくれないか」という申し出をあっさり引き受けた。そこで、野村が経営委員会に根回し、全員一致で阿部の会長任命が決まった。政府の口出しは一切なく、正規の手続きによる会長任命であった。政府が口出ししなかったのは阿部は野村選任の際も候補者の一人であり、反対の理由がなかったことも一つの理由だろう。

阿部が、高齢にもかかわらず会長をひきうけたのは、放送に関してずぶの素人だった野村とは異なってすでに四年も経営委員長を務めており、当時のニューメディアのテレビの報道機能に関心を持っていたからだといわれる。

阿部は、毎日新聞主筆を務めた高名なジャーナリスト・政治評論家であり、野村と同様、政治介入を許さず不偏不党の態度を堅持し、放送の特性を生かした報道の充実に尽力した。書き原稿をアナウンサーがただ読むだけのニュースは無味乾燥だとして、現場からの記者リポート方式なども取り入れるよう早くから主張していた。新聞とは異なる放送ジャーナリズムを確立したいと思っていたのだ。

また、重厚な野村とは対照的に、阿部は軽妙で腰が軽かった。ユーモアのセンスもあり、自ら「日本恐妻連盟総裁」を称した。

前にも述べたようにＮＨＫでは内幸町の放送会館が手狭になり、東京オリンピックが近付くにつれ、どこに新しい会館を建てるかが大きな懸案になっていた。阿部が会長に就任して早々の役員会で、「いまは国有地になっている元米軍基地ワシントン・ハイツ跡がよいのでは」という意見が出たという。黙って聞いていた阿部が、「それでは俺が話をしてこよう」と言って、池田勇人首相を訪ねて行った。

阿部はぼそぼそ声で池田首相に、

「ＮＨＫはオリンピックのホスト放送局です。内外の放送機関を受け入れるためには、主会場の国立競技場の近くに放送施設を作る必要があります。それには国有地のワシントン・ハイツ跡地が最適です。将来的にはＮＨＫの本部をそこに移す積もりです。何とか払い下げてもらえないか」

と縷々説明した。

これに対し、池田首相は年長者に敬意を表して、

「よく分かりました。オリンピック放送は是非とも成功させていただきたい。土地の件は何とかその線でまとめましょう」

と答えた。

阿部は上機嫌で放送会館に帰ってくると、関係役員らを集め「おーい、ワシントン・ハイツの土地はもらってきたぞ。後は担当者で詰めてくれ」と話した。

実際に払い下げが正式に決まるまでには、さまざまな難関があったが、最終的には予定通り払い下げられた。阿部が池田首相の約束を取り付けていたことが決め手になったことは間違いないだろう。

阿部は日常業務は専務理事・副会長の前田義徳や技師長の溝上銈らに任せ、大局的な判断だけをするようにしていたといわれる。楽しみにしていた東京オリンピックを間近にした一九六四（昭和三九）年七月九日心筋梗塞で急逝した。会長在任三年九カ月、八〇歳だった。

阿部の後は、ＮＨＫのプリンスと言われた前田義徳が会長に昇進した。前田は、朝日新聞からの転進だが、ＮＨＫで一四年間を過ごし解説委員、報道局長、理事、専務理事を経て副会長を務めていた。このため、新聞は〝初のＮＨＫ出身会長〟と報じた。前田は国際化を始め、報道体制の充実など数々の近代化改革を積極的に推進した。衛星放送の構想を初めてぶち上げたるのも前田であり、「ＮＨＫ中興の祖」と言われた。中でも、放送の中核はジャーナリズム機能であるべきだとして日本放送協会ならぬ「日本報道協会」と言われるほどＮＨＫ報道の拡充に努めた。躍進する日本経済に支えられ、渋谷の放送センターを完成させるなど、名実ともにＮＨＫ王国を築いたのは、前田の時代であった。政治との距離についても、当初は野村、阿部の路線を継承し、政治圧力をはねつけ自主、独立を保っていたが、在任が三期九年にも及び政権が長引くにつれ、次第に政界トップに妥協するようになったといわれる。

前田は豪胆で決断力があり、当然四期目を目指していたが、歯に衣着せぬ発言と圧倒的な迫力を嫌う政治家、官僚も少なくなく、部内では反前田の動きがうごめいていた。前田にとっての不運は、前田を支持していた首相佐藤栄作が辞任し、四選は認めないと公言していた田中角栄が後継首相になったことだ。

前田の後には、田中角栄首相の判断で郵政官僚出身の小野吉郎が就任した。小野は田中が郵政相時代の事務次官であり、ＮＨＫに理事として天下り、専務理事、副会長を経ての昇格であった。郵政出身者の会長就任は〝郵政省の悲願〟であった。政府・自民党との関係が密接になる一方、ニュース報道に対する自己規制が強められた。

小野は、二期目に再選されて間もなくの一九七六（昭和五一）年八月二十四日、ロッキード事件で逮捕、起訴され保釈されたばかりの田中の見舞いに東京目白の私邸を訪れたことが明るみに出て、世論の批判を受け日放労の一〇〇万人の反対署名もあって同年九月任期途中で退任した。

小野の後任には、「天下り反対、内部から会長を」という声に押され生粋のＮＨＫ育ちの坂本朝一が会長になった。坂本は芸能畑出身であり趣味人として知られていたが、それまで政治とはほとんど関係がなかった。ＮＨＫの独立・自主性より政府、国会の圧力を安易に受け入れる癒着・妥協路線を選んだ。ＮＨＫを政治家の言いなりにさせ主体的な仕事を何もしなかったという強い批判がある一方、部内の波乱もなくそつなく組織運営をした会長という評価の声も一部にあるのも事実だ。

坂本以降の会長については、島の政治記者、管理職、経営職それにトップへの道とも重なって来るので、次章以下で島のＮＨＫ生活との関わりの中で必要に応じて述べていきたいと思う。

まず、戦後の新生ＮＨＫの歴代会長一五人の主な出身母体と在任期間を列挙する。

- 高野岩三郎（大原社会問題研究所）一九四六年四月～四九年四月
- 古垣鉄郎（朝日新聞）一九四九年五月～五六年六月
- 永田清（日新製糖）一九五六年六月～五七年十一月
- 野村秀雄（朝日新聞）一九五八年一月～六〇年十月
- 阿部真之助（毎日新聞）一九六〇年十月～六四年七月

●前田義徳（朝日新聞、ＮＨＫ）一九六四年七月～七三年七月
●小野吉郎（郵政省事務次官）一九七三年七月～七六年九月
●坂本朝一（ＮＨＫ芸能）一九七六年九月～八二年七月
●川原正人（ＮＨＫ報道）一九八二年七月～八八年七月
●池田芳蔵（三井物産）一九八八年七月～八九年四月
●島桂次（ＮＨＫ報道）一九八九年四月～九一年七月
●川口幹夫（ＮＨＫ芸能）一九九一年七月～九七年七月
〈島桂次、一九九六年六月死去〉
●海老沢勝二（ＮＨＫ報道）一九九七年七月～二〇〇五年一月
●橋本元一（ＮＨＫ技術）二〇〇五年一月～二〇〇八年一月
●福地茂雄（アサヒビール）二〇〇八年一月～

出身別では、ＮＨＫ出身が六名、新聞社出身が四名、民間出身が三名、学界と郵政省出身が各一名である。福地を除く一四人のうち、任期を満了したのは半数の七名、残り七名が病気または外部の批判などで任期途中で退任している。外部の批判に合って任期半ばで退任したのは、小野吉郎、島桂次、海老沢勝二の三名である。

島桂次によれば、ＮＨＫ会長はポリティカル・アポインティー（政治的任命）である。島自身を含めてである。形式的には経営委員会で任命するが、実質的には首相ないしその意を体した人物が決めており、これが慣例になっている。だから、政府から独立した機関で民主的に選ばれた戦後新生の初代会長

高野岩三郎を除けば、NHK会長はすべて政府のひも付きだという。だが、会長になってから、政府、国会にどう対応し、その理不尽な介入を拒否できるかどうかは、それぞれの会長の理念、見識、実力による。歴代会長の中には、断固拒否する人もいれば、そのまま受け入れてしまう会長もいた。

しかし、NHKと政治との関係は、放送法に規定されていることであり、NHKは政治との関係を絶つことはできないということをまず頭に入れておくべきであろう。これがすべての論議の原点である。それだけに「政治との距離」をいかに適正に保つか、会長の責務は極めて重いと言える。

島が生前、海軍兵学校育ちらしく最後の海軍大将井上成美が「海軍大将にも一等大将から三等大将までいる」が言ったのになぞらえて、「NHKの会長も一等会長から三等会長に分けられる」と、こう話してくれたことがある。

「一等会長は、間違いなく高野岩三郎さん。自分とは思想、信条が異なるが、戦後の混乱期に従来の組織を一新し、政治家ではなく国民に目を向けた〝真に民主的な公共放送〟をつくろうという理念を持って努力されたことは高く評価できる。ブレがまったくない。それに続くのが野村秀雄さんと阿部真之助さん。別にビジョンを持っていたわけではないが、ジャーナリスト出身で反骨精神をもつオールド・リベラリスト。不偏不党を貫き政治家の不当な要求、介入は終始拒否した。

また、前田義徳さんは報道部門の充実を図り、世界的視野でいまのNHKの基盤をつくった功績は大きい。しかし、長期政権の後半、佐藤首相に接近し、労働組合に妥協したのはマイナス点だ。それがなければ構想力、実行力から言って一等会長に入れてもよいくらいだ。

川原さんは真面目で多少柔軟性に欠ける点はあったが、世界に先駆けて衛星放送の実施に踏み切った決断、合理化の推進は評価されねばならない。ここまでは二等会長に入るだろう。

小野吉郎、坂本朝一、池田芳蔵、川口幹夫の各会長は、みんなよく知っている。小野さんは郵政官僚そのものだ。政府、国会とのパイプを太くしたのは紛れもない事実だ。坂本さんと川口君は、いずれも芸能畑育ちで政治にどう対処していいか分からない。奇麗事を言っていたが、政治家の言うままだったのではないか。小野さん、坂本さん、川口君も会長としてそれぞれ努力はされたようだが、在任中の実績や親方日の丸の体質を改めようとしなかったばかりかそのうえにのうのうと胡坐をかいていたことを考えればいずれも三等会長だ。

池田さんは会長としてはまったくの落第生、評価の対象外だろう。永田さんは学者出身で任期も短く選外。

だが、NHKという組織にとって、最大の戦犯は古垣鉄郎さんだろう。国民とともに歩む自主独立の新しい道を選ばずに、政治に影響されやすい官僚的な古い体質のNHKに戻してしまったのは、古垣さんだからだ。政治に影響されやすい〝負の遺産〟をNHK経営に残した責任は大きい。古垣さんも三等会長と言わざるを得ない。

自分自身だが、万事に規格外れだから、四等会長がいいところだ」

冗談めかした物言いだったが、案外本音だったのではないか。

島が歴代会長の評価に当たって重視したのは、政治への対応姿勢、時代にマッチした組織の改革・革新の構想力、実行力であった。この会長の分類も、大筋ではこの基準に従って行われていると言えよう。

しかし、島の評価が他と大きく異なっているのは、古垣鉄郎の評価だろう。NHK部内では、古垣はスマートなジェントルマンでカリスマ性、リーダーシップもありNHK交響楽団を発足させるなどいまのＮＨＫの基盤を実質的に築いた人として評価が高い。退任後、駐フランス大使に任命されている。だが、島は古垣が国民より政府や国会つまり政治との円滑な関係を重視する路線をＮＨＫという組織に選択し定着させた一点に注視した。そして、任期中にほとんど何もしなかった坂本や川口に比べても政治との関係でＮＨＫという組織体に与えたマイナスの影響は大きいと判断し、古垣に辛い点を付けたのだ。

島に対する評価はどうだろう。身近に接していた者の一人としての私の評価はこうだ。

「会長時代の島は二四時間仕事に没頭していた。『世界の中のＮＨＫ』を強く意識し、時代の最先端の動きを読み世界をリードする放送局を目指していた。衛星放送を成功させ、新しい時代の公共放送はいかにあるべきかを常に考えて組織の変革に努めていた。管理力ではなく経営力を持った初めての会長と言えるのではないか。こうした観点からは、島は間違いなく一等会長と言えるだろう。

だが、島はワンマン、指示はすべてトップ・ダウンであり、島の考えていることが下に十分伝わったとはとても思えない。それに態度は一般的に言って傲慢、横柄であり、言葉遣いは乱暴、人を見下しているような印象を与えることがしばしばあった。だから、島の真意を知る人の間では評価は高いものの、周りには政治家、官僚も含めて敵が多すぎた。こうした点を考慮すれば、島はやはり〝番外の規格はずれ〟の会長とみたい」

長年にわたりＮＨＫの役員、関連団体の理事長を勤めた長澤泰治は、回想録『ＮＨＫと共に七〇年』（藤原書店、一九九七）の中で、ＮＨＫ会長に求められるのは「ジャーナリズムの先頭に立つリーダーとしての見識であり、放送文化に対する深い理解と洞察力、加えて企業人としての経営手腕である」と述べている。まったく異論はない。が、歴代会長の中にこの条件を満たす人が何人いるか、いや一人でもいるだろうか。また、会長には、才、識、徳、なかでも徳が大切だと強調している。そのとおりだと思う。

しかし、これはマックス・ウエーバーのいう目指すべき〝理念型〟（イディアル・ティプス）だろう。時代の転換期、特に危機の時代にあっては、異色のリーダーが求められることもあるだろう。古きよき時代を懐かしむだけでは、改革は実行できない。破天荒でいささか行儀が悪いといわれながらＮＨＫ生存のために自主的な改革を目指した異色の会長島桂次の言動に注目する所以である。

# 第五章　旧態を許さず――組織に風穴を！

前章でＮＨＫの組織の変容、会長と政治との関わりなどを見てきたが、本章では、島桂次の果たした役割などその軌跡を改めて辿ってみよう。

島がＮＨＫに入局したのは、テレビ放送が始まる一年前の一九五二（昭和二七）年三月、古垣鉄郎会長の時代である。仙台、盛岡の地方勤務を終えて政治記者として東京に戻ってきたのが一九五七（昭和三二）年八月、阿部真之助会長の時代だった。島はその後一九九六（平成八）年六月に死去するまでの四十年間、ＮＨＫと政治の関係を見守り、時に当事者として向き合った。

新聞社や放送局の政治記者は、派閥（最近は研究グループ）を担当する一方、どこかの記者クラブに所属する。島は、一九五七（昭和三二）年に地方勤務を終え政治記者になって以来、派閥はほぼ一貫して宏池会を担当した。記者クラブは自民党本部にある平河クラブに所属し、のちに同クラブと霞クラブ（外務省担当）のキャップを務めた。

現代社会にあっては、情報伝達に関してテレビが圧倒的な影響力を持ち名実共にリーディング・メディアの座を占めている。生まれたときからテレビに囲まれて育った若い読者には当然と思われることだろう。しかし、テレビが大きな影響力を持つようになったのはそれほど古いことではない。テレビの映像と音声の迫力、速報性という特性が広く受け入れられ、ジャーナリズムとしてリーディング・メディアに躍り出たのは一九六〇年代に入ってからである。そもそも日本でテレビ放送が始まったのは一九五三（昭和二八）年のことであり、ラジオ放送は一九二五（大正一四）年から行われていたものの新聞が長年にわたりわが国のメディアの首座を独占してきた。

テレビは後発のメディアであり、スタート当初は取材などもすべて新聞がお手本だった。島が政治記者を始めたのはまさにこの時期で、「新聞に追いつけ追い越せ」がＮＨＫの合言葉であった。新聞へのコンプレックスとライバル意識が島の活動の原動力になっていた。島は日夜を問わない努力で永田町の中枢に食い込み、数年を経ずして、「ＮＨＫにちょっと変わった敏腕記者がいる」と有名になった。酒を飲めば酒乱気味であり、誰彼なく〝馬鹿〟呼ばわりして罵倒する。だが、なぜか池田勇人、大平正芳、鈴木善幸、田中角栄ら大物政治家に信頼されている。永田町の人脈も、宏池会だけでなく他派閥の有力政治家へと急速に広がって行った。

「島さんの話を聞きたい」と他派閥の領袖からの料亭への招待もしばしば、島はそこでも遠慮会釈なく酒を痛飲した。相手は、島から宏池会の動向などを聞きたかったわけだが、島は「私は記者で政治家ではありません。嘘は言いたくありません」と言ってさっさと席を立つのが常だった。島によれば、本当に心を許した政治家を除いて、政治家の話は八割までが根拠のない話か嘘、残り二割が互いの腹の探り合い、という。「嘘つきの政治家からいかに本音を引き出すかが記者の腕だ」。だが、その手法は人によってさまざまだ。島本人は、「俺も一〇とおりくらいの手を持って適宜使い分けていた」と言うが、「あの刑事まがいの鋭い眼光で睨みつけられたら、ベテランはいざ知らず、中堅以下の政治家は思わず本音を言うだろう」とは後輩記者の弁である。

「とにかく島さんの取材力、情報収集力は凄かった」と山香芳隆（のち経済部長、報道局長）は言う。山香は、一九六五（昭和四〇）年から農林省担当で、日韓漁業交渉で最後に残った専管水域問題を取材していた。ある夜、農林省幹部への夜回りでやっと得た情報を基に朝用の原稿にまとめ出稿すると、担当デスクが島だった。「おい山香、これは違うぞ」「いや確かな情報です。間違いありません」と山香。「俺が聞いている話と違う。だが、お前がそこまで言うなら俺も確かめて見る。出稿はちょっと待て」。

当時は政経部で政治部と経済部に分かれていなかった。昼間は政治、経済担当のデスクがそれぞれいるが、深夜は一人で両方の原稿を見る。通常、政治デスクは、経済原稿はざっと目を通すだけで、ほとんど口出ししない。だが、島は違った。クレームをつけるし、平気でボツにもする。

数日後、島が山香を呼びつけ、「こうだ」と言って、専管水域の線引きをした一枚の紙を手渡した。いろいろ手を尽くして再確認したところ、島の言うとおりだった。「あのまま出稿して誤報にならなくてよかった」と山香は述懐する。それにしても内勤のデスクの島は、どこで情報をとったのか。まず外務省（島は霞クラブのキャップをしたことがある）を洗ってみたが、島が情報を求めた気配はない。行き着いたところは、漁業団体か専管水域の線引きに最も関心の深い長崎県選出の代議士のいずれかということになった。が、島はニヤニヤするだけで教えてくれない。いずれにしろ、島の取材網の広さ、その地道な努力に敬服したと語っている。

外務省の霞クラブのキャップを最後に内勤のデスクに上がった島だが、取材記者への指導は厳しかった。取材が浅かったり分析が甘かったりすると、ベテラン記者の原稿でも、ボツにしたり、書き直しを命じた。また、書き直した原稿が気に入らないと、記者にすぐに出先から上がってくるように命じ、何故駄目なのか理由も説明せず、「俺の言うように書け」と言って口頭で言ったとおり原稿を書かせたりした。これを馬鹿だ、阿呆だと怒鳴りながらやるものだから、やられるほうは堪ったものではない。しかし時には若い記者に、「この間の原稿、まあ頑張ったな。分析はまだまだだけどな」と島一流の言葉で褒めることもあった。デスク時代の島に対する後輩の評価は、「こてんぱんに貶すが、判断は的確、見るところはきちっと見てくれる人」というもののようだ。

先輩や上司にとって、島は極めて御し難い男であった。池田首相や大平首相とも「あんた」「おれ」の仲でとおしてきた島のことだ。筋の通らないこと、気に入らぬことがあると、相手が誰であろうと遠慮なく噛み付く。しかも執拗で、相手が音を上げるまで続ける。まさに〝ゲジゲジ虫〟・シマゲジである。「礼儀をわきまえない田舎紳士」「猜疑心が強く反抗心の強い男」と蔭口をささやかれる始末。しかし、仕事の面では、取材力、分析力とも抜群であり、文句のつけようがない。それに島自身、周りが何と言おうといささかも動じない。「記者は結果がすべてで、群れるべきでない。孤独であるべきだ」と固く信じていたからだ。

島を仙台の新人時代、東京の政治記者時代を通じて上司のデスクとして見てきた堀四志男（のち専務理事・放送総局長）は、生前、しばしばこう語っていた。

「島君はあの反抗的な特異なキャラクターで誤解を招き大分損をしているが、間違いなくNHKが生んだナンバー・ワンの記者だと思う。政治のデスクにいて、詰めの〝ウラ〟（裏付け）が取れず出稿できないでいるとき、島君に頼むと必ず出稿可否の判断材料を集めてくれた。とにかく、取材力、時代を読み解く分析力で他の記者の追随を許さなかった。ちなみにナンバー・ツーは、いろいろ意見があると思うが、僕の判断では磯村尚徳君だ。磯村君は外信記者としての実績に加え、テレビ時代の記者のあり方を示してくれた功績は大きい」

一九六九（昭和四四）年の機構改革で、政経部が政治部と経済部に分けられ、政治部の初代部長には木村鉄一（のちロンドン支局長、国際局長）が任命された。政治部長といえば、政治記者なら一度は憧れるポストである。読売新聞主筆・東京本社グループ会長の渡邉恒雄が昇進を断ってまでして手に入れたといわれるポストだ。島は、先任の政治デスクであり、「島を」という声がないではなかった。しかし、「部下にも自分にも厳しい島の許では、若い記者が育たない」という意見が大勢を占め、解説委員だった木村に決まったといわれる。木村は島より一年先輩であり、シャープで分析力のある政治記者として知られていた。

島にとって、一〜二年待って次を狙うことも考えられないことではなかった。当時、NHK内部では、山室英男（のち解説委員長、大阪放送局長）、木村鉄一、島桂次が三羽烏と呼ばれ、その政治記者としての実績から一目置かれていた。中でも、木村と島は長年にわたるライバル関係にあった。自民党の担当派閥も島が主流の宏池会であるのに対し、木村は党人派の河野派担当であった。また、「そうだよな、君」と言って順序立てて論理的に話す木村と結論を手短に高圧的態度で話す島とでは対照的。また、木村にはワシントン特派員時代、朝日新聞の名物記者本多勝一と激論をし、本多をして「これがNHK受信料不払いのきっかけだ」と言わしめた剛直さをあわせ持っていた。二人のウマが合うはずがない。それが、上司、部下の関係になったのである。外観上は島は淡々とデスク業務をこなしていた。

翌一九七〇（昭和四五）年七月、島は報道局政経番組部長に発令された。島にとって政治部長になるより政経番組部長になったほうが結果としてよかったと言う人が多い。

ちなみに読売新聞の渡邉恒雄と比較してみよう。一九六〇年代までの読売新聞は社会部帝国といわれ編集局内で社会部が圧倒的な影響力を持っていた。渡邉はまず政治部内の反対派を切り崩して自派で固め、さらに政治部と経済部、外信部の硬派ニュース連合をつくって、軟派ニュースの社会部支配を打破し、編集局内のイニシャティブを握ったとされる。「政治記者は所詮一匹狼であるべきだ」というのが、島の基本的考えであり、渡邉のように自分の権力基盤を強めるためにグループをつくって組織固めをするなどの緻密な戦略、用意周到さは島にはない。

当時のＮＨＫ政治部は、自民党内の派閥や党派対立がそのまま組織に持ち込まれて、やっかみや嫉みが渦巻き、記者は個性的で上昇志向で面従腹背の人物が少なくなかった。誰よりも取材力があるが、直情径行ですぐ部下を怒鳴りつける島の下では組織がまとまらないというのが大方の意見だった。

一方、政経番組部は、政治番組や経済番組、特集番組など数多くの番組枠を持っている。その責任者になれば、ＮＨＫの番組編成に発言権を持つことができる。

島は、「やり方によっては政治部のニュース取材以上の影響力を内外に行使できるのではないか」と考えたようだ。ごねるのではないかという大方の予想を裏切って、島はあっさり政経番組部長就任を受け入れた。

政治記者出身者が政経番組部長になった例は前にもあったが、強烈な個性を持つ島が部長となれば話は別である。島がどんな方針を打ち出すか、ディレクターたちは戦々恐々として待ち受けた。同じ報道局と言っても、当時はニュース部門と番組部門の交流は少なく、記者は専ら二分程度の原稿を書き、ディレクターは独自に企画を立て番組を制作していた。多くのディレクターにとっては、ラジオの録音構成の系譜を持つ映像構成のドキュメンタリーをつくることが最高の目標であった。大きな事件、事故が起きた場合もニュースでは毎日フォローするが、番組は時間をかけてフィルム映像構成のドキュメンタリーにまとめて三〜四週間後に放送するのが通例であった。

ジャーナリズムとしてのテレビ番組をどう構築するか。こうした課題を持って島桂次は政経番組部に乗り込んできた。

島は着任早々、部会で報道番組の改革・〝創造的破壊〟をぶち上げた。要点は、次のようなものであったという。

一、NHKのテレビ報道番組（政経番組、社会番組）は、抜本改革が必要だ。テレビ報道番組は、時代の流れを的確に読みとり国民にとって必要なテーマを映像と音声という特性を生かしたテレビ的手法で提示することが大切だ。しかし、現実はラジオ時代から引き継がれてきた手法、テーマで番組が作られている。

いまや善か悪か単純に割り切れる〝黄金バット〟の時代ではない。それなのに「NHKの番組は正義の味方です」という相変わらずの発想で番組はつくられている。世の中はもっと複雑・多様化し、視聴者はもっと多様なテーマ、多角的分析を求めている。こうした視聴者の要求にどう応えるか。一番遅れているのが報道番組チームだ。

これまでの番組を総決算する決意で、新しい発想、多様な視点で番組を制作しNHKに真のジャーナリズムを確立して欲しい。

二、諸君は新聞のベタ記事や雑誌記事にヒントを得て番組をつくっていると聞くが、そんなことでは駄目だ。少なくともその日に起きた国民に伝えるべき事象はその日のうちに番組化して放送するようにすべきだ。速報・同時性を売り物にする報道番組が、新聞より遅いというのは噴飯ものである。と同時に時代に深く切り込んだ特集番組をどんどん制作してもらいたい。

このためにはそれぞれが専門性を深めると同時に、政経番組部と社会番組部の連携はもちろん、ニュース取材部門も巻き込んで番組を制作して欲しい。記者連中がそんなに価値ある情報を持っているとは思えないが、それでも原稿にしなかった情報を数多く持っているはずだ。積極的に記者を活用し、報道局が一体になった番組制作を心掛けてもらいたい。
三、差し当たっての諸君への希望は、
「日々発生する事象への対応だけでなく、時代の底流を形作っているテーマを取り上げ、できるだけ多様な視点で番組化する。取材、番組といったセクションの壁を乗り越えた番組制作のシステムをつくる。これが視聴者・国民の期待に応える道だ」

ということだ。


島が、政経番組部長になって四カ月が経った一九七〇年十一月二十五日、高名な作家の三島由紀夫が東京市谷の自衛隊東部方面総監部で隊員の決起を訴えて割腹自殺を遂げるという事件が起きた。戦後の精神構造に一石を投じた事件だったが、NHKは事件そのものの意味を掘り下げた特別番組を編成しなかった。三島と付き合いの深かった社会部記者の伊達宗克に決起の檄文が託されるという特ダネや独自に取材した「楯の会」の映像資料が大量にあったにもかかわらずだ。

夜七時のニュースに続く時間は収録済みの当時の看板番組「七〇年代われらの世界・ゼロ歳からの出発」が一時間三〇分にわたってそのまま放送された。この番組のプロデューサーは、政経番組部の郷治光義。番組をオンエアしながら、いつ特別番組と差し替えの指示があっても対応できるようにスタンバイしていた。しかし、放送が終わるまで何の指示もなかった。「自分の番組は何時でも放送できる。こんなときに特番を組まなくてジャーナリズムと言えるかと思った」と郷治は述懐する。

一方、視聴者からは、「NHKは特別番組を組まないのか」という問い合わせが殺到。内部でも、「担当の社会番組部や編成部は何をしているか」という声が高まった。

島は、「国民の関心事に応えないでジャーナリズムと言えるか」「社番がやらないなら政番でやる」と言って上司である報道局長反町正喜に迫ったが、「社番、編成にもそれなりの理由があるのでしょう。まあ、まあ」と抑え込まれた。

新聞より遅いどころか、特別番組も制作できない。島にとってはショックであった。それ以来、柔軟性のある放送ジャーナリズムの確立、そのための組織の壁の打破が島の最大の使命になった。

従来の番組制作の路線を否定する島の発言に反発する古手のディレクターもいたが、放送ジャーナリズムを目指す島を支持するスタッフも少なくなかった。島は部下を鼓舞するだけでなく自分自身も目標の実現のために積極的に動いた。

一九七二（昭和四七）年四月から「ニュース特集」がスタートした。午後九時半からの三〇分のデイリー番組で原則として一つのテーマを取り上げて掘り下げる。この番組が画期的なのは、政経番組、社会番組両部の垣根を取り払って総勢二五人のスタッフからなるプロジェクト・チームが結成されたことだ。さらにその中に、政治、経済、国民生活、国際、事件・レジャーの五つの専門グループが作られ、記者も企画や番組出演などで積極的に協力するようになった。組織の壁を越えた恒常的なデイリーの番組制作は、それまで例がなかった。

私は当時社会部遊軍で公害グループのキャップをしていたが、「ニュース特集」の新設で番組出演依頼が増えたのを記憶している。

小さな第一歩だったが、組織の壁に初めてデイリー・ベースで風穴をあけたことは確かで、島の報道局内のリーダーシップが高まった。島はどちらかと言うと自分に意見をはっきり述べる人材を好んで重用したようだ。郷治光義（のち経営企画局長、編成局長）、金沢寛太郎（のち経営企画主幹）らで、彼らも「ジャーナリズムの確立」という島の考えに共感し進んで改革に協力した。

一九七三（昭和四八）年五月、社会番組部と政経番組部が統合されて報道番組部になり、島が初代部長（兼ニュースセンター次長）に就任した。

翌一九七四（昭和四九）年四月、キャスターニュースの嚆矢といえる「ニュースセンター9時」（NC9）がスタートした。このニュース番組は取材、番組にかかわりなくニュースセンター（報道局）内のすべての部が参加、協力して制作するもので、島が悲願とした〝組織の風穴〟を番組部門からさらに報道局全体へと広げるものだった。

実はNC9には前段があった。六年前の一九六七（昭和四二）年から翌六八年にかけて当時報道局次長だった堀四志男の発案でプロデューサー、記者一体になって親しみやすいニュース番組の開発を目指し、オーディション番組「ニュースセンター303」をつくったことがある。そのときの開発チームのキャップが島の次に報道番組部長になる荻野吉和であった。そのときは、前田会長の「時期尚早」の判断で実現には至らなかった。

今回は、PD（プロデューサー）、記者一体になったテレビジャーナリズムの確立を目指す島が、放送総局長の堀を始め、報道、編成の幹部の説得に努めた。六年前の経緯もあり、堀に異論があろうはずがない。島の直属の部下だった郷治によれば、二度にわたり「ニュースセンター9時」の企画書を書かされたという。島の根回しで、放送総局内の最終合意ができ、一九七四年四月からの番組スタートが正式に決まった。

NC9のキャスターには、外信部長の磯村尚徳の起用が決まった。私は当時の経緯の正確を期するため改めて磯村に会った。磯村はNHKを退職後パリの日本文化会館の初代館長を一〇年間務めて帰国し、いまは外交評論家として講演活動などに忙しい。磯村は当時を思い起こしながら次のように語ってくれた。

「ニュースセンター9時について、最初に話があったのは島さんからだった。今度新しいニュース番組をつくる。これまでとはまったく違うニュース番組にしたい。すべて任せるから是非キャスターをして欲しい。どんなチームでどんな番組にするかは、報番の荻野吉和君らとよく打ち合わせてもらいたいということだった。取材記者に未練がありアナウンサーのような仕事をするのは余り気が進まなかったので、『二、三日考えさせて欲しい』と答えたと思う」

「すると島さんはあの大声で怒鳴った。否も応もない。これは業務命令だ。NHK報道の命運が掛かっているんだ」

「その後、梅村統括次長や堀放送総局長から正式な話があって、キャスターになる腹を固めた次第です。準備段階に入ってからは、島さんからの口出しはほとんどなかったように思う」。

磯村はこう述べ、NC9の実質的な生みの親が島であることを示唆してくれた。

しかし、島の仕事はキャスターに磯村、組織運営責任者に荻野を起用し、組織の壁をぶち抜いて報道局を横断するプロジェクトチームを発足させるところまでであった。キャスター磯村、マネージャー荻野は当時望みうる最強の布陣である。島はNC9が準備段階に入ると一歩引いたところに身を置いた。「二人に任せておけば間違いない」と思っていたのだろう。

NC9を総覧する編集長には、統括次長の梅村耕一が就任した。報道局の各部が参加するNC9編集長は職務権限から言って当然梅村がつかねばならぬポストだからだ。ちなみに島は同じ次長でも番組担当であり、NC9とは付かず離れずの立場が妥当だった。先輩の梅村に対する多少の遠慮もあり、その後は磯村も言うように番組内容については、島はほとんど口出しをしなかった。

梅村の人柄、三人の編集責任者——田辺昌男（整理部担当部長）、勝部領樹（整理部担当部長）、多胡実之（報道番組担当部長）や取材各部から選ばれた編集委員の熱意、それに六〇人のスタッフの新しい番組を作るんだという意気込みがマッチし、NC9の部屋は準備段階からむんむんした熱気に満ちていた。

キャスターニュースは、記者の書いた原稿をアナウンサーが正確に読む従来のニュースとは違ってキャスターの個性を前面に出し、語りかける口調でニュースを伝える。新番組は当初、視聴者になじめず、予想に反して評判はさんざんだった。試行錯誤を重ねて、二、三カ月経った頃から主婦層を中心に新しい発想と手法が受け入れられるようになり、視聴率もじりじり上がってきた。海外経験が長く、後にエッセイ集『ちょっとキザですが』というベストセラーを出した磯村キャスターの柔らかい語り口が、茶の間の人気と信頼感を高める結果を生み、番組は成功した。

映像と音声を活かし、ニュースの当事者、目撃者、取材者が現場からニュースを伝える「当事者主義」「現場主義」に徹し、磯村キャスターが経験を踏まえて自在に語る。「ニュースセンター9時」は、テレビ報道に新しい地平を開いたとして高い評価を受けた。

実は、報道番組部が発足し島が初代部長に就任した年、私は社会部記者から報道番組ディレクターに担務変更を命じられた。別に希望したわけではない。部長の島に挨拶に行くと、「おお来たか。お前も社会部では多少大きな面をしていたようだが、ここでは新兵。三年間は黙って仕事をしろ。以上」と睨みつけ怒鳴るような口調で言われた。直接の上司である担当部長の荻野吉和や渡辺泰雄らがいろいろ気を遣ってくれ、「まあ、気楽にのんびりやって」と言ってくれたのとは大変な違いであった。部長の島とは当時ほとんど接触はなく、組織改革のためにPDと記者の人事・業務交流を積極的に進めるという島の真意が分かったのは、それから何年も経ってからだ。

こうしたこともあって、私は新番組「ニュースセンター9時」には当初から参加した。放送初日には、若手ディレクターの布谷洋勝（のち人事室長、仙台局長）と一緒に異常気象をテーマに取り上げて放送した。NC9の部屋は終日スタッフの出入りでごった返していたが、マネージャー役の現場責任者荻野吉和が部屋の中央のデスクに悠揚迫らぬ態度でどっしり構えていた。当日の編集責任者と打ち合わせをしたり、取材から帰ったディレクターに「きょうも大変だのう。いい番組を出してや」と独特の関西弁で声をかけているのを見て、島さんはいい人をマネージャーに選んだなと思ったことをいまでもはっきり覚えている。

さらに、一九七五（昭和五〇）年四月には「NHK特集」がスタートした。翌七六年七月、NHKスペシャル番組部を報道、番組制作両局の中間に置く組織改正が行われた。これによってNHK特集には報道、教育・教養、娯楽のどの部からも番組提案ができるようになり、提案が通れば組織横断のプロジェクトチームを組むことも可能になった。まさに、NHKという組織全体に〝風穴〟があいたのである。

「組織に風穴を！」というスローガンはNHK部内では放送総局長堀四志男の言葉として知られている。が、早くからそれを実質的に一歩一歩進めてきたのは島桂次であることはこれまで見てきたとおりである。

島の悲願がようやく達成されたわけだが、NHKの番組制作について島にはまだまだ不満があった。これについては後でまた述べることになろう。

島の片腕として組織の壁の打破を推進した郷治光義（当時、NC9政経グループ担当副部長、労務担当）はこう述懐した。

「島さんは後年、『NHK生活の最大の思い出はNC9をスタートさせたことだ』と言っていた。島さんはNC9に関係がないと無責任なことを言う人もいるが、スタートさせるために島さんがどんな苦労をされたか近くで見ていてよく知っている。島さんはほとんど話してくれなかったが、報道局の取材部門だけでなく、編成、人事部門が組織の壁を理由にどんなに抵抗したかは容易に想像できる。それを一人で説得し、スタートにこぎつけた労苦は大変なものだ。実務は磯村さん、荻野さんらがうまくやってくれると言って、蔭の人に徹し表面には立たなかった。島さんの関心事は、組織の風通しをよくして放送ジャーナリズムを真に確立することにつきる。NC9はそのための最も重要なステップだったと言えよう」

島桂次には、NHKの改革を考えるときいつも頭に浮かぶことが三つあった。島の言葉で言えば、立ち向かうべき〝敵〟である。

第一は、NHKの組織内に依然としてはびこる「官僚主義」。

放送局というのに放送部門より管理部門が力を持っているうえ、誰も放送の将来のことを真剣に考えていない。島に言わせれば、親方日の丸の無責任体制である。しかも、「みなさまのＮＨＫ」と言いながら、国民・視聴者を軽視し、目は政府（郵政省）、国会に向いている。何かことがあると幹部はすぐ郵政省に相談する。これで自主的な公共放送を維持できるかという怒りが底にあった。

第二は、力を持ち過ぎた「労働組合」。特に上田哲委員長に率いられた日本放送労働組合（日放労）である。上田は、参議院選挙に出馬し当選した一九六八（昭和四三）年を除いて一九六〇年代から七〇年代にかけ実に一四年間委員長として日放労を指導した。上田の弁舌には定評があった。また取材記者としても有能で、社会部記者時代には率先してポリオ・キャンペーンを展開し、見事ポリオを根絶した。日放労では、ジャーナリズム性を強調するとともに、職種で異なっていた職員制度の一本化、労働条件など〝働く環境〟の改善に果たした上田ら日放労の役割を評価するのに、島もやぶさかではなかった。しかし、上田が社会党の国会議員になってからも日放労委員長に座り続けること、経営の弱腰につけ込んで影響力を強め人事や放送内容にまで口出しをするようになったことに島は我慢がならなかった。

第三は、「政治家、郵政省の介入・圧力」である。放送法で予算を国会に人質にとられている以上、政治家の意見に耳を傾けねばならぬが、不当な介入・圧力は断固排除すべきである。郵政省については、ＮＨＫにとって本当に必要な役所かどうか考えるべきだ。島はよく冗談交じりでこんな話をしていた。「簡易保険を担当していた男が、ある日突然放送行政を担当する。いわば、放送についてはまったくの素人である。それなのに放送に何十年も携わってきたＮＨＫ幹部が御用聞きのようにその男を訪ねご意見を拝聴してくる。情けない話だ。やはり、ＮＨＫは高野岩三郎会長の時代のように、政府から独立した放送行政委員会のような機関のもとに置かれるべきだと思う。それが当面無理なら、もっと率直にプロとしての意見を郵政省にぶつけるべきだ」

島桂次とは、つくづく〝変わった人〟、〝ユニークな人〟だと思う。三つの〝敵〟を例に、島自身の発想と行動の関係を考えてみる。

島は、ＮＨＫ幹部の官僚体質を批判し、上田日放労の横暴振りをあげつらい、政治圧力の排除、さらに郵政省は「不要」とまで言い切っている。なんの遠慮会釈もない。この段階では、島は自分が会長になるとは予想していなかっただろう。だが島が取り上げている課題は、いずれも重要だが容易に解決できないものばかりだ。事実、歴代会長は誰もが二の足を踏み、ほとんど取り組んでいない。それを島は敢えて口に出し挑戦する。権威、力を持つ者への「反抗」、「破壊的創造」は、島にとって生き甲斐なのである。難問を抱えることによって、逆にそれを自分の行動のエネルギーに転化する。

対人関係にしても、島は邪魔になる者、反抗する者を多くの場合、説得ではなく力ずくでなぎ倒す。これが、〝島流〟の権力闘争のやり方だ。有能で力がある者でも自分のライバルになる可能性があると思うと、島は何の未練もなく自分の周辺から遠ざけた。「政治家と同じ手法だ」と後輩の政治部記者は指摘した。

また日常の業務レベルでも、島は自分が関与していない企画や仕事には時に好意を示さないことがあった。反対することも少なくなかった。

私の知っている範囲では、吉田直哉が制作し一九七八年八月に放送したＮＨＫ特集「ポロロッカ・アマゾンの大逆流」と荻野吉和が統括し七九年一月放送の「史上初の南極からの生中継番組」がある。吉田は数々の実績を持つＮＨＫを代表するディレクターであり、荻野は組織マネージメントにすぐれ島の後を継ぐ人材として名実共に認められた存在であった。吉田の番組には、「自然現象でそんなに時間が持つのか。面白いわけがない」と難癖をつけ、荻野の南極中継には「生中継では、金と人がかかる。ビデオ撮影のほうがよいのではないか」と批判した。南極番組は私も多少関係があった。制作には直接参加しなかったが、最初に企画書を書いて報番部長の荻野に手渡したのは私である。当時、報道局統括次長の島に呼ばれ、「お前、南極番組に関係しているそうだが、見通しはどうか」と尋ねられた。「今は関係していません。仕掛けは大掛かりですが、腕のいいPDが参加していますから成功すると思いますよ」と答えたら、「広い雪野原に電柱一本の映像が延々と続くのではないのか」と嫌味を言われた。

二つの番組はいずれも大成功、視聴率は二〇%を超えた。吉田は当時を振り返って「島の難癖、嫌味は、一種の〝愛情表現〟。ああいう言い方でしか自分を表せないのでしょう。しかし、会議での発言の切れ味、決断力は素晴しいと思いました」と話している。一方、荻野は南極番組をめぐって島といろいろやりあい、これが一つのきっかけになって島との関係がギクシャクしたものになったのは残念なことだった。

「周辺で自分が関与しないプロジェクトはありえない」という自信がなせるのだろうが、島がいつも万能と言うわけではない。そこには若干のやっかみも見て取れたものだ。腹を割って話せば、島にも聞く耳はない訳ではないのだが、自分から進んで譲歩することはまずない。また、上司や部下に落ち度があった場合、人前でも徹底的に追及することがあった。島は島で落とし所を考えていたとしても、たいていの者はあの鋭い目と大声でやられると、反論する前に神経的に参ってしまう。結果として島の悪名だけが残る。

「俺を説得してみろ」が島の口癖だった。論争に強かった。無論、あの威圧感、毒舌、けなしを含めての話である。常に、全力をあげて臨み、時には政治的な裏工作までして相手に勝とうとした。個人的レベルでは、論争で負けたことはほとんどなかったのではないか。

一方、守りに回った場合はずるずると後退し、弱気になることさえあった。「攻めには強いが、脇が甘く守りに弱い」。これが島の長所でもあり、短所でもあった。

また、島の深夜の長電話に悩まされた人は少なくない。島の頭は常にNHKと政治のことで回転しており、何か思いつくとすぐだれかれ構わず真夜中にダイヤルを回す。二度三度と重なると、電話の上に座布団をかけて出なくなる人もいたようだが、通常は上司からの電話とあれば出ないわけには行かない。たいていは翌日の昼間に聞けばよいような話だ。私もその被害者の一人だ。これで島はどんなに評判を落としたことか。

「島の無鉄砲は国際的だった」と磯村尚徳がこんなエピソードを話してくれた。

「島さんの会長時代のことだったと思うが、フランスの国営放送の会長が島さんを自宅の晩餐に招待してくれた。大変な歓待と言える。初めのうちは和気藹々の雰囲気だった。何かの拍子で島さんが『アメリカのマスコミはユダヤ人に牛耳られている。けしからん』ととうとうとぶち始めた。悪いことに相手の会長はユダヤ系の人だった。通訳もユダヤ系で最初は忠実に訳していたが、途中からやめてしまった。目配せなどいろいろ合図したが、島さんは一切無視して話し続けた。普通、名刺で名前を見ればその人がユダヤ系かどうか分かるものだが、島さんはそういうことには関心がなかった。国際的には大変なマナー違反だ。差別主義者と批判されかねない。こちらは冷や汗ものだったが、相手が大人だったので助かった。この人には国内も海外も差がない人だな、と思った」

こうした島の身勝手、傲慢にみえる言動、振る舞いは、自分の欠点を相手に見せまいとする虚勢であり、〝孤高〟と裏腹の孤独の寂しさを示すものだ。家庭でも家政や子供の教育は妻まかせであった。そして、それが長年の間に身に付いてしまったのではないか。政治取材と同様、島は管理者、経営者としても〝一匹狼〟のワンマンであり、自分の思考に過信とも言えるほどの自信を持っていた。確かに島が言っていることは過激に感じられるが、他の誰の意見より先見性に満ち時代の潮流を的確に捉えていた。従って指示はすべてトップダウンであり、部下の知恵を取り入れる場合も、消化したうえで自分のものにして指示した。

島桂次のこうした姿勢は、基本的に終生変わらなかった。

他人に不評なことを十分承知のうえで、なぜこのような態度を取り続けたのか？

絶頂期と晩年の島に日常的に接し、時に島が笑顔や優しい心遣いをするのを垣間見ている身としては、いつも強面で肩を怒らせている島は、「変な人」「ユニークな人」としか言いようがない。しかし、島が何の解答を示していない以上、それは「謎」である。

そして、権威に対する抵抗、不平、不満をエネルギーにすることが島の行動原理だとしたら、それは自分がNHK会長という〝権威〟になったとき、必然的に破綻せざるを得なかった、と指摘する人もいる。

菅信五（島の二年後輩、元理事）は「島さんは天才だ」と言う。「常人では理解できないことが多すぎるからだ」と前置きして、こう続ける。

「先見性、判断力、実行力は、誰もが一目置かざるを得ません。物言いは乱暴だが、内容は吟味してみると、なるほどと納得せざるを得ないことが多い。中でも、時代を読む力と構想力は抜群でした。毀誉褒貶の多い人だが、時代の変革期・乱世のリーダーはこういうタイプが相応しいのでしょう。島さんのように鋭いひらめきの人にはこちらの側で座標軸を少しずらして相対することが必要ではないでしょうか。同じ土俵では、説得され、圧倒されるだけです。人は誰でもいくつもの顔を持っている。要するに、島さんのどの顔を見るかで評価も分かれるのでは……」

念のために言えば、菅は島によって任期途中で渉外担当理事の座を去り、関連団体NHKサービスセンター理事長になった。

大きく脇道にそれ大分先にまで来てしまったが、このへんで本道に戻ろう。


島は部長、局次長など行政職についてからも相変わらず政治記者としての活動は続けていた。夕方になるとぷいと席を立っていなくなる。永田町の政治家たちとの関係が深まり、影響力も強くなるにつれ、NHKと政治との関係の渦に否応なく巻き込まれていった。

島がその種の仕事を最初にしたのは、池田勇人首相の時代である。一九六〇（昭和三五）年十一月のある夜、東京信濃町の池田邸で一緒に酒を飲んでいたとき、池田首相が「おい島よ、先日お前とこの爺さん（阿部真之助会長のこと）がやって来てNHKのオリンピック施設の用地として渋谷区神南のワシントン・ハイツ跡地の国有地を払い下げて欲しいと言いおった。『いいでしょう』と答えておいたが、そのとき、言い忘れたことがある。オリンピック担当大臣の河野一郎の了解を事前に必ず取っておいて欲しい。官房長官の黒金泰美にも説明しておいたから、必要な際は黒金に連絡するように。あの土地は現在東京都が公園指定地域にして管理しているようだから、そちらの方の根回しも忘れないように。このことを会長と担当者に伝えておいてくれ」

島は、上司に池田首相の伝言を報告すると共に、早速河野派担当記者の飯島博（のち政治部長）と一緒に河野を訪ねた。河野は即座に了承してくれた。だが、会長室渉外担当の野村忠夫（のち専務理事）が訪ねた東京都との交渉は、「公園地域に指定済みであり、これを解除するのは難しい」との理由で難航したが、黒金官房長官が斡旋に入ってくれて、これも解決した。島が池田首相に事の経緯を説明し、「うちの爺さんがお礼に伺いたいと言っている」と言うと、「一切了解。お礼参りは不要」という返事があったという。

池田はオリンピックが終わるのを待って首相の座を佐藤栄作に譲った。一方、NHKでは会長の阿部真之助がオリンピックを前に急死し、一九六四（昭和三九）年七月副会長の前田義徳が後を継いだ。前田は一九七三年七月まで三期九年NHK会長職にあったが、そのほとんどの期間は佐藤首相の在任期間と重なっている。

会長就任後の前田は政府、特に佐藤首相と田中角栄とのパイプ役に朝日新聞の後輩である佐野弘吉（のち専務理事）を使った。佐野は長年佐藤派を担当していて佐藤首相と親しかった。朝日新聞政治部の官邸キャップの後、前田の口利きでNHKに移り当時は報道局長をしていたが、前田の意を受けて永田町の政界工作を一手に引き受けていた。

島は、宏池会担当で佐藤首相とは格別親しいわけではなかったが、佐藤派の実力者田中角栄とは前にも見たようにツーカーの仲だった。だから、NHKの政界工作の動きは田中から逐一聞いてよく知っていた。

前田は、三期九年の任期を務め、さらに四期目を目指していた。。

しかし、前田には組合対策で失態があったのだ。組合攻勢が強まる中で、協会は組合つぶしという露骨な画策をした。協会が組合の提案を受け入れて「記者の勤務時間明確化」の協定を結んだ後、報道局の幹部が「これでは自由な取材活動ができない」と一九六六（昭和四一）年の組合役員の選挙の際、中央代議員を中心に報道局や地方局で管理職の目にかなった候補者を立てる工作をした。組合側はその動きを察知し、組合の存立をかけた闘争を展開した。

協会は、工作を不当労働行為であったとして労政の責任を認め、会長の前田が日放労委員長の上田哲に陳謝した。腹心の労務担当役員の佐野弘吉を更迭したほか、介入に関与したとして報道の管理職数人を配置転換した。

これをきっかけに前田は、組合に妥協せざるを得なくなった。上田ら日放労は経営に対する発言権を強め、上田は組合活動の枠を超えて人事や放送内容に口出しするようになったといわれる。島の言によれば、「前田会長、上田委員長のトップ会談でＮＨＫのすべてが決まる」と言われる時代に入ったのだ。こうした状況を政府・自民党は「組合のＮＨＫ支配だ」と苦々しく思っていた。佐藤後継の田中首相の前田四選反対にはこうした背景があった。

前田会長の任期が切れる一九七三（昭和四八）年になると、島は再三田中首相に呼びつけられた。用件は、会長の後任問題である。島は報道局政経番組部長にすぎない。

「なあ島よ。ＮＨＫは何とかならんのか。このままじゃ、ＮＨＫは組合管理になってしまう。組合と馴れ合ってＮＨＫを私物化している前田は更迭する。誰か適当な後任はいないか」

「何を言うんですか。俺は吹けば飛ぶような末端の一部長だ。経営委員でも何でもない。俺には関係ないことだ」

「まあ、そういうな。お前を信用して個人的に頼んでいるんだ。考えておいてくれ」

それから数日してまた声がかかった。今回も東京目白の田中邸である。田中はやおらこう切り出したという。

「中山素平（日本興業銀行頭取、会長などを歴任、財界の実力者で鞍馬天狗を呼ばれた）に相談したら、共同通信の福島慎太郎というのがいいと言うんだ。どうだろうか」

「何とも言えませんね。任期が切れるまでにはまだ時間があります。いますぐ人事をやると政治介入とか言って外野の声が入り大変なことになる。人事は任期が切れる直前にやったほうがいいでしょう」

田中は一度こうと決めたらテコでも動かぬ人。この時点で後任会長は福島と決めていたと島は言う。任期切れが迫ると、田中は電光石火に行動し福島を説得したうえで、NHK経営委員長の伊藤佐十郎（当時、全国漁業組合連合会副会長）にこの案を示した。いわば強制である。

島は自伝『シマゲジ風雲録』の中でこう言っている。

「裏でいくら工作することはあっても、時の総理大臣が自らこうした人事介入をするというのは、私の知る限り、後にも先にもこれが初めてではなかったか」

これでは放送法も経営委員会もあったものではない。総理大臣が自ら無視し人事を行っているのだ。

しかし、この人事はこれに続くちょっとした〝ハプニング〟で実現しなかった。

「福島慎太郎氏はNHK会長になる資格がありません」と郵政事務当局が田中に言ってきたのだ。放送法（二七条の五）によれば、新聞社、通信社、放送会社の役員を辞めて一年以上経たなければ、NHKの役員になれないという規定になっている。福島は、共同通信会長を辞めて半年しか経っていない。これでは、首相の権限をもってしてもどうなるものでもない。人選は振り出しに戻さざるを得ない（先の福地茂雄会長を選んだ経営委員会で候補者の一人に元日銀副総裁の名前があがった。この人は新聞社の現役監査役で、〝適格条件〟に欠けるとして候補者から外された。福島氏の前例が忘れ去られていたのだろう）。

時間がないこともあって、結局、NHKからの内部登用ということになり、副会長の小野吉郎の昇格に落ち着いた。小野は、田中が一九五七（昭和三二）年に三九歳の若さで岸内閣の郵政大臣になったときの事務次官である。島によれば、小野は、副会長を最後にNHKを辞め、他の政府機関の理事長に就任することになっていた。生え抜きで初の有力な会長候補と目されていた専務理事長澤泰治は前年春に前田によって更迭されていた。当時、四選を狙う前田のライバル斬りと言われた。他に適当な会長候補が内部にはいない。こういう経緯があって、小野の政府機関への横滑りが急遽変更になったのである。

東京目白の私邸に呼ばれ会長問題などを話し合って島が帰ろうとすると、田中首相がやおら、こう言った。

「まあ、会長は小野でいくが、役人上がりで心許ない。脇をどう固めるか。これはと思う奴の名前を書き出してくれ」

島によれば、とても断れる雰囲気ではなかったので、藤根井和夫副会長以下何人かの名前を書いたメモを田中に手渡したという。田中は会長就任直後に挨拶に訪れた小野に、「役員人事はこれを参考にしろ」と言って一枚の紙を示した。その際、島と話し合ってつくったものだとバラしてしまったと言う。

いかに信頼されているとはいえ、時の首相と自分の属する組織のトップの人事を話し合う。これは尋常ではない。記者の活動範囲を完全に超えている。政治の世界の話である。

島は、後にこう述懐した。

「向こうから持ち込まれたもので嫌だったが、角さん一流の強引さにやられ、どうしようもなかった。まさかメモの名前がそのまま使われるとは思ってもみなかった。政治の世界に深く食い込めば食い込むほど、微妙な話や相談が持ち込まれるが、それに比例して記者としての活動、書けることは制約される。若い記者諸君はこのことを頭に置いて欲しい」

一方それ以来、小野は島に対し信頼感ではなくかえって「油断のならない男」として警戒感を懐くようになったといわれる。

ここで、少し話を戻して、島が経験した「NHKと権力」に関わるいくつかの話題の「内幕」を紹介しよう。

一九七二（昭和四七）年六月十七日、七年七カ月という戦後最長の在任期間を誇った佐藤栄作首相が退陣表明をした。年配の方なら、がらんとして誰もいない官邸記者会見室をテレビカメラが映し続けた中継をいまでも覚えておられるだろう。

島の自伝を頼りにその模様を再現してみよう。

佐藤首相は会見室に入って来るなり、じろりと室内を見回し、

「新聞は偏向している。今日はテレビと話すんだ。NHKはどこにいる。そういう約束なんだ……」

最初から挑発的な佐藤の発言に、集まった記者たちは騒然となった。佐藤はさらに言葉を続けた。

「新聞記者がいるところでは話はしない。帰ってくれ」

佐藤は政府批判を続けてきた新聞に対する憎しみの感情を露にした言葉を述べると、すたすたと部屋を出て行ってしまった。

当時、政経番組部長としてこの番組の責任者だった島はNHKニュースセンターの副調整室に陣取り、会見室のカメラから生中継で送られてくる映像に目を凝らしていた。

「これは大変なことになった。官房長官の竹下登は何をしているのか。あれほど注意しておいたのに、一体どうなっているのか」

これにはこんな背景があった。

前日の夜遅く、佐藤はNHK会長の前田義徳に極秘の電話をかけてきた。

「実は、明日、自民党の両院議員総会で引退を表明する。ついては、NHKを通じて国民に直接話がしたいので、協力して欲しい」

「結構です。協力しましょう」

と現場の実情をよく知らない前田は二つ返事で受けてしまった。

島がこのことを知ったのは翌日の朝。

「何ということをしてくれたのだ。ことの重大性が分かっているのか」と怒ったが、すべて後の祭り。

一国の首相の引退表明を一報道機関で「独占」することは許されることではない。まして佐藤、前田の電話で決まったとなれば、政府の御用機関と同じだ。NHKは国営放送ではなく公共放送なのだ。また独占は内閣記者会の規約にも反する。そんなことをすれば、全マスコミと世論を敵に回し、袋叩きにあうことは明々白々である。

「何としても対応策を考えなくてはならぬ」と島は早速、官房長官の竹下登に連絡した。竹下はただオロオロ戸惑うばかりで収拾策はない。

そこで島は「必ず呑んでもらわねば責任が取れない」と言ってこんな提案をした。いかにも島らしいところだが、島の独断である。無論、会長の前田の了解もない。
一、内閣記者会の緊急記者会見を招集する。
二、NHKはそこにテレビカメラを入れる。
三、前半は佐藤首相がカメラに向かって一方的に自分の思いを存分に述べる。後半は記者団との質疑応答とするが、NHKの放送は前半で打ち切る。そうすれば、首相が望む形の「独占」放送と同じになる。

「では、その線でお願いします」

竹下はそう言って電話を切った。

だが目の前のこの光景はなんだ。官房長官が対応策をきちっと首相に説明していないなと瞬時に思った。後で島が秘書官の楠田実から聞いたところでは、佐藤は「俺は会長の前田に了承させたのだ。他の奴らからとやかく言われる筋合いはない」と言って説明を受けないまま会見室に向かったのである。そうしたら、居ないはずの最も嫌いな新聞記者が大挙押しかけていたので、感情的になって席を立ったという次第だった。

NHKのテレビカメラはがらんとした会見室を映し続けた。が、先の見通しが立たない。副調整室の島はイライラして時間の経過を待った。島は自伝『シマゲジ風雲録』にこう書いている。

「一〇分ほど経っただろうか。私には一時間以上に感じられた。側近のとりなしで佐藤氏は再び会見室に戻ってきた。

『総理は先ほど新聞とテレビを差別するような発言をしたが、われわれは許せない』

今度は新聞記者が嚙みついた。とたん、きっと身構えた佐藤首相は、

『かまわん。新聞の人は外に出なさい』

と大声を上げて机を叩いた。記者団は（NHK記者を含めて）一斉に席を蹴って退場した。

結果として佐藤氏は自らが望んだ『NHKを通じて国民に直接語りかける』ことに成功したことになる。だが、このやりとりの一部始終はテレビを通じて、それこそ直接国民に届けられた。それを見た国民はいったいどう思っただろうか」

島はこの出来事が提示した問題点を三つに整理している。

第一は、政治家にとってのNHKという組織の位置である。多くの政治家にとってNHKは他のマスコミとは異なる身近な存在である。佐藤もNHKがジャーナリズムであるという意識は薄く、「政府の管理下にある機関」と考えていた。そして政府のトップである自分がNHKのトップに直接頼んで了承を得たのだからまったく問題なかろうと思っていた。しかし、NHKにとって自主性は存立基盤である。いくら首相の言うことでも、ハイハイと聞いていたのでは、もはや、公共放送とはいえない。政府の御用機関・国営放送である。首相の引退表明は、重要ニュースである。だが、どう扱うかはジャーナリズムとして現場のフィルターを通すべきだったろう。前田は即答は避け、「どのようなかたちでできるか早速現場に検討させます」くらいでとどめて置くべきだった。しかし、アメリカなら首相引退表明の独占放送は立派な特ダネである。

第二は、どっこい日本には強固な記者クラブ制度があることだ。首相の単独取材は記者クラブの申し合わせで許されていない。もし、これを破ればクラブを即除名になり、日常の取材でいろいろ不利益を蒙ることになる。また、「政府と癒着するNHK」などとマスコミ、世論の集中砲火を浴びることになる。

第三は、テレビの「怖さ」を改めて政治家、国民に見せ付けたことだ。テレビは映像と音声によってありのままを伝える。だが、プラスのイメージだけでなく、同時にマイナスのイメージも伝える。

佐藤首相は、自らが望んだ通りNHKテレビを通じて「沖縄返還を花道に引退する自分の首相としての七年七カ月の実績」を国民に直接話しかけた。が、テレビは同時にがらんとした会見室や首相の険しい表情、記者団とのやり取りなどもそのまま映し出していた。テレビを見ていた人は、佐藤が強調する首相としての実績よりも、佐藤の机を叩いた怒鳴り声や誰もいない会見室で一人語り続ける姿のほうが印象に残ったに違いない。テレビは時に人の外見だけでなく内面をも映し出す。佐藤首相は、ありのままを伝えるテレビの「恐ろしさ」を理解していなかった。

以上が、佐藤首相の引退表明をめぐる騒動の顚末だが、島がとっさに収拾に乗り出さなかったら、ことはさらに混乱したであろう。島の放送に関する判断はいつも即断即決であり、独断的であった。しかし、判断が誤った場合は、辞任を含めていつも責任をとるという決意が底流にあった。島は生涯を通じてこの姿勢を貫いた。

さらにここにもうひとつ興味深いエピソードがある。

前田義徳会長が辞めて小野吉郎が会長になった翌年、一九七四（昭和四九）年七月に田中角栄内閣で初めての参議院議員選挙が行われた。この選挙の全国区でトップ当選を決めたのが、NHKの人気アナウンサーだった宮田輝である。その仕掛け人が、実は当時、報道局（ニュースセンター）次長の島だった。参院選が公示される半年ほど前、首相の田中から東京目白の私邸に来るようにとの呼び出しがかかった。カギカッコ内は島の自伝『シマゲジ風雲録』からの引用である。

「なあ島よ、NHKからは社会党の上田哲が出ているんだから、自民党のほうにも誰か一人候補が出せないか。考えておけ」

田中の話はいつも単刀直入だ。「自民党も全国区の候補者選びに悩んでいるな。だが、上田に対抗するためには悪くない。ひとつ乗ってみるか」という気になった。そこで盟友の大平の同意も得て、いろいろ考えた末、知名度の高いアナウンサーを引っ張り出すのがよいという結論に達した。

中でも、「のど自慢」や「紅白歌合戦」などの司会を務めた宮田輝の人気・知名度は抜群である。当時、五二歳。そろそろ次の人生設計を考える時期にきていた。

田中から話があった数日後、島は宮田を呼び出した。

「宮田さん、実はこういう話がある」

と切り出した。

「あんた、政治をやってみないか。そろそろアナウンサーとしても限界に近づいていることだし、幸い参議院には全国区というのがある。あんたが出れば最高点間違いなしだ。政治家への転身は、ＮＨＫのためにもなるし、あんたのためにもなるんじゃないか」

寝耳に水とはこのことだ。さすがの宮田も目を丸くして、

「冗談じゃないですよ、島さん。私に政治なんてできるわけないじゃないですか」

と答えるのが精一杯だった。

それからも週に一、二回宮田に会って雑談を含めあれこれ話した。すると、宮田の口ぶりも変わってきた。「立候補するにはどうすればよいか」などを質問するようになったのだ。

「心配するな。俺が全部面倒を見るから。幸い、角栄も大平も是非にと言っているんだ。これからのあんたの人生設計でこれがベストの道さ」

宮田が一番逡巡していたことは、政治の世界をまったく知らないということだった。「どんな政治家も最初はみんなど素人だよ」。

やがて宮田は出馬を了承し、首相の田中に紹介することにした。場所は目白の田中邸の母屋の応接間。通常は離れの事務所で会うことが多いが、特別な客の場合は母屋で会うことになっていた。二人は初対面だったが、田中は上機嫌でこう切り出した。

「やあ、やあ、よく来た。今度のことはどうかよろしく頼んだよ」

島は、自伝の中で、その続きをこう書いている（『シマゲジ風雲録』）。

「ひとしきり話が済むと、田中氏は、『そうだアレを渡さなきゃな』と言って、居間からダンボール箱を持って来ると、そこからムンズと一万円札の束をつかみ出し、応接間のテーブルにドカッと積み上げた。それを見た宮田氏の驚いたこと。顔面蒼白になって、全身がブルブルと震え出した。

私が、慌てて、『駄目だよ、角さん。彼は素人なんだから』と言うと、田中氏は、

『あははは、そうだったな。だが、これしきのカネを見てビクビクしているようじゃ、政治家は務まらないぞ』と大笑いだ。

宮田氏は、田中邸で見せられた現ナマによほどショックを受けたようで、数日後、

『島さん、選挙に出る決心はついたが、自民党はちょっとイメージがわるい。無所属というわけにはいかないだろうか』

と言ってきた。

『バカだなあ、イメージが悪い自民党をなんとか良く見せるために、お前さんのような男が必要なんじゃないか』

ここで逃げられると大変だ。私は、必死になって口説いた。そして、田中派でなく大平派から立候補してもらうことでなんとか了承してもらった。田中氏も認めてくれた」

宮田は、二九〇万票以上を獲得して見事トップ当選を果たした。知名度の高い人気者だから、よけい

なカネがかからない。理想的な公明選挙ができたが、それでも一億五、六〇〇〇万円かかったという。

最後に、島は、

「選挙期間中、一人のＮＨＫ職員も使わなかった。そんなことをすれば、組合の上田選挙と同じになってしまう。自分はあくまで私人として友人の宮田を手伝っただけだ」

とわざわざ付け加えている。

以上が宮田輝参議院議員誕生までの舞台裏である。主演宮田輝、企画・演出島桂次、製作田中角栄といったところだろう。

宮田以来、ＮＨＫ関係者で自民党から選挙に出たいという者がいると、島は決まって相談に乗ったり世話をみたりしていた。しかし、こうした役割をするようになってから、国会の内外で「島は国会での自分の〝手駒〟をせっせと増やしている」と口さがない輩も増えてきた。そして、世間一般に「永田町のエージェント」と言われるようになったのもこの頃からである。

こうした行為は、政治記者の活動の枠を完全に超えている。島はそのことを承知のうえで活動していた。それはなぜか？　晩年の島にその理由を直接、聞いたことがある。

島は次のように語った。

「日放労出身の社会党の上田哲議員に対抗する意味もあったが、それが第一の理由ではない。大平正芳を何としても首相の座につけたかった。よりよい政治をしてもらうためだ。それには田中角栄の協力が不可欠。いざという日のために少しでも田中に貸しをつくっておきたかった。

こうした活動は、記者活動の面から言えば望ましいことではない。大平と鈴木善幸が首相になってからはこの種の活動は徐々に控えるようにした」

念のためにつけ加えれば、宮田輝は三回参議院選挙に当選し、これといった実績は残さなかったが、「広告塔」として自民党のイメージ改善の役割を実直に務めた。一九九〇（平成二）年七月、がんで死去したが、当時、ＮＨＫ会長の島が最後まで面倒をみた。

# 第六章　左遷と覚醒——島桂次の変身

一九七六（昭和五一）年八月、ニュース・センター（報道局）次長の島桂次はアメリカ総局長に突如発令された。最初に話があったのは上司の放送総局長堀四志男からだった。

「ここらでニューヨークへ行って、国際的な見聞を広めたらどうか」と言われたが、島は「言葉が駄目だし、その気はまったくありません」と即座に断った。前首相の田中角栄が、ロッキード事件で東京地検特捜部に逮捕された（一九七六年七月二十七日）直後のことだ。

しかし、話はそれで終わらなかった。通常、海外特派員になるときは、家庭の事情なども あり事前に打診があるものだが、島の場合は本人の意向に関係なく話がどんどん進んで内示・自動発令ということになった。島は、激昂した。人事担当役員の川原正人から「アメリカ総局長を命ず」という内示を正式に受けると、その足で会長室に向かった。

小野会長に近い筋の話によれば、その際の二人のやり取りは次のようなものだったという。

「会長、俺はアメリカ行きを断ったのだ。なぜ正式に内示・発令をしたのだ。納得できない。あんたの差し金だろう。すぐ取り消して欲しい」

と息巻く島に対し、会長の小野は冷静に答えた。

「確かに私の判断で決めたことです。君の行動は政治記者としての枠を逸脱している。それははっきり言ってNHKを害しているし、君にとってもよくない。そう判断し、ニューヨークに行ってもらうことにしたのです。気分一新し視野を広げるよい機会だと思いますよ」

「嫌だ。どうしてもというなら辞めてやる」

「辞めるというなら、それでも結構です。だが、その前にもう一つ選択肢をあげましょう。世論調査研究所（放送文化研究所と合併、現在の放送文化調査研究所）の所長はどうです」

まったく思いもかけない提案であった。島の激昂は、ここで急速にトーンダウンした。小野の一本勝ちである。島は返事もせず、後ろも振り返らずに会長室を出て行ったという。

だが、島の怒りが静まったわけではない。

「いろいろ知りすぎて目障りになってきた自分を海外に追い払う。あの野郎が飛ばしやがった」という恨みの気持ちが会長に会って一層強まった。「俺にはいま国内でしなければならないことがある。NHKを本当に辞めようとそのとき思った」と島は言う。

海外経験の豊富な磯村尚徳は、「島さんには、いつか海外勤務をしてみたいという希望があった」と語ってくれた。そうだとしても、この時点は、タイミングが悪すぎた。当時は、三木武夫が政権を担当していたが、政局は混沌としていた。島の最大の関心事は宏池会会長の大平正芳を一日も早く政権の座につけることであり、そのためには参謀役としての自分の力が不可欠である。国内を離れて海外に行くわけにはいかないと思い込んでいたのだ。それが島の生き甲斐でもあった。

NHKに未練はあったが、島は内示を受けたその日のうちに退職届を書き、それを内ポケットに入れて挨拶のため大平の家を訪れた。

そこで、島は大平にこう説得されたという。

「なあ島よ、お前さんも組織の管理者として部下にあっち行け、こっち行けと異動させた経験があるだろう。中には、本人にとって嫌な異動もあっただろう。そういうことをしてきたのに、自分が嫌だから辞めるというのでは筋が通らないよ。お前がNHKを辞めるのはとめないが、ともかく行ってこいよ。俺も一九五一（昭和二六）年に三カ月間出張でアメリカ各地を見て回ったが、『一見は百聞にしかず』とはよく言ったもの。得るものが多かった。行ってどうしても駄目だったら、そのときは辞めて帰って来ればいいじゃないか。それが筋だ。

俺のことをいろいろ心配してくれていることは有り難いと思っている。ニューヨークといっても電話で毎日でも話せる。これまでどおり相談するし、向こうからの新しい情報も期待している」

島は大平の心情のこもった説得を受け入れ、退職を撤回し、ニューヨークに行くことにした。だが、このまま何もせずに「はいそうですか」と赴任することは腹の虫が収まらなかった。痔の治療ということで新宿の病院に入院して赴任を引き伸ばし、「小野に一矢報いてやろう」とあちこちに電話を掛けまくっていた。

入院中の島に同年八月十七日前首相田中角栄が二億円の保釈金を支払って東京拘置所から保釈されたというニュースが入った。

島は、早速田中に電話した。

「角さん、ニューヨークへ行くことになった。断ったが駄目だった。あんたが留守の間に小野が仕掛けたことだ」

田中は、こう返答したという。

「そりゃ、おかしいではないか。小野はお前のお蔭、いやミステークで会長になれたんじゃないか。いわばお前は恩人だ。分かった。俺が呼びつけて注意してやる」

島によれば、二人の間で島のニューヨーク行きをめぐってこんなやり取りがあったが、このあと田中が実際に小野に呼び出しをかけたかどうか確証はない。

いずれにしろ、小野が田中の保釈後一週間経った八月二十四日、東京目白の田中邸を訪れた。小野にはこの他にも田中に説明すべき用件があったといわれるが、これも小野が口をつぐんでいる以上推測の域を出ない。だが、公共放送NHKの会長が白昼、ロッキード事件で逮捕・拘留され、保釈されたばかりの前首相を公然と見舞ったのである。これがマスコミの標的にならないわけがない。

小野は、「あくまで個人的な見舞いであり、NHKの姿勢に影響を与えることはない」と弁明した。しかし、公共放送のトップにあるまじき行為だとする声がNHKの内外に高まり、小野は一九七六年九月四日、任期途中でNHK会長を辞任した。いわば自滅するかたちで退任に追い込まれたわけで、島の報復は自分で仕掛けるまでもなく〝奇妙なかたち〟で成功したのだ。

ここにも島の反抗心、行動様式が見て取れる。「自分が嫌なことは嫌とはっきり主張する。やられたら全力を挙げてやり返す。そのための策謀をめぐらす。相手が権力を持つ人であればあるほどファイトを燃やす」。普通の人から見れば、何と自己中心的だと思われるが、島はこの行動原理を貫いて生涯を生き抜いてきたのだ。目的を達成するためには手段を選ばない〝執拗さ〟はよい意味でも悪い意味でも島の特性であった。

島は後にこう語っている。

「いまから思うと少し大人気なかったという気がしないでもない。少なくとも小野会長の意向だけでなかったことは確かなようだ。しかし、当時は小野会長が厄介払いでニューヨークに飛ばしたと信じるに足る情報もあった。〝あの野郎〟と怒りではらわたが煮えくり返り、必ず仕返しをしてやろうと思った。まさか田中邸訪問で自滅するとは夢にも考えなかった」

小野吉郎会長の後任には、ＮＨＫ史上初の「生え抜き会長」として芸能畑出身の坂本朝一が就任した。

島はこうした一連の動きを見届けたうえで、同年九月上旬ニューヨーク・マンハッタンの三番街八五〇番地の高層ビル一七階のＮＨＫアメリカ総局に着任した。

人生とは皮肉なものだ。あれほど嫌がっていたアメリカでの生活が気に入ってしまったのだ。秘書から習っていた英会話の勉強こそ短期間でやめてしまったが、総局には優秀な通訳はいくらでもいる。島は、たとえ英語ができなくても、全米各地を回ってアメリカ人社会の中にどんどん入って行って、「何でも見てやろう」と決意した。実際にアメリカの実情を知るには、航空機より車のほうがよい。やがて慶応大学の学生だった長男の宏が大学を一年間休学しアメリカにやってきた。島は機会をとらえては、レンタカーで旅に出た。運転手は宏かアルバイトの学生。日本食党の島には炊飯器と梅干は欠かせない備品だった。

そこで感じたことは、あらゆる意味でのアメリカという国の大きさだったという。州ごとに気候、風土だけでなく人びとの価値観、人種、生き様が異なり、政治、経済、文化も違う。それが、星条旗の下に一つに結びついている。島によれば、どんな田舎の場末の酒場に行こうと、みんな、「合衆国を誇りに思っている」と語ったという。こうして島は十カ月の在任中に中西部の一部の州を除くほとんどの州を訪ね、自分の目でアメリカという国の実情、偉大さを確認した。

一方、人脈作りにも精を出した。放送界は、ケーブルテレビが力をつけてきたとはいえ、まだ、ABC、NBC、CBSの三大ネットワークが圧倒的な影響力を持っていた。ABCニュース社長のルーン・アーレッジ、CBS会長のウイリアム・ペイリーとは個人的に親しく付き合った。

アメリカの放送界の最先端の動きは、島にとってまさにカルチャー・ショックであった。島のテレビ観を一変させた。

「テレビ放送の本場の空気は、触れるだに刺激的で想像力を掻き立てるのに十分だった」と島はそのゾクゾク感を記している。

放送会社のどの現場を見ても、活気がありスタッフはよりよいもの目指していきいきと働いている。無駄がない。あり余るほどの大勢のスタッフがそれぞれ勝手に動いている日本の放送現場に比べて、何という違いか。アメリカでは全員に番組責任者の意思が行き渡り、それに従ってきびきびと行動している。

ニュース番組にしても、手法がまったく違う。当時の日本では、まだアナウンサーが記者の書いた原稿を淡々と正確に読むのが普通だった。ところが、こちらではアナウンサーなどいない。取材経験を持つ一人ないし男女二人のアンカーマン（キャスターのこと）がすべてのニュースを取り仕切っている。専門記者の現地リポートあり、識者のコメントあり、当事者へのインタビューありで、巧みに構成され、挿入される映像、音声の処理も極めてスマートだ。

ネットワーク各社の〝旗艦（Flagship）〟ニュースは、イブニングニュース。コマーシャルを除く実放

ＡＢＣニュース社長、ルーン・アーレッジ氏と（1990年）

送時間は二三分間に過ぎないが、その日に起きた世界の出来事を手際よくまとめている。ＡＢＣピーター・ジェニングス、ＣＢＳダン・ラザー、ＮＢＣトム・ブロコーの三人のアンカーマンが覇を競っていたが、いずれも豊かなジャーナリスト経験を持っていた。彼らに共通していることは、発言はずばり核心をつき、社会的に大統領を上回るといわれる高い評価を受けている。ニュースは映像中心でテンポがあり、分かりやすい。これに比べて日本のニュースのなんと古めかしく退屈なことか。

「アメリカのニュースをみて、これこそテレビジャーナリズムの世界と感じた。そして、ＮＣ９をつくっておいて良かったつくづく思った。もっと洗練させ磯村キャスターの地位を高めねばと自然に気分が高揚して来たのを今でも覚えている」と島はのちに述懐している。

アメリカの放送を見ていて島が感じたことは、新しい技術の採用に積極的なことだった。新技術の導入によって仕事の効率をあげ利益を高めるというのがアメリカ企業の信条である。これは放送会社にも貫徹しているのだ。

島は、ＡＢＣニュース社長のアーレッジに頼んで放送センターの内部とＡＢＣナイトリーニュースのできるまでを見せてもらうことにした。

センター内の広いニューススタジオは、最新の機器で埋め尽くされ、ここがＡＢＣニュースの司令塔になっている。世界各地と通信回線で繋がっており、どこからでも映像やリポートが瞬時に入ってくる。一隅にアンカー席があり、そこから放送が出されている。アンカーのピーター・ジェニングスは、番組の進行役であると同時に編集権も持っている。まさに、ABCニュースの帝王である。島はナイトリーニュースを見て「これぞ、本来のテレビニュースだ」と再認識した。

また、センターを見学していて気付いたことがあった。フィルムの現像施設がどこにも見あたらないことだ。アーレッジに聞いてみると、「そんなものはとっくの昔に撤去しました。島さん、いまは完全ビデオ（ENG）の時代ですよ」。これを聞いて島は恥ずかしくて血が頭に上ったという。

NHKはフィルム取材を続けている。放送までには、撮影フィルムをオートバイなどで現像施設まで運び、現像のうえ、編集しなければならない。これに対しビデオカメラは、フィルムカメラに比べて長時間収録でき、中継車などを利用すれば、撮影した映像をそのまま伝送したり、カメラと直接結んでその場から生中継したりすることも可能だ。フィルムに比べて、特にニュース取材の面で優れているとニュース関係者の誰もが思っていた。そのうえ、テープ代が安く繰り返し使える。そもそもビデオカメラを開発したのは、NHKではないか。

ところが、肝心の技術部門が「画質が落ちる」、労働組合が「労働条件の変更につながる」と反対し、なかなか実用化できない。技術の硬直した官僚主義と組合の相も変わらぬ公式的な考えに島が怒りを爆発させたことは言うまでもない。

島は、アメリカの放送界が完全実用化している実情を東京本部に詳しく報告し、すぐにも実用化するように要求した。しかし、はかばかしい返事が来ない。業を煮やした島は、それでは「俺がビデオを使って番組をつくってやる」と動き出した。ビデオ機器一式をレンタルし、総局員を動員してビデオ紀行

「ナイヤガラ」「グランドキャニオン」の番組をつくりＮＨＫ特集として放送した。見渡す限り白い壁になって流れ落ちる大瀑布と虹、そそり立つ峡谷の間を渦巻いて流れる濁流。自然の驚異を水上、地上、空中から余すところなく伝えたビデオ映像に視聴者は魅了され、視聴率はいずれも二〇％に達して番組は成功した。こうした動きがきっかけになって、ＮＨＫニュースも徐々にビデオ取材が行われるようになった。

しかし、日本の民放各局がアメリカに倣ってすべてビデオに切り替えても、ＮＨＫは相変わらずフィルムとビデオの二本立て体制を続けていた。ビデオによるニュース取材システム（ＥＮＧ＝エレクトロニック・ニュース・ギャザリングの頭文字）の導入という面では、民放各社に大きく立ち遅れていた。中途半端な体制で事故が起きなければよいがと、誰もが心配していた。その大事故は、島が東京に帰ってきてから起きた。少し時間がずれるが一連の出来事なので、ここで紹介しよう。それは、マイクロ波無線中継装置（ＦＰＵ＝フィールド・ピックアップ・ユニット）をめぐって起きた。ＦＰＵはビデオで撮影した映像をそのままその場から伝送できる極めて簡便な装置である。

一九八二（昭和五七）年二月九日、日航機が羽田空港に着陸寸前に墜落、二四人が死亡、一五〇人が負傷するという大事故が発生した。その前日には三三人の死者を出した東京赤坂のホテル・ニュージャパンの大火災があり、二日続きの大惨事に報道局は騒然としていた。島は当時、現場の最高責任者の報道局長である。

ところが、現場の映像が待てど暮らせど入ってこない。民放各社のニュースはすべてとっくに羽田沖の悲惨な映像をどんどん流しているのにである。なぜか。ＮＨＫのカメラマンは、真っ先に現場に到着し、映像の第一報の取材は終わっているはずだ。民放各社が、ＦＰＵを使って現場から映像を伝送しているのに、NHKは相変わらず労使の取り決めでFPUが使えないというのだ。NHKのビデオテープは専用のオートバイも間に合わず、タクシーで運んでいた。しかもそのタクシーが首都高速の渋滞に巻き込まれ、事故現場と放送センターのほぼ中間の国会記者会館から専用回線を使って映像を送ってきたのは、日本テレビやフジテレビなど民放各社に遅れること実に一時間も経ってからであった。完敗である。FPUも元はといえばNHK技術研究所が開発したもの。島は、技師長の高橋良に「FPUをすぐ使えるようにしろ!」と怒鳴り込んだが、返事は「労使の協定を破るわけにいかない」の一本槍。これはもう〝喜劇〟だ。一体放送は誰のためにあるのだ。これはもう国民・視聴者に対する〝反逆〟ではないか。島は、「報道の責任者としてこのときほど屈辱感を感じたことはない。何としても融通のきかない組合と技術の官僚主義をこの身に換えても叩き潰してやると本気で思った」と後々まで話していた。

さて、アメリカに戻ろう。島がアメリカに赴任した年(一九七六年)の十二月に日本で政変があり、三木武夫内閣に代わって、福田赳夫内閣が成立していた。島はニューヨークに来てからも一日も欠かさず大平ら東京の関係者と連絡をとり、政治の動向を分析していた。やがて、島の日本の政治に関する情報分析が的確で分かりやすいと関係者の話題になった。ホワイトハウスの関係者やロビーイストなどが話を聞きたいといって訪ねて来るようになった。島は福田が経済に強い理由や福田が唱える全方位外交の背景、前首相三木との違いなどを懇切丁寧に教えてやった。その後も、政治関係者だけでなく、メディアや企業の関係者などが加わり、来訪者は絶えることがなかった。

ホワイトハウスと言えば、アメリカ政治の中枢であり大統領一家の住居でもある。アメリカ総局ではかねて島の発案でホワイトハウスの取材と大統領への独占インタビューを申し入れていた。一九七七年一月ジミー・カーターが第三九代大統領に就任してまもなくホワイトハウスから取材のOKが出た。ホワイトハウスにテレビカメラが本格的に入るのは初めてのことで、大統領執務室など内部のほかカーター大統領の一日を紹介し独占インタビューにも成功した。同年三月一日NHK特集として放送したが、アメリカの三大ネットワークにも前例のない快挙であった。だが、これは島の努力はあったものの、島個人の仕事ではなく、リポーターを務めた日高義樹（現在も国際問題ジャーナリストとして活躍）ら総局のスタッフ全員の共同作業の成果というべきものであろう。

ここでエピソードを一つ。物騒だといわれた郊外バスや地下鉄通勤にも慣れ、ニューヨーク生活も板についてきたある日、オフィスにいた島に一本の電話が掛かってきた。NHK元会長の前田義徳からだった。定宿のウオルドルフ・アストリアで食事をとりながら、二人の話は弾んだ。島は、主にアメリカのテレビ界の実情を説明した。実は、前田と島がこのように二人きりで話すのは、このときが初めてだった。島は前田のスケールの大きな見識に尊敬の念を懐きつつも、表面的には「あの朝日の進駐軍野郎」と言ってはばからず、会長室を訪ねたことはなかった。

食事が一段落した後、コーヒーを飲みながら前田がこう言ったという。

「今夜は愉快だった。有益な話をいろいろ有り難う。島君、君がこれほど勉強家だとは知らなかった。実は、僕の会長時代、君に関する話が多く入ってきたが、すべてマイナスなものばかりだった。しかし、君に会って僕の評価は一変した。もっと早く君とのパイプをつくり、君の率直な意見を聞くべきだった。済まないことをした。

君には少し早いかも知れぬが、僕からのアドバイスだ。僕も九年間会長をして多くの人の面倒を見てきたつもりだ。それが会長の座を去ると、潮がひくように人が近付かなくなる。これはと思っていた人間までがそうなのだ。人情紙風船とはよく言ったものだ。僕に人を見る目がなかったといえばそれまでだが、君も注意してくれたまえ。ＮＨＫのことは頼んだよ」

この会談のせいかどうかは分からぬが、あの反抗的な島が前田に対する個人的な悪口をほとんど口にしなくなったのは、知る人ぞ知る話である。

島のアメリカ総局長としての業務は、わずか一〇カ月で終わった。しかし、この間に島が得た財産は大きかった。いくつか挙げてみよう。

第一は、放送、特にテレビがジャーナリズムとして確立していることを自分の目で確認できたこと。日本ではほとんどの放送局は新聞社の系列化にあり、ジャーナリズムの面でも新聞が主、放送局は従という関係がなんとなくある。ＮＨＫの場合、民放各社とは事情が異なるが、それでも長い歴史と伝統を持つ新聞社に追いつき追い越すことを目標にしてきたのが実情である。

ところが、ここアメリカでは、放送ジャーナリズムが新聞ジャーナリズムとは別に確固たる地位を築き、むしろ新聞を圧倒している。確かにニューヨーク・タイムズ、ワシントン・ポストなどのように世界の政治、経済に影響力を持つ有名な新聞もあるが、アメリカ国民の大多数は放送ジャーナリズムを内外のニュースの情報源にしている。文字どおり、テレビは、アメリカのメディア界にあって、リーディング・メディアである。テレビ会社も映像と音声でそれに相応しい充実した内容を提供し、新聞記者とは異なるテレビ記者を次々に生み出している。イブニングニュースのアンカーマンともなれば大統領以上の有名人だ。

第二は、ニューメディアの先進地アメリカでその実情を見聞でき、放送の将来を考えるヒントが得られたこと。アメリカでは日本より一足早くニューメディア時代に突入しており、放送、通信、ケーブル、新聞、ハリウッドなどが入り乱れて次世代の覇権を争っていた。テレビ界の長老ＣＢＳ会長のウイリアム・ペイリーのアドバイスが島の耳に残った。

ペイリーはこう語った。

「テレビ産業の基盤は極めてもろい。常に自己革新に努めていなければ、あっという間に他産業に呑み込まれてしまう。最大のライバルは通信業界。放送と通信が一体化する日もそう遠くない。時代は激しく動いて世界規模で覇権をめぐる激しい争いが展開されるようになるだろう。大胆な改革を行わなければ、どの放送会社も生き延びられない。少なくとも、真に国民のためになるものとしては……もう一点、テレビは技術と密接な関係のある産業であること。いつもこのことを頭に置いて、最新の技術開発の成果を取り入れるようにしたらよいでしょう」

第三は、世界的規模で放送を考えるようになったこと。電波は、国境を越えて飛んで行く。衛星を使えば、世界の何処へでも映像を届けることが可能だ。だが、アメリカにいても日本のニュースが報道されることはほとんどない。今後ますます国際化する社会の中で日本はどうなってしまうのか。日本の放送局はもっと世界に関心を持ち、日本からの情報発信の強化に努力すべきだ。

島はこうした成果と課題を持って一九七七（昭和五二）年七月帰国した。

政治記者の後輩の内藤正夫（のち、政治部長、報道局長）は、のちに島のアメリカ生活をこう評価した。

「赴任するときは、さんざん嫌味を言って出かけて行ったのに、帰ってきたときには〝ニュー島〟に変身していた。さすが島さんだと思った。約一年間の滞在中にテレビ先進国アメリカで見るべきものは見、体験すべきものは体験し、自分のものとして消化していた。その後、島さんが目指したＮＨＫ改革の原点はすべてここにある。

もし、島さんが、あのまま東京に残ったら、政治記者として多少名を残したかも知れぬが、所詮は日本国内でのことで、『お山の大将』で終わったのではないか」

島がアメリカ生活を通じて単なる政治記者でなく、世界の最先端の放送ジャーナリズムやマスコミの動向に接して日本の放送やジャーナリズムのあり方を世界的視野で考えるようになり、自分自身大きな変身を遂げたことは間違いない。また、赴任をめぐっていろいろやりあった小野吉郎会長については、「性格的には合わない人だったが、結果としては新しい視野を拓く機会を与えてくれたことに感謝せざるを得ない」と話していた。


帰国後の島のポストは、放送総局主幹。無任所であり、人事当局がアメリカ総局長一年に満たない島を相当苦労して帰国させたことが、このポストからも窺える。当面、放送センター四階の放送総局の一角に狭い部屋を与えられ、ビデオ紀行ナイアガラなどの受け入れを担当したNHKスペシャル部の青木賢児（のち、専務・放送総局長）を相棒にNHK特集の企画検討の事務局を店開きし、報道、番組制作両局から出される企画を良いの悪いのと言って批評していた。実務はすべて青木に任せ、島は「視聴率は三％（NHK特集の最低視聴率）でも結構。ただし、新しい発想の番組提案に限る」と言い続けていた。そして、週一本だったNHK特集を週二本に、いわば独断で強引に増やした。看板番組のNHK特集を単なる教養番組ではなくジャーナリズムとして位置付けるのが、島の狙いだった。

「当たっているものは、さらに内容を充実して放送回数を増やす」。これはアメリカの放送会社の番組編成の鉄則である。「島さんのアメリカかぶれのやり方が出てきたな。この強面のおじさんも番組の面白さ、魔力にとりつかれたな」と番組制作のベテラン青木は見ていた。
　これは蛇足というべきだろうが、私は島のＮＨＫ特集二本化で大きな影響を受けた。当時、私は報道番組部で「ドキュメンタリー」と「新日本紀行」の制作責任者をしていたが、ＮＨＫ特集が二本になるからといって要員が増えるわけではない。編成が示してきたのは両番組の廃止によってＮＨＫ特集の要員を生み出すというもの。「ドキュメンタリー」は、ＮＨＫ特集の枠で制作することが可能だが、「新日本紀行」は少し性格が異なる。しかも、この番組は富田勲作曲のテーマ音楽が話題を呼ぶなど視聴者だけでなくディレクターの思い入れが深かった。私が記者出身だから「紀行」を廃止するなんてことができたのだと、各方面からさんざんの非難を浴びた。最小限の要員をつけて欲しいと訴える私に、島は「組織管理も碌にできない無能な奴」といった目線で睨み付けるだけで口も利かない。頼りの青木までが、「時代の流れだよ」といって相手にしてくれない。その後も懸案事項として残っていたが、次長・センター長として報道局に復帰した六年後の一九八三（昭和五八）年の番組改定でやっと二人の要員をつけてもらった。あとは地方局の制作力に頼るということで紀行番組「小さな旅」をスタートさせた。肩の荷がおりたという感じだった。この番組はいまも日曜日の朝に放送されている人気番組だが、復活は名ディレクター松井孝治の存在があればこそであった。

　帰国した島にはもう一つ、会長の坂本朝一から特命があった。ＮＨＫにとっては、極めて頭の痛い問題であった。一九八〇年のモスクワ・オリンピックの放送権がテレビ朝日に奪われ身動きできない状況にあったからだ。「何とか事態を打開して欲しい。このままでは公共放送としての面目が立たない」というのが、坂本の要請であった。

テレビ朝日のオリンピック担当は、常務の三浦甲子二であった。三浦は朝日新聞政治部出身で、永田町ではNHKの島、読売新聞の渡邉恒雄と並んで「アクの強い政治記者」として知られていた。もちろん、島とは第一線の記者時代からの顔見知りで、互いに「俺」「お前」と呼び合う仲だった。

それまでのオリンピックは、国内に隈なくネットワークを持つNHKが単独で放送権交渉に当たり、民放各社には要求に応じて映像を配布するという方式がとられてきた。ところが、三浦は「いつまでもNHKの風下に立つのは面白くない」と考え、一九八〇（昭和五五）年開催のモスクワ・オリンピックについて単独で交渉を行い、独占放送権の獲得に成功したのだった。三浦は長年自民党の河野一郎派を担当し、一九五七（昭和三二）年春と一九六一年春の二度の日ソ漁業交渉に河野に同行し、それ以来クレムリン内部に太いパイプを築いていた。オリンピック放送権の独占契約もこの人脈をフル活用した成果といわれている。

テレビ朝日の独占放送権の獲得は、NHKだけでなく他の民放各社にも衝撃を与えた。特に日本テレビの小林與三次社長（当時）らは、「放送界の秩序を乱すもの」と厳しく批判していた。

とにかく三浦に会わなければ話にならない。島は早速電話を入れ、「会いたい」と申し入れた。

「俺のほうはお前さんに会う用事はないぞ。ニューヨークに行ったのではないか。もう帰ってきたのか」

と三浦。

それでも二人で会うことになった。約束の場所に着くなり、いきなり本題に入った。以下のやりとりは、島の自伝の要約である。

「話がここまでこじれた以上、何らかの妥協をすべきでないか」

「そんな必要はない。モスクワ五輪はわれわれの手で放送する」

「どうしても駄目というなら仕方ない。だが、ＮＨＫはもちろんのこと、民放もどこも協力しないぞ」

「結構だ」

しかし、テレビ朝日には決定的な弱点があった。それは当時のテレビ朝日のネットでカバーできるのは、どう見積もっても全国世帯の三分の一程度。残りの世帯は国民的に関心のあるオリンピックが見られない。この問題をどう解決するか。解決策がなければ、テレビ朝日が囂々たる世論の批判を浴びることは火を見るより明らかだ。島はこの点をついた。

「実は、そこなんだ。正直言って困っている。できれば、テレビ朝日のネットのないところだけＮＨＫでやってくれないか」

「そんな勝手な言い分は聞けない。だが、お前さんの苦労も分かる。これまでＮＨＫが民放を軽く見ていたから、こんな事態を招いたんだ。今後は、ＮＨＫと民放協力し合ってやっていこうや」

「分かった。だが、ここまで来てしまった以上、俺も引けない。国会でさんざん嫌味を言われたあげく、世間からは罵詈雑言を浴びせられた。何らかの大義名分をつくってくれないか」

「お前さんの顔が立つような方策を考えよう」

こうして文章にすると、二人の話は淡々とスムースに進んだように見えるが、外圧もあって紆余曲折があり、ここまで辿り着くのに一年以上かかっている。それにテレビ朝日の背後には、朝日新聞があり、日本テレビと密接な関係にある読売新聞との対立という複雑な問題もからんでいた。

テレビ、ラジオの放送権はテレビ朝日が単独で獲得したもの。テレビ朝日が単独でオリンピック放送を行うことは社の決定事項であり、実力者三浦をしても如何ともしがたいことであった。しかも、全国でオリンピックを視聴できない世帯が数多く出ることは承知のうえの決定であった。

一九七八（昭和五三）年十二月の自民党総裁選挙で盟友の大平正芳が大接戦の末、福田赳夫を破り、大平内閣がスタートした。

島は、首相の大平にモスクワ・オリンピックの仲裁の労をとってもらうことにした。一九七九（昭和五四）年の年明け早々三浦と二人で東京世田谷の大平邸に出向いて、大平から、

「三浦君、ここは一つ国家的見地に立って、どうか矛を収めてくれないか」

と話してもらった。時の首相の説得である。さすが強情の三浦も「検討させていただきます」と答えたといわれる。

こうした手続きを踏んだうえで、国会の逓信委員会が三浦を始め各放送局の関係者の意見を聞いたが、テレビ朝日は、「テレビ中継は自分の所で単独で行う」という態度を最後まで崩さなかった。そして最終的にテレビはテレビ朝日、ラジオはNHKに他の民放キー局が加わった「ラジオプール」が担当することで合意した。テレビ朝日はラジオ放送をNHKなどの連合軍に譲ることにしたのだ。

これが島が三浦と一年余りも話し合った成果であった。三浦としては精一杯の譲歩であった。一応、テレビ朝日とその他の放送局の面目が立ったのである。

それにしても一体マスコミとは、どんな世界なのか。ひとたび内部で亀裂、対立が起きるとなかなか調整がつかず、それ仲裁だ、手打ちだということになる。これではヤクザの世界と同じではないか。事実、私らの少し上の世代の記者はわざと無頼を装い、自分たちを〝インテリやくざ〟と自嘲的に呼んでいた。島もどちらかと言えば、若い頃はこのタイプの記者だった。だから、三浦のような一筋縄で行かない人物と丁々発止やり合い、最終的には相手の顔も立てて放送界を揺るがした騒動を解決できたのだという人も少なくない。これも異能のジャーナリスト島の一面である。

ところで、モスクワ五輪事件は、日本の放送界にさらに大きな禍根を残した。放送権料の高騰である。テレビ朝日が、モスクワ・オリンピック委員会に提示した放送権料は、約二七億円。前回の四倍近い金額だった。NHKの金額は一〇億円にも満たず、しかも現地で金額を上積みしようと思っても、その都度、本部や民放他社にお伺いを立てねばならない。まさにお役所仕事である。これでは初めから勝負にならない。二七億円は、どの放送局にとっても想像をはるかに超えた金額である。

今後に対処するため、NHKと民放が共同で放送権料を交渉するため、「ジャパン・プール」がつくられた。NHKの代表は、無論、島桂次。これ以来、オリンピック放送権料の問題を始め、NHKの渉外関係の仕事は実質的に島に任されることになった。これは、同時に自らNHKのために泥をかぶる仕事でもあった。

モスクワ・オリンピックは、開催の二年前の一九七九（昭和五四）年十二月に起きた旧ソビエトのアフガニスタン侵攻で日本を含む西側諸国がほとんどボイコットしたため、日本国民にとってはほとんど関心のないものになった。テレビ朝日は予定していたオリンピック放送時間の八〇％もカットしたといわれる。島は、「一寸先は闇とはよく言ったもの。三浦ジャガイモ（愛称）があのとき、俺が説得したようにテレビもNHKと相乗りでやっていれば、あんなに惨憺たる結果にはならなかっただろう」と冗談交じりで話していた。

島は、一九七八（昭和五三）年七月に報道局の統括次長に戻り、さらに二年後の一九八〇年七月放送総局副総局長・報道局長に昇進した。

島がいかに卓抜たる政治記者であるかを実際に見せつけられたことがある。福田赳夫と大平正芳の間で激しく争われた自民党の総裁選挙を数日後に控えた一九七八（昭和五三）年十一月末のこと、報道局のど真ん中にベニヤ板で仕切っただけの統括次長室に呼ばれた。

用件はすぐ済み、話題は自然、総裁選の行方になった。

「うちの政治部もそうですが、新聞各紙も福田優勢で再選確実みたいな書き方をしていますね」

「みんな嘘っぱちだ。大平の当選は間違いない。国会議員と各都道府県の票を正確に足せばもう大平の票は過半数を超えている。各社の経験不足の政治記者もそれぞれに票読みをしているが、選挙を最終的に左右する深層の票まで読みきっていない。田舎からぽっと出の記者にそこまで取材するというのは無理な注文かもしれないが……」

後で分かったことだが、島の発言は大平・田中連合軍の極秘の情報に基づいていた。「俺は誰にいくら渡ったかも分かっている」とも言っていた。

自民党総選挙は予備選挙の段階で大平の圧勝に終わり、先に述べたように福田は、「天の声にも時には変な声がある」と言って総裁選から下りた。

結果として、ほぼすべての放送、新聞の政治記者の票読みより、島の読みが正しかった。このとき率直に思ったことは、「これは並大抵のことではない。たとえ、派閥（宏池会）の一員と言われようと、ここまで食い込んで正確な情報をいち早くとってくる政治記者としての力は端倪すべからざるものだ」ということだった。その力量は他を圧倒していた。

「NHKに島あり」と世間に知られるようなったのは、一九八一（昭和五六）年二月四日に「ニュースセンター9時」で放送予定のロッキード事件関連のニュースをめぐってであった。編集権を振りかざして一方的に番組のカットを命じたというのだ。「ドン・シマゲジの横暴」「政界の動向を考慮」などと新聞や週刊誌などに書き立てられ、〝島の悪名〟が一挙に広まった。

島の真意は何だったか？ ここでは事実関係を中心に確認できたことをまとめてみよう。

タイトルは、「ロッキード事件五年――田中角栄の光と影」。二部構成で、一部は主に社会部が担当しロッキード事件が表面化してから裁判で山場を迎えた丸紅ルートまでの五年間の軌跡を検証した。二部は政治部の担当で、田中が復権し田中派がますます拡大している実情を大勢の国会議員で賑わう田中派の新年会などの映像やインタビューで構成したもの。田中派を代表して山下元利、渡部恒三がインタビューに応じ、「田中派所属の国会議員が増えているのは世の中が田中先生の政治力に期待している証拠」などと述べている。これに対し、批判派は、元首相の三木武夫が「ロッキード事件は簡単に風化させてはならない。政治の腐敗は世の乱れのもとだ。政治倫理を確立させることが重要だ」と語った。合わせて一五分ほどの企画ニュースであった。

放送の数日前の次長会では、島は「ロッキード事件を何周年というので取り上げるのは適切ではないのではないか。田中派の動きにしても世間周知の出来事で新味がない。やるなら一五分なんてけちなことをいわずにNHK特集でどんとやったらどうか」と発言した。しかし、「中止しろ」とまでは言っていない。番組担当次長の荻野吉和は個別に島に会って、NC9の「ロッキード五年企画ニュース」の構成・内容を説明し、原則的な了承は得ていたといわれる。

放送日当日の正午のニュースが終わった後の定例の編集会議で、NC9の担当部長が当日の放送項目の予定表を配ると、島は「まだやる気か。五つ子じゃあるまいし五周年なんて何の意味もない」と発言したが、出席メンバーは聞き流し企画は承認されたものと受け止めた。

ところが、昼の編集会議が終わって一時間も経たない午後二時前、島は突如、局次長と社会、政治、経済三部長に報道局長室に集まるよう招集をかけた。

島は、まずこう述べた。

「昼の編集会議にはポスト長でない者も加わっているので言わなかったが、俺はNC9のロッキード・ニュースの放送に反対だ。今夜の放送は中止したい。理由は、ロッキード事件から五年だからやるというのは納得できない。大きな特ダネでもあれば別だが、構成表を見る限り特段新しい内容はない。それなのにいまなぜ一五分もの時間を使ってロッキード事件を取り上げなければならないのか。諸君の意見を聞かせて欲しい」

島の突然の変心に全員が驚いた。

林雅夫、玉木存、岩崎正胤、荻野吉和、並河暢、村越昇、立馬千年の各次長は、当初は発言せず、政治部長の河崎齊、社会部長の河原孝美、経済部長の成田正路が、即座に「ロッキード事件の放送中止は納得できない」と反論した。

特に、番組制作に直接関わっている政治部長、社会部長は、「この特集は通常の番組提案の手続きを経て制作、放送が決まったもので、いまの段階で局長が中止に方針を変更するのはなぜか。何か圧力か指示があったのか。納得のできる説明をして欲しい」と厳しく追及した。

これに対し島は、「俺は前々からこんなチャチなものはやるなと言ってきた。やるならNHK特集を使って一時間でも二時間でもやれと言ってきた。その場合は、検察提供の情報に頼るだけでなく、記者が自分の目と耳で集めた独自の情報を基に事件の深層に迫る番組をつくって欲しいのだ。圧力も指示もない。すべて俺の判断だ」と怒鳴りつけるような調子で答えた。

拡大次長会は小休止を入れて断続的に続けられた。島としては、ロッキード特集の中止は局長の独断ではなく拡大次長会の合意としたかったようだが、社会、政治、経済の出稿三部の部長は一貫して「局長の説明には納得できない」と反対した。

中でも、社会部長の河原は、「ロッキード事件は丸紅ルートの裁判で解明が進みいま大きな山場を迎えている。局長の放送中止の業務命令は筋が通らない。何としても放送したいというのが社会部の総意です」とまで言い切った。河原は私も社会部時代に指導を受けた先輩でよく知っているが、派手ではないが温和で部下の信頼も厚い。だが、芯は強く、こうと思ったら安易な妥協はしない人物である。

こうした激しい応酬の間にも、しばしば島の卓上の電話が鳴り、島はその都度、席を立って応対した。出席者が聞くともなく聞いていると、副会長の中塚昌胤や放送総局長の田中武志かららしく、「きちっとやっている。まかせてくれ」などと答えていたという。わざとみんなに聞かせるために大声で話していたのではないかという人もいる。「島さん一流の演技だな」と批判的な次長もいた。

しかし、島は、終始一貫、

「放送中止の判断は、報道局長の編集権に基づくものであり、誰かの指示を受けたものではない。まして外部の圧力なんてない。そんなものがあれば俺がぶっ潰す。いまこの内容で流すのが不適当ということだ」

という答えを通した。

ＮＨＫの放送の編集権は会長にある。しかし、実際には放送総局長に委譲され、報道に関しては報道局長が事実上の編集権を持つわけだ。さらに、政治、社会、経済など各部長が、それぞれの範囲内で分掌し、日常の業務を進めている。だから、建前的には報道局長が「ダメ」と言えば、部長以下の現場はそれに従わざるを得ない。

しかし、今回のロッキード問題の場合、島の変心はあまりにも唐突であり、出席者の誰もが「ウラがあるのでは」と思ったという。だが、島はあくまで自分の判断であるという態度は崩さなかった。

さすがの島も、社会部長の河原の抵抗にはほとほと手を焼いていた。何回目かの小休止のとき、次長の並河が「ロッキード裁判の部分だけ放送することにしたらどうか」と耳打ちした。「うん、それでいいだろう」。

再開された次長会で、島は「これが最終判断だ」と前置きして、次のように述べた。

「ロッキード裁判の部分はやってもいいが、政治家へのインタビューはカットせよ。ただし、政治的部分はいまではなく裁判の結果が出たときに思いのままやったらよかろう」

このときまでに、七人の次長は編集権に基づく局長判断だから多少強引でも支持せざるを得まいという考えに傾いていたので、局長判断を受け入れた。最後まで納得できないと主張した政治部長の河崎は個人的には反対だが局長を補佐する立場である以上局長に従わざるを得ないとして政治関係部分の放送中止を受け入れた。経済部長も同意した。社会部長は反対の立場を貫き同意しなかったといわれる。

東京渋谷南平台の三木元首相の家には、政治部長河崎が訪ねインタビューの放送中止を伝えようとしたが、三木は激怒し「放送を中止させた責任者の島が来るべきだ」と言って会おうともしなかった。

「ニュースセンター9時」（NC9）の現場に、この決定が知らされたのは、放送三時間前の午後六時頃であった。当然、現場は騒然とした。局長命令で通常の提案ルートで承認されていた番組がカットされたのだ。かつてないことだ。

ＮＣ９の放送が終わると、社会、政治・経済、報道番組等の関係各部で、労使交渉が開かれ、局長の放送中止（カット）命令を受け入れた部長への抗議と責任追及が始まった。

組合側の主張は、「突然の放送中止、番組カットの理由は何か」「なぜ局長の判断を受け入れたか」「外部からの圧力はなかったか」などに集中した。部長自身、納得していないものを組合員に納得できるように説明できるわけがない。島の次長会での発言を繰り返すだけだった。

事件から二日後の二月六日朝日新聞が「ＮＨＫ、三木元首相のインタビューを放送直前にカット」と社会面で大きく報じた。これで事件は内外に大きく知れわたった。週刊誌なども興味本位に取り上げた。いずれも番組カットの元凶として島桂次を厳しく批判していた。報道局内には、島を糾弾するビラが貼り出され、「島局長は辞任せよ」のシュプレヒコールが繰り返された。

一方、社会、政治、経済の取材三部の非組合員である管理職デスクから局長の真意を聞きたいと申し入れがあり、局長とデスクとの話し合いが持たれた。

デスクたちは、ある意味では部長や組合員に比べて、より先鋭的であり、島の番組カットを厳しく追及した。

これに対し、島はこれまでも繰り返した通りいっぺんの答えをした後、こう反論したという。

「君らも出稿された原稿がお粗末だったら、没にしたり削ったりするだろう。それと同じだ。内容が相応しくないので、カットを命じたのだ。これは報道局長の編集権にかかわる私の判断であり、経営の判断だ。君らがとやかく言う問題ではない」

報道局内の混乱はその後も続いたが、島批判で一致していた各部の足並みも次第に乱れてきた。私自身は当時NHK特集制作班のチーフプロデューサーで事件の直接の当事者ではなかった。「島さん、また編集権を振りかざして横車を押しているな。とても賛同できることではない」と思っていたが、われわれ当事者でない末端管理職にことの詳細は伝えられない。ただ、推移を見守っているだけ、日和見と批判されても致し方ない立場だった。

事件発生から十日ほど経った頃、島は事態を収拾するための「報道局長見解」を示した。庶務担当次長の村越昇が、情勢分析と各方面の意見を密かに聞いて苦心してまとめたものだ。島はざっと目を通すと、「いいだろう」と一言。

それは次のような骨子である。

「今回の事態を招いた責任はあげて協会側にある。先の報道局長判断は責任ある対応をしたいと願ったものだが、これに厳しい批判があることは認識しており、現在の事態の中で考えれば他の判断があったとも考えられる」「ロッキード事件の矮小化・風化は毛頭考えておらず、指摘を受けた基本姿勢は、肝に銘じて広く経営全般の問題として受けとめ職責を果たしていく」

この報道局長見解を機に、一部の管理職デスクに決着反対の声はあったものの、大勢は見解の反省の趣旨を受け入れ、事態は急速に収束に向かった。後には、島に対する悪評だけが残った。「理不尽な独裁者」、「横暴で柔軟性がなく報道局長に相応しくない男」、さらには「政府・与党の飼い犬」というのまであった。島は、専ら屈辱に耐えた。こうした非難を受けることは、島にとって〝想定内の出来事〟だったからだ。

なぜか？　それを読み解く鍵は、島が昼の編集会議が終わってから一時間弱でどういう行動をとったかに示されている。

編集会議を終わって午後一時頃、報道局長室に戻った島は、すぐ卓上電話を手にして副会長の中塚昌胤に連絡した。

「いま編集会議が終わり、今夜のNC9でロッキード事件関係の特集を一五分ほどやることになりました。田中派の膨張・拡大も一部扱っているが、バランスの取れた構成になっており問題はありません。NHKの予算が審議されるあすの自民党の総務会で話題になることはないと思いますが、後で二階堂（幹事長）に電話をして釘をさしておきます。会長にも宜しく伝えてください。朝刊のテレビ欄にも出ていますのでご存じだと思いますが、念のため、お耳に入れておきます」

一〇分も経たないうちに、中塚から電話が入った。独特の関西弁である。

「島君か、いま会長室や。坂本会長に説明したんやが、会長はあすの自民党総務会を前に、今夜ロッキード事件の特集をやるのはまずいと言われるんや。去年の総務会でNHKの報道姿勢をめぐってつるし上げにあったのが、よっぽど身にしみておられるんやろ。何とか今夜の放送を中止してもらえんやろか」

「ロッキード特集は通常の提案ルートで採択されたものですし、内容も心配されるようなものではありません。放送中止は無理です。あす総務会で万一何か問題が起きれば、私が責任を持って処理します」

しばらくすると、また電話が鳴った。今度は会長の坂本自身からであった。

「島さん、あなたもご存じのように何が起こってもおかしくないのが、自民党総務会です。今夜のNC9でのロッキード特集はあまりにも刺激的です。何としても中止して頂きたい。これは会長の業務命令と受け取っていただいて結構です」

「ちょっと待ってください。その前に電話を副会長に代わって頂けませんか」

すぐに中塚が出てきた。

「副会長、あんたの意見はどうなんです。いまから中止なんてことになると、世の中は大騒ぎになりますよ」

「それは分かっとる。だから君に頼んどるんだ。わしも会長と同意見だ」

島は、即断即決の人である。この短い会話の中で思い切ったバクチを打つ決心をした。

「分かりました。経営ではなくすべて私の責任ということでやりましょう。ただ、一つ条件があります。『それは経営と日放労の緊密な関係を完全に切ることです』。私は委員長を長く務めた上田哲君との個人的な関係を断てなんてちゃちなことを言っているわけではありません。そもそも自民党総務会が問題にしているのも経営と組合の癒着がその一端ではありませんか。放送ジャーナリズムを確立するためにはどうしても必要なことです。放送ジャーナリズムは新聞ジャーナリズムとは違います。ましてNHKは公共放送です。どの政党、団体との距離は公正であるべきです。特定の政党、団体に偏るなんてことはあってはならないことです。この際、上田日放労との特殊な関係を断つという決断をして下さい。言うまでもないことですが、政府・与党との関係にしろ、是は是として取り上げるが、不当なものは断固拒否するという態度を貫くべきです。

大事な問題ですから時間がかかると思いますが、会長とよくご相談の上、結論が出たら連絡してください」

一〇分も経たないうちに、島の卓上電話のベルが鳴り響いた。中塚からだ。

「君の提案を全面的に受け入れる。今後、組合との特殊な関係は断つことを約束する。会長に代わる」

「坂本です。私も副会長と同意見です。約束は守ります。今夜のNC9のロッキード特集の放送中止の件は宜しく」

「分かりました。後は私にお任せ下さい。報道局長としての責任ですべて処理します。いままでのことは一切秘密に願います。外に漏れますと、とんでもないことになりかねませんから」

これが昼の報道編集会議が終わってから一時間弱の間に島がとった行動である。そして島の〝変心〟の理由でもある。

島は即座に拡大次長会開催を指示した。その経過は、先に述べたとおりである。島自身のNC9のロッキード事件五周年特集の評価は、新味がなく内容に不満はあるものの、〝ボツ〟にするほどのことはないというものだった。ところが坂本会長、中塚副会長から、「どうしても放送を中止して欲しい」と頼まれ、「それでも駄目なら、放送の編集権を持つ会長の業務命令にする」とまで言われ、渋々受け入れたのだ。

三木（元首相）発言カット事件として広く知られるようになった「NHKロッキード事件」は、政治など外部の圧力によって起きたのではない。確かにその頃、二階堂自民党幹事長は、ごく一般的に「マスコミがロッキードでまた騒いでいる。俺は頭に来てるんだ」と口癖のように言っていた。が、この事件の前日、坂本会長が国会内で二階堂に会った際、ロッキード報道でNHKに具体的な注文をつけた事実はない。具体的な圧力も注文もないのに、放送中止の業務命令を出したのは、会長、副会長という経営トップの政治に対する自信のなさの表れに他ならない。それが過度な〝自己規制〟という措置に繋がったのだ。これが事の〝真相〟である。なんとも情けない話ではないか。もし自民党総務会などで、質問を受けても、「ロッキード事件は国民の関心事であり、制作に当たってもバランスを考え、多様な見方を提示しています」と堂々と答えればよいと思うのだが、それができない。

放送中止は業務命令といわれ、説得しても無駄と判断して、島はすべてのドロをかぶる決意をしたのだ。だが島のこと、転んでもただでは起きない。ちゃんと代価を獲得している。

第一は、人事を含む経営課題の一つひとつに口を挟むようになった上田日放労とこの際、きっぱりと手を切らせる確約を経営のトップである会長、副会長から取りつけたこと。

第二は、放送ジャーナリズムの確立に向けて具体的に動き出したこと。アメリカでは、放送ジャーナリズムが新聞とは異なる独自の世界を築き、その影響力を考慮し中道の路線を堅持している。

これに対し、NHKのニュースはやや左に偏っている。日放労の影響が大きいが、島の表現をそのまま使えば、一部跳ね返りの管理職デスクのせいもある。彼らは反権力を標榜し正義の味方を気取って奇麗事だけを主張する。そして、時にこれは左翼政党（団体）の広報原稿ではないかと思われるものを平気で放送している。これがまた政府・与党のNHK攻撃の材料になっている。不当な介入の口実を与えないためにもそんな芽は早く摘んでおくに限る。跳ね返りの管理職デスクらは、口を開けば「ジャーナリズム性の確保」と言うが、現代のジャーナリズム精神はそんな単純なものではない。国民は偏りのない多様な情報を求めている。また、NHKには、放送法で政治と嫌でも関係を持ち、政治家の声に耳を傾けざるを得ない宿命もある。反権力一本槍で行けるわけがないではないか、というのがリアリスト島の考えであった。

日本でも、一日も早くアメリカのような放送ジャーナリズムの体制を確立する。そのためには公共放送として自主的でバランスの取れた中道路線に戻すことが何としても必要だ。日放労の影響を受けた職員や跳ね返り管理職デスクに「島報道体制はいままでとは違うぞ」と思わせるショック効果、揺さぶりをかけることも今回の狙いの一つだ。現場に圧力をかけたのだ。

第三は、「毒をもって毒を制する」という禁じ手をあえて使ったことだ。ロッキード事件の一部放送中止という自民党寄りの「偏向」で、労働組合の放送介入という「より大きな偏向」を排除しようとしたのだ。これはジャーナリストとしての枠を外れた行為、判断である。評価が大きく分かれる島ならではの決断である。

島の行動、決断には、必ず彼なりの戦略、戦術の裏付けがある。だが説明する親切心がないためか、あまり知られることがない。これもその一例だろう。

いずれにしろ、島の頭にあるのはNHK改革である。これでまた一つ改革の橋頭堡ができたことは間違いない。

ところで、「NHKロッキード事件」を島桂次の〝自作自演〟だと指摘する人もいる。そもそも島が副会長の中塚昌胤に連絡をしなければ、この問題に火は点かなかった。連絡をすれば、前年の受信料値上げ予算を審議した自民党総務会でNHK報道の偏向をめぐってさんざんなつるし上げをくった経験を持つ会長の坂本朝一と中塚はあたふたして〝火消し〟を頼んで来るだろう。日放労との関係断絶を条件に、たとえ強引な手法を使ってもNC9のロッキード特集の放送を中止させる。その代わり、ドロはすべて島がかぶる。これらは、すべて島の計算済みのことであり、島はその線に沿って行動した。とすれば、会長、副会長は島が書いた脚本に従って島の掌の上で踊ったことになる。十分あり得ることだと思う。島の確証はないが、騒動を振り返ってみると、周囲はほぼ島の思惑どおりに動いていることが分かる。島の標的になった上田哲は、この事件に加えて個人的なスキャンダルを週刊誌が連載したこともあって、日放労と協会経営に対する影響力を急速に失って行った。

当時、政治部長で苦労した河崎齊は、こんな話をしてくれた。ロッキード事件の騒動が一段落して一カ月ほど経ったころ、副会長の中塚昌胤に会いに行った。中塚と河崎は、いずれも日放労の元中枢幹部である。

「本当に上田哲から島桂次に馬を乗り換えたのですか」

「そうだ、俺は島に乗った。それが時代の流れだ」

「そうですか。島さんは哲ちゃんより複雑で難しい人ですよ。引きずり回されないようにして下さい」

河崎が懸念したのは、中塚が島に使い捨てにされることだった。中塚は坂本の後の会長を目指したが、島は歯牙にもかけなかったといわれる。河崎の懸念が的中したのだ。

同年七月六日に管理職、二十八日には組合員である一般職の人事異動が発表された。規模は例年並みで異動方針はいつもと変わりないと説明された。

しかし報道局では、組合活動家およびシンパの何名かが現場から管理部門などに移された。管理職も、NC9ロッキード事件で放送中止の局長判断に反対した部長全員が他部に移り、撤回を求めて活発に活動したデスクからも異動の対象者が出た。現場にとって、かけがえのない人物も含まれていた。

管理職異動発表の翌日、読売新聞は朝刊で、「上田派一掃」の見出しを掲げたが、報道局内では一部管理職デスクが、「シマゲジの報復人事」とか管理職異動の発表日が月曜日であったことから「月曜日の大虐殺」と言い募って騒ぎ立てた。ついには「NHK報道が死んだ日」とまで喧伝したが、多くの管理職、一般職員の支持は得られず、人事は例年どおり淡々と行われた。

日放労委員長の須藤安三、書記長奥田良殷は、「不当な人事である」と会長の坂本朝一に面会を求めたが、断られた。そのまま会長室前でハンストに入ったが、何の具体的成果も得られなかった。

ここでも、一方的な報復人事をした張本人ということで島の悪評だけが残った。

島はのちにこの人事異動についてこう語った。

「自分一人が悪評をかぶることで、労使の関係が正常化するならそれでよいと思っていた。だが人事をやったことがある者なら分かっていることだが、局長といっても実際にやるのは局次長、主な部長クラスまでで、それ以下は聞かれれば意見は言う程度だ。まして、一般職の人事に口出しすることはほとんどない。人事担当の次長が各部長や人事当局と相談しながらやる。無論、報道局の人事は自分の管轄下にあるわけだが、二重、三重のチェックがあり、局長の思いのままになるものではない。このときの人事は、労使関係正常化のため、組合活動家を現場から外すというのが経営の方針だった。その仕掛け人が自分であると言われればそれまでだが……」

またロッキード関連の〝NC9カット事件〟を島自身どう見ていたか退職後の島に直接訊いてみたことがある。島は下を向いてしばらく考えていたが、やがて顔をあげると一気に次のように話した。

「現職首相の田中が、ロッキード社から五億円を受け取ったことは犯罪である。これは疑いようがない。カネを受け取った直後の一九七四（昭和四九）年夏に参院選が行われた。未曾有の金権選挙といわれた選挙で、田中はロッキード社からの分も含め約一八〇億円を集め、各派閥に配った。三木派にもかなりのカネが渡ったはずだ。それなのに三木はそのことはあたかもなかったかのように、『ロッキード事件を風化させてはならない』などと奇麗事だけを言う。三木が事件の徹底解明など本当は望んでいないことを自分は知っていた。そんな発言はとても番組では使えないと思ったのが直接の理由だ」

「それにロッキード社の対日工作は、田中だけにとどまらない大きな構図を持っている。ロッキード社は昭和三十年代から自衛隊のバッジシステムを始めとする全装備を独占しようと目論み、児玉誉士夫をエージェントにし、当時から五億円、一〇億円の工作費を出していたという。それを政界でコーディネートしていたのが大野伴睦と河野一郎とそれにつながる一派だといわれる。どれだけロッキード社と深い関係にあったか、実際にどの程度のカネの授受があったかどうかまでは知らない。だが、このことは古手の自民党議員の間では常識だった」

「ＮＨＫを含め日本のマスコミは、その事実を深く取材しようとはせず、もっぱら検察のリークする情報だけを追い続けている。検察は自分に都合のいい情報しかリークしないというのにである。この構図の全容解明を検察に期待しても無駄である。

それができるのはジャーナリズム以外にあり得ない。検事の自宅を毎晩夜回りする時間があったら、事件関係者に直接当たれ、と言いたいのだ。だが、それを誰もしようとしない。それが自分の個人的体験からも、どうしても許せないのだ」

「だから、ＮＣ９でロッキード事件五周年の特別企画をするなら、こうした事件の〝深層〟に迫るのはもちろん、なぜ田中が逮捕されたのか、その背後の政治状況まで踏み込んで欲しかったのだ」

ここには島自身の体験に基づく取材理念が投影されている。政治家と検察官は自分に都合のいいことしか話さない。事件の深層に迫るには、こつこつ足で稼ぎ当事者に直接当たる以外にない。そうした観点から、既述のとおり島は立花隆のリポート「田中角栄研究」を高く評価していた。

こうした考えを島が十分説明しなかったことが、ＮＣ９ロッキード特集カット事件をより複雑化させた一因と思うがどうだろう。

さて、本題に戻ろう。ロッキード特集カット事件をめぐる一連の言動で島に対する悪評は高まったが、その一方で、報道局内だけでなくNHKの内外で島の存在感が一段と高まったことは事実だ。

だが、こんな見方もある。政治部長から整理部長に異動になった河崎齊（のち仙台放送局長）の意見だ。

「島さんの破壊力、実行力は凄い。まるで旋風で、後に何も残らない。確かに労使の癒着は非難されても仕方がないが、労使が向き合い重要課題について論議する。それが相互に緊張関係を生み、組織の活力を生み出す。島さんは組合組織をズタズタにし、経営との間の正常な関係の基盤をも壊してしまった。それがいまも続くNHKという組織の弱体化の一因になっているのではないか」

傾聴に値する意見だと思うが、どうだろう。島は政治部長としてではなく別の意味で、河崎の能力を高く買っていた。それについては、また後で述べる。

NHKという組織の大きな障害になっていた労働組合の問題が、一応ケリがついたいま、次は経営トップをどうするかという課題が残った。その頃、経営委員長の吉武信から会いたいと島に連絡があった。吉武は朝日新聞の出身で政治記者の大先輩である。無論、面識はある。坂本朝一会長の任期は、一九八二（昭和五七）年七月に切れる。

吉武は、次のように語った。

「本人には三選の意向があるようだが、永田町の情報では一部国会議員に振り回され、会長として言うべきことも言えないようだ。

私の前の経営委員長の原俊之氏（元九州大学教授）は、考え方がリベラルすぎるということで、自民党逓信族のボスの総攻撃に会い委員長にもかかわらず経営委員に再任されなかった。僕は別に自分が保守派だとは思っていない。保守、革新を問わず言うべきことは言うつもりだ。会長もそういうタイプの人を選びたい。君に聞くのは筋ではないと思うが、他に適当な知り合いもいないので君の率直な意見を聞かせて欲しい」

島は、ＮＣ９ロッキード事件の真相をざっと説明した後、こう続けた。

「委員長の意見に全面的に賛成です。坂本三選はありえないと思います。それに中塚副会長が意欲を燃やしていますが、いままで上田哲、長澤泰治（ＮＨＫサービスセンター理事長）、中塚のいわゆるＵＮＮラインで労使癒着路線をとってきたことは許されることではありません。これが自民党のＮＨＫ批判派につけ込む口実を与えたからです」

「それでは誰か適当な会長候補はいるのかね」と吉武。

「それは経営委員会でお決めになること。私ごときがとやかく言うことではありません。あえておっしゃるなら、いずれも記者のＯＢですが、藤根井和夫（当時、日本放送出版協会社長）、堀四志男（当時、ＮＨＫ文化センター社長）、川原正人（当時、ＮＨＫ美術センター社長）がよいと思います」

島の意見に吉武経営委員長が影響を受けたかどうかは分からない。

だが、同年七月三日、川原正人が会長に就任した。何人かの候補者のうち、川原の生真面目で筋を通す人柄を買った経営委員が多かったといわれる。

これは島の悪い癖なのだが、川原が会長になると「俺が川原を会長にしてやった」とあちこちで吹聴した。退職した後ならともかく、現職中である。なぜこんなことを吹聴するのか。自分の力を誇示するためか。島の実力ならすでに万人が認めているではないか。これでは、いたずらに関係者の反感をあおり、新たな敵をつくるだけだ。

しかも川原の会長選出は、吉武委員長が中心になり、経営委員会の正規の手続きを経て行われている。先に見たように、島は吉武の求めに応じて、川原を候補者の一人として推薦したに過ぎない。

時の首相は、島の最も親しい政治家鈴木善幸であり、組閣の際には鈴木の右隣りに陣取って閣僚名簿を前に「これはいい」「あれは駄目だ」と大声を張り上げていたといわれるほどの仲である。NHKの報道局長が閣僚の任命を左右する。「鈴木首相に対するアドバイスは長年の友情に基づくものであり、報道局長としての立場と峻別していた」と島は言うが、常識的に言ってもこれでは世間に対して説得力を持たないだろう。

NC9ロッキード特集カット事件にしても、「島が自民党の意を体して労働組合弱体化のために強引に行ったもの。島は自民党のエージェントだ」という見方が出てくる所以だ。だが、どんな権力者の要請があっても、自分が納得しなければ実行しないというのが島の行動哲学である。「どこの圧力もない。あくまで自分の判断で行った」という島の発言は信じてもよいだろう。

島の行動は複雑であり、しばしば評価が分かれる。〝不偏不党〟を旨とする公共放送NHK報道の責任者として、その行動力、決断力を高く評価する意見がある一方、時の最高権力者にそんなに近くて政府・自民党と適正な距離をとった公正な報道ができるかという批判がついてまわったのも事実だ。

晩年に至るまでおそらく唯一人島に直言した同期入局の玉木存（のち経済部長、NHK情報サービス社

長）は、

「島には仕事の実行力、先見性とは別に、他人には理解できない思い込み、すべてを独り占めにしたいという子供じみた権力欲、虚言癖があった。仲間内では〝ご愛嬌〟だが、外から見れば脇の甘さだ。島がやってきたことは大筋では間違っていない。しかし、言わずもがなのことを言い、肝心なことを言わないことがしばしばあった。本人にはそれなりの理由があっただろうが、これが後の命取りの発言に繋がっていく」

とコメントしている。

島桂次は、同年七月、新会長の川原正人によって理事に任命された。いよいよＮＨＫ経営陣の一員になったのである。島には老朽化し暗礁に乗り上げている〝ＮＨＫ丸〟にどう対処するかという大問題が待ち受けていた。

報道局長の後任には、ヨーロッパ総局長の磯村尚徳がなった。報道局内では、局次長としてロッキード事件などで苦労した玉木存の呼び声が高く、磯村は大型番組の看板キャスターとしての期待が高かった。なぜ磯村を選んだのか。島はポツリこう言った。

「玉木には欲がなかった。磯村はこのポストが勝負。次への試金石だ」。見るべきところはきちっと見ていたのだ。

# 第七章　壊しながら創る——改革なくして生存なし！

島桂次という人物は、常に時代の先端を見ていた。関心は、現在および未来、その時々に自分が取り組むべき目標を定めていた。従って過去には執着を持たず、必要なものは消化して自分のものとしていた。「君子豹変」は当たり前。「自分の視点、座標軸を素早く変えなければ、とてもじゃないがいまの激動の時代についていけない」が島の口癖だった。

関心の対象は、ＮＨＫと政治、四六時中そのことを考えていた。政治のほうは、大平正芳の急死という無念の出来事はあったが、自分が担当する自民党の有力派閥宏池会から大平に続いて鈴木善幸と二代続けて首相になった。「影の官房長官」、「永田町のエージェント」などと言われたが、政治記者としての目標は一応達成した。政治記者としての活動は続けるが、ＮＨＫの理事に任命された以上、今後はＮＨＫの仕事のほうに重点を移す。これが一九八二（昭和五七）年七月に島が理事に任命されたときに固めた決意であった。

世界の時流の中にＮＨＫを置いてみると、その組織、経営は余りにも時代後れである。この状態を続ければ、遠からずＮＨＫは国民からそっぽを向かれ経営が立ち行かなくなる。「いま思い切った改革をしなければ、NHKは生き残れない」という強烈な〝危機意識〟を島は持っていた。

島桂次は理事になってから、専務理事、副会長を経て会長になり、一九九一年に退職するまでの約十年間NHKの経営を担った。

この時期、日本経済は最も力強く躍進し、世界経済を牽引する〝機関車〟とさえ呼ばれた。また、情報技術（IT）の進歩でヒト、モノ、カネ、情報が国境を越えて自由に飛び交うグローバル化が急速に進んだ時代でもあった。本格的な情報社会の到来である。国際政治の面では、東欧諸国の民主化革命に続いてソビエトが崩壊し、第二次世界大戦後の東西冷戦構造が終止符を打つという激動期を迎えていた。冷戦構造の終結には、国境を越えて入ってくる西側のテレビ電波が東欧諸国の変革の起爆剤になったといわれた。

また、一九八〇年代は、アメリカのレーガン大統領、イギリスのサッチャー首相が、レーガノミックス、サッチャリズムと呼ばれる新自由主義を唱え、規制緩和、自由化政策を推進した。市場競争力を重視し、公的部門の民営化を進めた。国（公）営が主体だったヨーロッパ諸国の放送も分割、新会社の設立などで商業放送がスタートした。アメリカでは、経営の統合、合併が盛んに行われ、メディア・ジャイアントが次々に生まれた。ABC、NBC、CBSの三大ネットワークも買収され、合併会社の一部門になった。テレビ界に革命をもたらしたニュース専門チャンネルCNN（ケーブル・ニュース・ネットワーク）がテッド・ターナーによって設立されたのも一九八〇年であった。まさに、欧米ではケーブル・テレビ（CATV）と衛星放送を中心に多メディア・多チャンネル時代に突入し、激烈な生存競争を展開している。

これに対し、日本の実情はどうか。地殻変動が世界的規模で起きているのに、日本のメディアは「みんなで渡れば怖くない」とばかりに相変わらず郵政省（総務省）の主導のもと〝護送船団方式〟の旧態依然たる経営を続けている。放送、新聞も官庁、政治家も、ニューメディア時代にどう対処するか、真剣に考えていない。「これでいいのか」というのが島の〝危機意識〟の原点にあった。それが島にとって「俺がやらねば」という強烈な使命感になった。

公共放送NHKは、国民が支払う受信料によって支えられている。受信料収入がほとんどを占めるNHKの予算は計上したその年度内に使い切る単年度主義（現在は次年度繰り越しが認められている）。業務の拡大や制作費、人件費の上昇で、三年から五年で収支が赤字になると、その都度、国会に受信料の値上げを認めてもらう。それが政治介入を許す大きな要因になっているわけだが、極端に言えば、NHKの役員には経営力は必要なく、入ってくる受信料をどう使うかという管理力さえあればよかった。

こうした仕組みがNHKは受信料、民間放送はコマーシャル収入という棲み分けを生み、地上波テレビの時代になっても続いていた。そこには失敗しても責任をとらない事なかれの官僚主義がはびこる。NHKの中には、この時代を波風の立たなかった「古きよき時代」という人も少なくない。（この時代については、長澤泰治『NHKと共に七〇年』（藤原書店）に詳しい）

だが、時代は変わった。多メディア・多チャンネルのニューメディアの時代である。アメリカでは、ケーブル・テレビ、通信衛星放送の普及でチャンネル数は一挙に数百に増えた。その大波は容赦なく日本にも押し寄せる。それこそ電波がシャワーのように空から降ってくるのだ。当然、その中には見たい番組にだけ料金を支払うペイ・テレビも数多く含まれる。

こうしたメディア環境の中で、「見ても見なくても料金を取られる受信料制度をこれまでとおり維持することが難しくなることは、小学生でも分かること」と島は言う。そもそも受信料制度の根拠になっている「放送法」は、テレビがまだないラジオ時代の一九五〇（昭和二五）年にできたもの。その後、必要に応じて何度か改定が行われたが、その主眼はあくまで「限られた電波を配分して放送の認可を与え、監督官庁の手で業界の秩序を守ること」である。

多メディア・多チャンネル時代は、まさに従来の〝秩序を破壊する時代〟の始まりである。いまの「放送法」は新しい事業の展開を妨げることになりかねない。時代後れの法律であり、これに基づいて事業運営をしているNHKも完全に後れている。新しい放送法をつくり、自由に事業展開のできる環境をつくることが不可欠だ。

「多メディア・多チャンネル時代の公共放送はいかにあるべきか」を早急に検討し、大胆な改革を実現する。「それなくして、NHKは新しい時代に生き延びることはできない」が島の持論だ。

理事になった島の直接の担当は、ニューメディア、報道の他、特命の渉外であった。時代に適合した組織改革をどう進めるかと並んで、島のもうひとつの関心事は、国際化、グローバル化にどう対応するかであった。

日本は世界に冠たる経済大国である。これに対し、情報に関しては発信力の弱い「情報小国」である。圧倒的な輸入超過であり、情報輸入を一〇〇とすれば、輸出は三％程度に過ぎない。島の危惧は、このままでは「世界の情報はアメリカ、ヨーロッパのごく少数の企業によって支配され、日本やアジアの人びとは否応なく彼らの価値観で切り取ったニュースを見せられることになる」というものであった。日本やアジアのジャーナリストが切り取ったアジア情報をどのようにして世界に向けて発信するか。それは日本人、アジアの国々の人びとが何に喜びを感じ、何に悩み、何を考え、どんな暮らしをし、どういうことを望んでいるかなど、本当の姿を地球上の他の地域に住む人に理解してもらうことでもあった。

島は、アジアを始め、アメリカ、ヨーロッパ、アラブ諸国などの主要な放送局の首脳と会談を重ね、メディアの最先端の動向を探るとともに、「いま人びとが求めているのはそれぞれの国を反映した多様な物の見方である。あなたの放送局と友好・協力関係を深めたい」と提案した。島が在任中に訪れた国は約五〇カ国、放送機関は八〇を超えた。どこも異論があろうはずはない。このうち、二五前後の放送機関とは実際に番組・ニュース素材の提供などを含む「協力協定」を交わした。世界各地の有力な放送機関に人脈ができ、島は自分なりに放送人のネットワークを築き上げて行った。また、このときの話し合いがその後のGNN（グローバル・ニュース・ネットワーク）構想のヒントになったといわれる。この点については、後で詳しく述べる。

国営ルーマニア放送、放送協力協定締結パーティ。中央、島（1987年）。

島は、役員会などで組織の抜本改革の必要性を叫んでいたが、NHKは相変わらず親方日の丸の放漫経営を続けていた。テレビが飽和状態で受信料収入が頭打ちになっているにもかかわらず、合理化に有効な手を打てず、設備投資などに莫大な金をかけていた。予算不足を補うため、NHKは一九七六年、一九八〇年に続いて一九八四年と四年ごとに受信料を値上げせざるを得なくなり、国会や世論の批判が高まった。

会長の川原は、一九八四（昭和五九）年の値上げに当たって、九〇年までに要員を一五〇〇〇人削減して一万五〇〇〇人体制にするなどを骨子とする合理化案を初めて打ち出した。しかし、その後も事業は拡大する一方で、赤字体質は一向に改善しなかった。

一九八五（昭和六〇）年七月、島は専務理事に昇格した。この頃から、島の役員会での発言力が急速に強まった。島の主張する改革の必要性が、川原を始め役員の間に次第に浸透してきたからである。

一九八四（昭和五九）年一月、放送衛星BS‐2aが打ち上げられ、同年五月十二日から衛星を通じて各家庭に直接番組を届ける世界初の試験放送が始まった。

衛星放送は、これより一九年前の一九七五年八月、当時のNHK会長前田義徳が、「難視聴家庭の解消と世界各国の宇宙政策に遅れをとらないために研究、開発を進める」と記者会見で提唱したのが始まりだ。前田の時代には、難視聴世帯は二〇〇万世帯を数えたが、この時点では一〇万世帯以下になっていた。難視聴問題はこの時点でほとんど解消していたのだ。にもかかわらず難視聴解消を名目に、六〇〇億円（NHKが六〇％、宇宙開発事業団が四〇％負担）もの予算を投じるのは無駄遣いではないかとの声が政治家を中心に内外から高まった。そこで郵政省（現総務省）は、NHKの衛星二チャンネルのうち、一チャンネルは難視聴解消、もう一チャンネルは衛星の普及に役立つ独自番組による放送にするよう免許方針を修正した。

　島は、当初は「ＮＨＫの経営改善は赤字体質の脱却が第一。赤字をもたらすだけの衛星放送には深入りすべきでない」と反対していた。そして、衛星放送の二つのチャンネルは、地上波の総合テレビと教育テレビをそのまま流すのが原則で、独自放送は空き時間に「最大限三時間」と言っていた。衛星放送は地上波の受信料でまかなうことになっており、独自放送をやればやるほどＮＨＫの赤字がかさむからだ。郵政省からせめて「八時間」に独自放送を増やしてくれないか申し入れがあったときも、「郵政の木っ端役人どもが何を言うか。三時間で十分」と言って相手にしなかった。郵政省から頼まれた国会郵政族の大物政治家が「何とかしてやってくれないか」と会長の川原を通じて要望してきたときも、「そんな財政的余裕がない」と島は素っ気なく答えただけだった。

　そんな島がある日突如として一八〇度方針を転換し、衛星放送推進で猛烈な勢いで疾走を始めたのだ。島に何が起きたのか。

「どうせ避けられないのなら、マイナスをプラスに変える。それにはまず実績をつくり、一日も早く衛星料金を認めさせる」という考えが閃いたのだ。そのとき、なぜかアメリカ勤務時代に会ったＣＢＳ会長のペイリーの「新しいことにはチャレンジしてみるものです」という言葉が頭をよぎったと島は回想する。

　だが、それにはこんな背景があった。その頃、島は時の郵政大臣唐沢俊二郎から声がかかって食事を共にした。席上、島は「衛星放送事業は現在のＮＨＫの財政事情では負担が重過ぎる」と述べ、唐沢も「その事情は十分に理解している。条件が整えば、解消のため努力する」と答えたといわれる。禅問答のようだが、政治言語では「近い将来、衛星料金の新設を認める」という意味だという。政界筋に当たってみたところ、大物政治家や郵政族議員に根回しが行われていた。こうなれば前進あるのみである。
「三時間だ、八時間だなんてケチなことを言わずに二四時間独自番組で編成するまったく新しいテレビにしろ」。またしても、〝君子豹変〟である。島は衛星放送をＮＨＫ改革実施の〝テコ〟にしようと考えたのだ。

一九八六（昭和六一）年七月、「衛星放送推進プロジェクト」がスタートした。衛星による二四時間試験放送が開始される一年前のことである。報道、番組制作局、スペシャル番組部などから一〇人の敏腕ディレクターがスタッフとして集められた。

顔合わせの会合の席上、専務理事でプロジェクト座長の島桂次は、こう檄を飛ばした。
「衛星放送をこれまでとはまったく異なるテレビにして欲しい。世間が、いや世界があっと驚くテレビだ。それには、従来とは別の発想、新機軸のアイディアが必要になる。ただしカネとヒトはない。険しい道であることは分かっているが、何としても成功させなくてはならない。知恵と工夫でこの困難を乗り切ってもらいたい」

島自身、発想を転換し、難視聴対策放送を最小限に抑え、新しいサービスを開始するという冒険に出たのだ。地上波のコピー・チャンネルではなく、「モア・チャンネル」である。コロンブスの卵の例を挙げるまでもなく、後で考えれば別に大したアイディアではない。

だが、「モア・チャンネル」は、先例のない大胆な発想だった。衛星二チャンネルをともに独自番組で編成しようというのだ。当時、ＮＨＫや郵政省の関係者、政治家は、誰一人こうした考えは持っていなかった。「衛星放送は、地上の総合テレビ、教育テレビをそのまま空から降らし、独自番組は実験的なもので済ます」という程度だったのだ。それが思いもかけなかった全面的な新サービスを行うというのだから、もし失敗すれば首が飛ぶくらいですむ問題ではない。島は衛星による新サービスにNHKと自分の将来をかけたのだ。

プロジェクトは、編成方針、制作体制、必要な予算、要員などあらゆる面を検討した。まったく新しい発想でテレビ・チャンネルを二つもつくるわけだから、実際にやってみて既存のテレビがいかに恵まれた環境、言葉を換えて言えば親方日の丸で無駄が多いことか。コスト意識軽視の実態が次々に具体的に浮かび上がって来た。

衛星放送の最大の問題は、カネもなければ人もいないこと。カネは年間一〇〇億円以下、地上波予算の一割にも満たない。この金額は地上波予算の節減と番組販売などの副次収入で全額確保する。ソフトについては、アメリカのABC、CBS、CNNが試験放送の間という条件でニュースを無料で提供してくれたほか、多くの放送局、プロダクションが映画やドラマを市場価格の半値以下で使用を認めてくれた。その背後には、島の交渉力と世界の放送界のトップたちとの交友関係があった。もう一つの要員をどう確保するか。大半を関連団体からの派遣に頼らざるを得ないが、それでも本体をあわせて一〇〇人を確保するのが精一杯だった。

島は、「貴重な体験だった。その後の改革の方向付けに大いに役立った」と話している。

肝心の放送内容については、まず「地球は二四時間眠らない！」をキャッチ・コピーに「BSワールドニュース」が決まった。通信衛星インテルサットを使ってアメリカ、ソビエト、西ヨーロッパ、アジア諸国の代表的なテレビニュースを集め、同時通訳をつけるだけで現地で放送されている内容を編集せずに丸ごと放送する。どのようなニュースをどのように取り上げているかで、それぞれの国の価値観、文化、国家の放送への関わりなどを読み取ることが可能である。それに衛星放送は柔軟編成であるから、どこかで大事件が起きた場合は、現地からの番組をナマで長時間放送することができる。

「BSワールドニュース」は、最新の通信・放送技術に支えられていた。通信衛星を駆使し、地球上のどこの放送局、事件現場からであろうと機動的な中継が可能であった。その背景には、現場から直接、衛星にナマの映像と音声を送る「SNG（サテライト・ニュース・ギャザリング）」やトランクほどの大きさの携帯型衛星中継送信装置「フライアウェイ」などの技術開発があった。

「BSワールドニュース」は、まさに最新の情報伝送技術を利用した世界に例のない画期的なニュースであった。

衛星による二四時間放送は、一九八七（昭和六二）年七月四日に始まった。初代の総合キャスターは、外信部出身の平野次郎（月～金）、饗場孝典（土、日）が務め、現地キャスターはニューヨークが国谷裕子（現「クローズアップ」キャスター）、ロンドンはベテラン通訳サイモン・ブレンティス、パリは女優の岸恵子らの顔ぶれだった。

まだ試験放送の段階だったが、スタッフは「自分たちはまったく新しいテレビを創っているのだ」という誇りと創意を持って日々の仕事に取り組んでいた。〝誇りと創意〟こそが、島が職員の一人一人に期待したものだった。

丁度その頃、国際情勢は大きな展開を遂げていた。ソビエトは、ゴルバチョフ書記長の登場で「ペレストロイカ（改革）」旋風の最中にあり、米ソ間の軍縮交渉も進んで冷戦終結が宣言された。東ヨーロッパでは、自由化推進で社会主義体制が次々に崩れ、やがてベルリンの壁の崩壊、東西ドイツ統一（一九九〇年十月）、ソビエトの解体（一九九一年十二月）へとつながっていく。この他、チェルノブイリ原発事故（一九八六年四月）、天安門事件（一九八九年六月）、湾岸戦争（一九九一年一月）など国際的な大きな出来事が続出した時期であった。こうした動きが、衛星による二四時間放送の〝追い風〟になった。「BSワールドニュース」は、その後、多少形式は変わったが、いまも一五国・地域の二一放送機関のニュースが放送されている。

衛星放送のもう一つのキラーコンテンツ（目玉番組）は、「ビッグスポーツ中継」であった。いまではすっかりお馴染みになった大リーグ「MLBメジャー・リーグ・ベースボール」を始め、アメリカの四大スポーツといわれる「NFLプロフットボール」「NBLプロバスケット」「NHLプロアイスホッケー」の他、ウィンブルドン・テニスや当時まだ日本では知名度の低かったサッカー・ワールドカップ中継などで、優良ソフトとしていまに引き継がれている。

大阪芸術大学教授の座間味朝雄（元NHKエンタープライズ制作本部長）によれば、「世界に先駆けて始まった衛星放送は、まさにグローバル・ネットワークの産物であり、激動する時代に育てられて普及した」という。

衛星による二四時間放送は、約二年間の試行期間を経て、一九八九（平成元）年六月一日BS第一テレビ、BS第二テレビとして本放送に移行した。BS第一は、「ニュース＋スポーツ」チャンネル、BS第二は、難視聴解消の意味もあって地上波番組も放送されているが次第に独自番組が増え、「教養＋娯楽」チャンネルと呼ばれるようになった。

本放送になって二カ月後、島にとっては約束どおりと言おうか、月額九三〇円の衛星料金の新設が認められた。

衛星放送は、知識層やスポーツファンを中心に急速に普及した。受信契約者は本放送から二年で三〇〇万世帯、四年で五〇〇万世帯、八年で八〇〇万、一一年後には一〇〇〇万世帯を突破した。衛星放送の「モア・チャンネル」は、完全に成功であった。その後のNHKの財政を支える〝孝行息子〟になった。

プロジェクト・チームの実質的な責任者であった鈴木幹夫（のちNHKクリエイティブ社長、理事）は、当時を振り返ってこう語る。

「二四時間の時間枠を自分たちのつくった番組だけで埋めることは不可能であり、そんな考えは初めからなかった。島専務から言われるまでもなく、〝知恵と工夫で埋める〟以外、方法がなかった。最新のIT（情報通信技術）とグローバル・ネットワークをフルに活用し、茶の間に世界の動きをそのまま届けようというのが、スタッフの一致した意見だった。既存のスタイルを壊してみることから始める。すると、新しいことがいろいろ見えてきたことも事実だ。また、探してみると、世界各地に安くて良い素材がたくさんあることが分かったことも収穫だった。テレビには未開拓の分野が多く残され、それだけチャレンジの可能性があると思った。

官僚的な組織体質の革新を唱える島専務が、破天荒とも思える改革の方向を、しかし〝明確〟に示したときは、本当にできるだろうかと心配した。島専務は、常にプロジェクトの先頭に立って反対や妨害の防波堤になり、実務は現場に大幅な裁量権を与えてくれた。それが現場の自由で創造的な雰囲気づくりに大いに役立った。衛星二四時間放送の立ち上げは、テレビ制作現場の活性化と管理体制を考える上でいろいろヒントを与えてくれると思う」

衛星放送の成功で島が実感したことは、

●ＮＨＫはこれまで番組は原則としてすべて本体で制作する〝純血主義〟をとってきたが、これからは思い切って外部に制作を委託せざるを得ない。「良いものが安くできれば、制作はどこであろうと構わない」という発想への転換が必要だ。

●多メディア・多チャンネル時代を迎え、「自分の見たい番組」に料金を払うペイ・テレビが一般化する中では、ＮＨＫの財政基盤である受信料制度をこれまでどおり高い水準で維持することは至難の業になってくる。若者を中心に視聴者のテレビ離れが続いているうえ、視聴者との信頼関係が何かの理由で失われるようなことになれば、受信料制度は存立の危機に立たされる。

●今後のＮＨＫ財政は、受信料を基軸にしつつも、不足分は副次収入と徹底した業務の見直しで補完するという構造に転換されねばならない。そして、「公共放送ＮＨＫはどうあるべきか」というビジョンを早急に国民に示し、新たなＮＨＫを構築することが不可欠である。

●ＮＨＫ改革を達成するには、従来のやり方をご破算して、ゼロから出発するくらいの決断と実行力が必要である。トップが先頭に立つのは当然だが、役職員の一人一人も発想を転換し今なぜ改革なのかを考えて欲しい。

ということだった。

島の指摘のなんと的確なことか。二十年近く経った現在でも十分通用する説得力を持っている。

衛星放送の成功は、島にあった若干の不安を吹き払い、組織の抜本改革推進へのボルテージを高める役割を果たしたといえるだろう。

ＮＨＫはこの時点で、新たに衛星二波を加えてテレビ四波（地上・総合、教育、衛星第一・第二）、ラジオ三波（第一・第二、ＦＭ）、国際放送（短波）、文字放送の九波を持つ世界有数の放送局になった。海外でも、島桂次の名前は世界で初めて衛星放送を成功させたブロードキャスターとして放送関係者に知られるようになった。

島の当面の目標は、「親方日の丸」でぬるま湯の赤字体質、年功序列最優先、仕事をしない人間の方がいいといわれる事なかれ主義などを一掃し、国内ばかりでなく世界に挑戦する新しいＮＨＫを創ることであった。それはとりも直さず世界のメディアの先頭を走る放送機関を創ることでもあった。

しかし、改革のため有効だからといって、既存のＮＨＫという組織をすぐに解体するというわけにはいかない。一万五〇〇〇人の役職員にはそれぞれの生活があり、彼らの職場を確保しなければならないからだ。

「ＮＨＫ本体ではできない仕事を関連団体や会社でやりつつ、放送の国際化にも対応していかなければならない。それには抜本的な組織の改革が必要だ」。これが島の基本認識であり、使命感でもあった。そこで、島は〝創造的破壊〟ともいえる改革を次々に打ち出していく。

この時期、一九八〇年代は国鉄、電電公社の分割民営化が行われるなど、公社・公団の行政改革のムードが社会的に高まっていた。ＮＨＫも当初、民営化の検討の対象になったといわれる。島によれば、東京にヘッド・クオーター的機能は残すものの、ＮＨＫをいくつかのブロックに地域分割したうえで民営化する。同様に地域分割されたＮＴＴと放送と通信の垣根を取り払って相互参入の事業を行わせ本格的情報化時代の地域経済活性化の核にしようという構想だった。が、「時期尚早」ということで取り止めになったという。

この民営化の波に乗って放送法が改訂（一九八二年、一九八九年）され、外部私企業への出資制限などが大幅に緩和されたほか、NHKが委託による番組の制作などを行う株式会社の子会社（関連団体）を持つことが可能になった。

島はこの行革ムードを組織改革の〝追い風〟にしたのだ。

NHKには、すでにNHK交響楽団、日本放送出版協会やNHKサービスセンターなど公益や視聴者サービスの業務支援を行う関連団体は存在していた。しかし、番組の企画、制作などの委託をNHK本体から直接受ける関連団体はそれまでなかった。

そこで、島は放送法改訂の趣旨をフルに生かすことを決意し、関連団体の拡充に乗り出した。衛星推進プロジェクトを発足させる一年前の一九八五（昭和六〇）年一月、まず株式会社NHKエンタープライズ（資本金五億円、うち六七％はNHK出資）を発足させた。「放送法による制約でNHK本体ではできないことをやる」というのが島の狙いだった。NHK内外に「島さん、本気だな」と思わせたのは、翌八六年八月の異動で報道番組制作のエースといわれた青木賢児（のち専務理事・放送総局長、NHK交響楽団理事長）を専務取締役として送り込んだことだ。

青木によれば、「今後のNHKの経営戦略は、エンタープライズに大きく依存することになる。新しいことは新しい組織でしかできない。また、海外を視野に入れ内外で思い切った事業展開をし、どんどんカネを稼いで本体を助けてもらいたい」が島の指示だったという。島はエンタープライズに新たな事業展開と今後のNHK改革の鍵を握る関連団体拡充の下地作りを託したのだ。

つまり、関連団体を拡充することによって、NHK本体ではできない事業を展開して副次収入を増やし、同時に番組制作の業務を要員ごとできるだけそちらに移す。本体は可能な限りスリム化し、赤字体質からの脱却をはかろうとしたのだ。「NHKには経営力がない。体質改善のためには小手先の治療では駄目で、病巣をすべてえぐり出す大外科手術が必要だ」が島の口癖だった。

NHKは、合理化による要員削減のさ中にある。こうした状況下では今後、ますます外部の力に頼らざるを得ない。編成業務などは本体で行うが、番組制作はかなりの部分を関連団体に委託する。関連団体は必要に応じ、これをさらに民間の番組制作会社（プロダクション）に再委託する。こうして本体を頂点に関連会社、その下に数多くの下請けの制作会社というピラミッド構造ができていく。

島はいつもこう言っていた。

「多メディア・多チャンネル時代は、間違いなくソフト不足になる。安くて質の高いものであれば、内外を問わずどこで制作したものであろうと構わない」

「世界の市場を対象にした大型企画番組を制作して欲しい。このためには、海外の放送局との共同制作を推進してもらいたい」

「多メディア・多チャンネル時代にあっては、ソフトを制する者が映像世界の競争に勝利する。いかにして世界の良質のソフトを押さえるか。また、日本の番組を世界に売り込むか。そのシステムをどう構築するかが課題である」

今日においては常識になっているこれらの課題について、実に四半世紀も前に着目していたのが島であった。

このうち、国際共同制作については、島が直接〝推進〟の大号令をかけた。

島が国際共同制作を推奨したのは、次の理由からだ。各国放送機関の首脳との会見や国際見本市での見聞を通じて得たものだ。
一、NHKの番組制作力の高さを国際的に知ってもらえる。
二、制作費を関係各局で分担するわけだから、安く済む。イベントや出版物の著作権料などメディア・ミックスの収入を含めれば、制作費をカバーするだけでなく利益を生むケースが少なくない。
三、参加する放送機関の意見を交換することによって、テレビ番組制作の〝国際標準〟のノウハウが得られる。
例えば、一九八六（昭和六一）年四月からNHK特集として放送され話題を呼んだ「大黄河」の場合を見てみよう。

日中共同制作で、NHKが負担した制作費の総額は四億八〇〇〇万円程度。これには中国中央テレビ（CCTV）に支払う放送権料のほか、NHKがプリ・セールなどのかたちで欧米諸国に配布する権利も含まれている。

この番組に対し、イギリスのBBCやアメリカのABC、西ドイツのARD、韓国KBSなど七放送機関が放送権と引き換えに支払った分担金を中心に、出版の著作権料やイベント協賛金などを加えると、総収入は約四億五〇〇〇万円。制作費のほとんどをカバーしたという。

もう一つ、翌一九八七（昭和六二）年に放送された「地球大紀行」の場合は、アメリカのKCTS、フランスのANTENNE2、スペインのTVE、カナダTVO、オーストラリアのチャンネル9など八放送機関が共同制作に参加した。総制作費三億五〇〇〇万円前後に対し、分担金やメディア・ミックスの展開で総収入は四億二〇〇〇万円に達したといわれる。黒字の一部は副次収入として本体に還元された。

「大黄河」「地球大紀行」は、NHKとエンタープライズが共同で企画を立てエンタープライズが世界の放送局に参加を呼びかけたものだが、無論他の放送機関の企画にNHKが乗る場合もある。番組によって異なるが、共同制作の番組は一般に質が高く、費用も単独で制作するのに比べて半分で済むといわれた。島はそこに目をつけたのである。

ここで余談を一つ。ジャーナリスト田原総一朗は、著書『メディア王国の野望』（講談社、一九九二年）の中で、エンタープライズについて「〝公共放送〟に縛られて自由に動けない巨大戦艦NHKに代わって、夥しい戦闘機を載せた空母エンプラが自由自在に戦略を展開する。島の構想の空母（エンプラ）的役割を担っている」と述べている。まさにそのとおりである。しかし、空母の戦略的意味を考えて「エンタープライズ（エンプラ）」と名付けられたわけではない。たまたまBBCに関連団体の中核的役割を果たす〝BBCエンタープライズ〟があったから、それにならってつけられたに過ぎない。例によって、実のところは極めてNHK的な命名なのである。

島桂次は、一九八八（昭和六三）年七月に副会長に、そして一九八九（平成元）年四月には会長に就任した。会長就任の経緯などについては、後で詳述する。

副会長就任以降は、実質的に島桂次がNHKの最高経営責任者であり、改革のテンポが加速されることになった。島の特命を受けてエンタープライズ専務に出向していた青木賢児は一九八八年七月NHK理事に昇進し、関連団体を担当することになった。青木は初の放送系関連団体NHKエンタープライズで新たな業務展開の地盤固めをした人物である。島の路線を熟知している青木は、番組制作委託と外部展開をさらに一歩進めるため、島に関連団体のさらなる拡充・編成替えを意見具申した。それは、それまで放送関連の業務委託を一元的に受けていたＮＨＫエンタープライズを部門別に分社化するというものであった。島は、青木に即時実行を命じた。

ＮＨＫ版行政改革のさらなる促進である。これによって、一九八八年から一九八九年にかけて報道系の（株）ＮＨＫ情報ネットワーク、教育系の（株）ＮＨＫエデュケーショナル、大型番組などの開発に当たる（株）「ＮＨＫクリエイティブ」、ソフト販売業務を行う（株）「ＮＨＫソフトウエア」などが相次いで設立され、ＮＨＫ本体の各現場と関連会社がより密接な関係を持つようになった。この他、地方にも各ブロックに関連会社がつくられ、関連会社の数は一挙に二一に増えた。

そして、ＮＨＫエンタープライズは、娯楽番組の企画・制作委託のほか、関連団体（子会社）全体の経営戦略を立てる中核的存在と位置付けられ、他の関連団体に対する持ち株会社的機能を持つことになった。島は、関連団体に委託した番組の効率的制作（当時は本体予算に比べ一〇％の節減といわれた）に加えて、積極的に自主業務を展開するよう期待した。

休むことなく次々と改革を推進する島だが、ここでも世間を〝あっ〟と言わせる手を打った。

放送系の各関連団体に一般民間企業から出資だけでなく「常勤役員」を招くことにしたのだ。銀行、商社、広告会社、家電メーカーなどからで、エンタープライズには住友銀行専務の吉岐誉夫が副社長、第一勧業銀行取締役の西山昌囿が常務、伊藤忠商事海外企画統括部長の鈴木孝之助が取締役として招請された。

合法的とは言え、ＮＨＫ（関連団体を含めて）の長い歴史の中でも、民間企業から常勤役員を招くことは前代未聞のことである。こうした人事を含めた民間活力の導入は、民間のアイディアと手法を積極的に取り入れてＮＨＫ本体ではできない新しい事業をより効果的に展開し親方日の丸で赤字体質のＮＨＫという組織を抜本的に改革する。それが狙いだった。

島は、関連団体の再編成・拡充に際して、こう語っていた。

「従来、ＮＨＫといえば、本体だけを指す言葉だったが、これからは違う。本体、関連団体は同等であり、切っても切れない関係にある。どちらで働こうが区別はない。今後は、本体、関連団体が一体になって業務を進めていくので、『ＮＨＫグループ』または『ＮＨＫ放送合衆局（United Stations of NHK）』と呼んでもらいたい」

国内の体制は、エンプラを中心とする〝関連団体群〟で一応出来上がった。次は海外での展開をどうするか。

アメリカでは、ソフト産業は航空・軍需産業などと並ぶビッグ・ビジネスで〝成長産業〟と見られている。しかし、日本では一部商社などを除けば、どこも本格的に手をつけていない。「それなら俺が考えてやろう」。数年にもわたって海外の情報を集め、島が達した結論が、「国際的規模で映像ソフトの流通を扱うソフト会社の設立」であった。（バブル経済で）世界で最も資金力が豊かなジャパンマネーとＮＨＫを中心とする日本のソフト力を結集し、欧米のメディア・ジャイアンツ、各国放送機関等と連携をとりつつ事業を進める。具体的には、国際間の情報交流を通じて、番組の購入、販売、スポーツなどの権利取得、映画製作への投資などを行う、いわば〝メディア・ソフト総合商社〟であった。

それが、一年余の準備期間を経て一九九〇（平成二）年七月に設立された「国際メディア・コーポレーション」（ＭＩＣＯ）である。社長には、住友銀行出身のＮＨＫエンタープライズ副社長吉岐誉夫が就任、常勤役員は専務取締役鹿野菊次郎（衛星放送実施本部副本部長）一人を除いてすべてＮＨＫ以外の民間企業の出身者であった。

世界的規模のソフト会社の必要性は、前々から島が公言していたことであり、秘密でも何でもなかった。一応の準備作業が終わると、島は即座に独断で新会社設立を決め、企業に出資を依頼した。顔の広い島の働きかけとあって、設立時の資本金五億五〇〇〇万円はあっという間に集まった。ソフト産業の将来を見込んでか、日本を代表する企業がその後も出資に応じ、ＭＩＣＯが事業会社としてスタートした同年十一月までにその数は、四七社に上り、資本金も六五億七〇〇〇万円に増資された。銀行、商社、流通、家電メーカー、証券、保険などの有力企業が、一社当たり二億五〇〇〇万円から一億円を出資したのだ。

このようにＭＩＣＯは実質的に島構想を具体化したものだ。が、思い切った事業展開ができるようにとの配慮からＮＨＫ本体は出資せず、中核関連会社であるＮＨＫエンタープライズが出資することになっていた。法的にはＮＨＫ本体とまったく関係のない民間会社が新たに一つできるだけなので、「事前にはどこにも説明する必要なし」というのが島の意見だった。「ＭＩＣＯは民間会社」と言っても、背後に島が控えていることは誰の目にも明々白々だった。

どこからかＭＩＣＯ設立の情報を聞き付けた郵政省が、「民放を無視して実行したら大変な騒ぎになる。主要民放に事前説明して欲しい」とＮＨＫに言って来た。この問題をめぐってＮＨＫと民放の対立が深刻化して放送の二元体制にひびが入り、監督官庁としての指導力に影響を受けるのではないかと危惧したのだ。ＮＨＫの立場を考えてのというより、いかにもお役所らしい〝自己保身〟の勧告だった。島は「そんなことは後でゆっくりやればよい」という態度だったが、それでもＭＩＣＯ社長に就任予定のＮ

HKエンタープライズ副社長の吉岐が在京の民放各社を訪れてMICOの設立趣旨を説明し、出資と人の派遣を要請した。併せて、「MICOはNHKの出資は受けず、完全な民間会社です」と付け加えた。しかし、吉岐が主要民放トップへ挨拶回りをしたのは同年七月五日の会社設立日の数日前だった。このことが民放各社の反感をさらに募らせた。

民放各社は、もともと島の積極路線に批判的であったが、(民放各社首脳にとっては)唐突ともいえるMICOの設立は、その批判、怒りの火に油を注ぐものであった。

在京民放五社長会が七月十八日、在阪民放五社長会が三十日に相次いで記者会見を開き、社長たちは口々に従来に比べ一段と高い調子で、「NHKの肥大化、商業化」であると批判・抗議した。その主旨は次のとおりであった。

「NHKは出資していないと言い訳をしているが、MICOが実質的な関連会社であることは明らか。組織の肥大化がソフト不足を招き、それがMICO設立の大きな原因になっている。地方関連団体を含めNHKグループの肥大化は許せない。肥大化は、放送サービス分野における〝公正な競争市場の確保〟および〝言論・表現の多元性の確保〟の上でも看過できない問題を孕んでいる」

「関連団体の拡充は、NHKの商業主義路線への転換であり、NHK・民放の並存体制の秩序を壊すもの。公共放送としての非営利性は厳守されねばならない。MICOの設立には賛同できない」

これに対する島桂次の態度は次のようなものだった。

一、多メディア・多チャンネル時代を迎え、優れたソフトの確保、番組の購入、販売がますます重要になることは火を見るより明らかなことだ。世界的規模でソフトの交流を推進する会社が必要だと思っていたが、誰もやる人がいないので自分が立ち上げたに過ぎない。NHKと特殊な関係を持つ独占的な会社にすることは毛頭考えていない。出資者の顔ぶれを見ても分かるようオール・ジャパンのソフト会社だ。民放各社も出資し、人を派遣してアイディアを出し新会社をかき回して欲しい。関係者はそれを期待している。放送法の制約のあるNHKはこの会社には出資しない。しかし、MICOはNHKにとって大事な取引先なので、できるだけの協力はしたい。民放各社で別のソフト会社をつくるというのであれば、それはそれでよい。互いに切磋琢磨して競争しようではないか。

二、地方を含めて関連団体は、委託番組の制作のほか、自主事業を行うが民放各局がすでに行っている既得権益を侵すつもりはない。あくまで新分野を対象にする。これははっきり約束する。

三、メディア環境は激変しており、特に情報技術の進歩が目覚しい。テレビだけでも四波を持っているNHKは民放各社の一波に比べて、現時点では巨大と言えるかもしれない。だが、地上波だけの時代ならいざ知らず、現在は多メディア・多チャンネル時代で通信衛星やケーブル・テレビを通じて数百チャンネルの放送が可能な時代である。抗議や批判ばかりでなく、必要なら民放もチャンネルを三つでも四つでも持ったらどうか。NHKの商業化というが、放送法で許された範囲内での新しい業務であり、NHKと民放の並存体制の秩序を乱す気はまったくない。

島は民放のMICOへの参入をしやすくするため、NHKからの出資はせず、代わって中核関連団体NHKエンタープライズに出資させるつもりだった。が、それでも民放の風当たりを弱めることはできず、結局エンタープライズの出資も見送った。従って、MICOの出資者名簿にはどこを探してもNHKの三文字は見当たらない。

こうした配慮と説得にもかかわらず、在京民放五社社長会は、

①MICOへの出資は一切しない、

②人は出さない、
③協力も取引もしない、

ことを申し合わせ、これが民放側の基本原則になった。

一方、島は関連団体の拡充やMICOの設立は、グローバル化と国民の関心が多様化する中で公共放送NHKが生き残るための改革の一環であり、「私は命を懸けて不退転の決意で取り組んでいる」とまで言い切り、さらにこう反論した。

「MICO問題をきっかけに数多くの民放の経営者に会ったが、放送の将来を真剣に考えている人はほとんどいなかった。マスコミ人といいながら、銀行や商社など他の業界に比べても視野が狭い。国内と目先の利益しか考えていないのではないか」

島がこう判断するには理由があった。過去一〇年ほど毎年一〇〇日以上を海外出張し、各国放送界の首脳などと会談を重ねていた。そして、「世界のメディアの最先端の動向を把握するために自分ほど日夜努力し、それに精通した人間はいない」という自負があったからだ。

島は、「時代の過渡期に新しいことをしようと思えば、内外に多少の摩擦が生じるのは当然のこと。批判も結構だが、もっと世界の動向に関心を持って欲しい」と対外的には紳士的に対応していた。が、仲間うちでは「サイコロの新しい振り方も知らないのに、ショバ荒しだ、ショバ荒しだと騒ぎまわっているヤクザと同じだ」、「丹那トンネルが開通しているのに箱根の山は駕籠に乗って越えたいので、トンネルにふたをしてくれといっているようなものだ。時代認識がない」と本音を漏らしていた。

MICOは、一九九〇（平成二）年九月から予定どおり事業を始め、番組の購入・販売、国際共同制作のほか、ハリウッドでの映画製作、ロンドンでの新作ミュージカルの公演などの準備を着々と進めていた。

これより先の一九八九（平成元）年四月の経営委員会で、島は関連団体の見通しについて次のように報告した。

「再編成した二一の関連団体の現時点での総事業費は約一〇〇〇億円で、本体に還元される副次収入は四三億円である。それが三年後には事業費三〇〇〇億円、副次収入は一四〇億円になる見通しだ。これに番組委託や人件費の軽減を考えに入れると、三年後の関連団体のＮＨＫへの貢献は三〇〇億円になる。これは受信料収入の一〇％前後に相当する」

「改革なくして、生存なし」が、島の信念であり、〝ＮＨＫペレストレイカ〟は再生の方向を目指して本格的に始動した。（ちなみに、二〇〇七年の副次収入は約九二億円に過ぎない）。

ＮＨＫ内部でも、改革が「創造的破壊」の形で急速に進められた。すべての職場での業務見直しである。狙いは、「コスト意識の徹底」と「マンネリ打破」である。

まず、一九九〇年六月の機構改革で、「企画開発局」が発足した。「新しい時代の公共放送の在り方」の検討と島の指示を迅速な展開が、主な業務であった。いわば、島戦略構想の中枢部門である。

島は「企画開発局」の部局長らを呼びつけ、「いまのままではＮＨＫは生き残れない。時代の進展を見据えて長期展望、長期計画を検討してほしい。別にひとつに絞らなくてもよい。幾つかの考えがあってもおかしくない。ただ、従来とは異なる発想、アイディアが条件だ」と述べ、さらに持ち前の毒舌で「お前たちのなけなしの脳みそを振り絞って、俺がなるほどと納得できる提案にして欲しい。ＮＨＫが崖っぷちに立たされていることを忘れるな」と付け加えた。

島の秘書の山下頼充（のちNHK放送文化研究所長、厚生文化事業団理事長）は、島が幹部の一人ひとりに、〝Creative and Challenging〟「創造的かつ挑戦的でなければ駄目だ」、〝Creative Mind〟「常に新しいことを目指せ」と怒鳴るように言っていた姿がいまも脳裏に焼きついていると言う。

役員や局長らは、古い考えや行動様式が身についてしまっている。新しいエネルギーやアイディアは、若い世代や新しい試みで番組に挑戦している手だれの制作者などからしか生まれないと島は認識していた。

「俺にもう少し時間があれば、座長になって若手や番組制作の手だれを集めた『NHK抜本改革委員会』を設置し、皆が〝アッ〟と驚く改革案をつくるんだがな」と冗談めかして話していた。

報道部門でも、大きな改革が行われた。報道局はそれまで新聞社の編集局同様、政治、経済、社会、外信部など縦割りの組織体制をとっていた。それをそれぞれの専門性は重視するものの、ニュース・番組の制作に当たっては、記者、ディレクター、カメラマン、編集担当者が企画から送出までを一体になって行う一貫体制を導入したのだ。文字どおりテレビ的なチーム編成だ。これに伴って、報道局の編集センターと取材センターを統合し、新たに「ニュース・センター」を発足させた。効率的でテレビの特性を活かした新聞社とは異なる体制である。

また、番組制作部門では、プロダクション性が採用された。親方日の丸のNHKの役職員に何が一番欠けているかと言えば、「コスト意識」である。番組ごとに決められている単価を一〇%、二〇%オーバーしても誰からも文句を言われない。これが長年にわたってNHKの大らかさ、余裕だと思われてきた。また、制作技術の場合、勤務表をつくると要員が余り、わざわざ余った人間に部屋を与え〝自習の時間〟を設けていたほどだ。

プロダクション性は、大型番組や各番組分野を一つのユニットと考え、関連団体などと連動しつつ、質の高い番組をコスト意識を持って効率的につくろうというもの。それまで、ＮＨＫの番組制作費は、直接経費だけで、職員の人件費、スタジオ、編集室などの使用料は含まれていなかった。番組制作にこうした人件費などを含めたトータル・コストという考え方が導入されたのもこの時期である。

番組制作に当たり、誰もがコストを意識せざるを得なくなったと言えるだろう。予算の管理に当たるプロデューサーの権限が強まり責任が重くなったことは間違いない。

折りしも、ＢＢＣ（英国放送協会）でも、合理化のため、「プロデューサー・チョイス」という制度がスタートしていた。ＮＨＫより一足早くＢＢＣでは、ドキュメンタリーなどはほとんどが関連のプロダクションで制作されていた。「プロデューサー・チョイス」は、番組予算をどのように使うかをプロデューサーの裁量に任せるというもの。カメラマンや補助職員などをどこから何人雇うかは、プロデューサーの判断であり、ＢＢＣの番組だからといって別にＢＢＣのスタジオを使用しなければならないということはない。大幅なプロデューサーへの権限委譲である。〝開かれたＢＢＣ〟と経費節減の一石二鳥を狙ったといわれるが、ＮＨＫのコスト意識の徹底もこのやり方にヒントを得たといえるだろう。

これについて、島はこう語っていた。

「番組制作でコストを意識するのは当たり前のこと。それが十分行われてこなかったのは、組織の欠陥だった。コスト意識が徹底し、安くてよい番組ができればそれに越したことはない。コスト意識による節約と一方的なコスト・カットとはまったく違う。よい提案があれば、どかっと予算をつけることを厭わない。どんどん提案して欲しい」

島桂次の「新しいもの好き」、「マンネリ嫌い」はよく知られていた。「それだけか。何か新しいことはないのか！　再検討！」とよく言っていた。それが放送面で具体化されたのが、一九九一（平成三）年四月にスタートした番組編成である。島の意向を反映した積極的な攻めの編成である。島はよく誇張した表現を使ったが、その時も「テレビの特性は、機動力、即応力であり、夜の時間帯はすべて白紙、一週間ごとに決めればよいのではないか」とハッパをかけていた。

手元にある広報資料によれば、九一年度編成の総合テレビのポイントは、「公共放送らしさを徹底的に追求――積極的な番組開発と機動的・弾力的編成の推進」とある。

具体的には、中味を予め決めておかない「フリーゾーン」の時間帯を設けるがこの編成の最大のセールスポイント。水曜夜の七時三〇分から八時四十五分の「ＮＨＫスペシャル」、土曜午後七時三〇分から一〇時三〇分の「長時間特集」、それに月曜から金曜午後一〇時から一〇時四五分の「特集企画」の三つである。

これらの中味が未定の時間帯には、国や国民にとって重要な内外の事象や課題をとらえた大型番組（Ｎスペ）のほか、国際共同制作、内外の優れたドラマ番組・映画、スポーツ中継（長時間特集）、シリーズのドキュメンタリーや内外の討論番組など（特集企画）を次々に出していく。特に、国民的課題や将来の世代に関わる地球的問題を的確、タイムリーに取り上げ、ドラマは国際市場も視野に入れて大型化、シリーズを促進する。

番組の中味が放送直前まで未定の「フリーゾーン」は、スポンサーが必要な民放ではとてもできない。ＮＨＫならではの発想である。

島は、日頃からこう言っていた。

「ＮＨＫの番組は一般的に言って質は高いと思うが、企画や発想はここ二～三十年間まったく進歩していない。どこを見てもマンネリ番組ばかりだ。思い切った発想の転換をし、テレビならではの実験的な新番組を開発して欲しい」

「ドキュメンタリーや特集にしても、テーマが特定の範囲に固定化し選択の幅が狭いのではないか。視聴者のためというより制作者の好みが優先されているのではないか。新鮮な問題意識を持って視野を広げれば、視聴者が関心を持ち、公共放送として取り組まなければならないネタは内外にごろごろしているはずだ」

島がこう指摘した背景には、一九八七（昭和六二）年九月から翌年一月にかけて八本の「ＮＨＫ特集・土地はだれのものか」を集中的に放送し大好評を得たことがあったに違いない。地味なテーマでも国民の関心事を真正面から取り上げれば視聴者は必ず応えてくれる。ちなみに、「土地はだれのものか」は、毎回五千本から一万本の電話が寄せられた。島は事の大小を問わず、こうしたテーマを取り上げテレビ的手法で実態を分析・解明することが、公共放送の使命であると考え、「フリーゾーン」に期待したのだ。

ドラマにしても、舞台装置は華やかだが〝対話〟が多く座談会のようだ。予算の問題もあろうが、スペクタクル・シーンを増やすなどもっとサービス精神旺盛な番組を「フリーゾーン」で制作して欲しいというのが島の注文であった。そして、いつも苦笑しながら、「香港映画のジャッキー・チェンの高架橋の欄干の上での格闘のようなハラハラドキドキのシーンをたまには見せて欲しい。それでなければ外国人にはとても受け入れてもらえない。ＮＨＫにはインテリが多いからな……」と話していた。

こうした夜の時間帯の抜本改定に伴い、長寿番組を中心に二二本の番組が打ち切られた。この中には、「連想ゲーム」「昼のプレゼント」「お好み演芸会」など茶の間に親しまれた人気番組も含まれていた。

いずれも二十年以上も続いた超長寿番組であり、完全にマンネリ化していた。「マンネリ打破」「新しい発想の番組開発」が島のモットーであり、「長年にわたってスタイルの決まった同じ番組を作り続けてどこが面白いんだ⁉ チャレンジ精神で常に新しい試みをして欲しい。それで失敗しても責任は問わない。創造性のない組織は停滞し、やがては腐敗を生み出す原因になる」と語っていた。

また、数々の名作を生み出した「銀河ドラマ」、「土曜ドラマ」も廃止された。ドラマ関係者の間では、「報道優先の編成で、ドラマが犠牲にされた」という声がないでもなかった。しかし、〝定曜定時〟のドラマ枠が減っただけで、別にドラマの時間が大幅に減ったというわけではない。提案さえ通れば、ゴールデン・タイムでの放送はいつでも可能であった。

当時は誰も気付かなかったが、島は従来とは異なる一九九一（平成三）年度の番組編成方針に、将来の公共放送NHKの根幹機能を投影させていたのではないか。「報道と国民的関心事への的確な対応」、「世界の中の日本」というコンセプトに基づく〝島ペレストロイカ〟の一環としての番組編成である。多メディア・多チャンネル時代にあって、何が公共放送にとって欠かせない番組かという問いかけである。この「フリーゾーン」を中核にした番組編成が、成功だったか失敗だったかについては意見が分かれるところだろう。が、新たな発想に基づく編成が、時代を先取りした画期的なものであったことは誰も否定できないだろう。

さらに世間を驚かせたのはNHKドラマの象徴である「大河ドラマ」の外注である。九一年三月、次の大河ドラマ「信長」の制作を子会社のNHKエンタープライズに委託したのだ。経費の節減および多彩なメディア・ミックスの展開というのが理由だ。が、「どうせ出すなら目立つもの。最大の目玉番組を」というのが、島のやり方だ。視聴者、ドラマ関係者に、NHKのドラマ制作の変革を真に実感させる出来事であった。

「大河」を始めとするドラマだけでなく、教育、教養のパッケージ番組も相次いで関連会社に外注された。スタッフ付きで彼らは本体からの出向というかたちだった。

試験放送とは言え一九八七（昭和六二）年七月の衛星二四時間放送の開始で、NHKは内容の異なるテレビ・チャンネルを四チャンネル持つことになった。チャンネル数が一挙に二倍に増えたが、新たな要員の手当てはなく、仕事は関連団体への委託か外部からの補助要員の協力を得て本体でこなさざるを得ない。これに伴って、ほとんどの取材・制作現場で業務量が増え、予算も効率運用ということで厳しくなった。衛星放送への対応に加えて、新番組の開発・改変の作業もある。「マンネリ一掃」の大号令をかけた島が、年末の「紅白歌合戦」の廃止ないし大幅改変の検討を指示したのもこの頃である。

これまで慣例化された手順に従って、のんびり仕事を進めていた職場も急に忙しくなった。一方、ドラマの看板番組を含め番組はどんどん外注に出される。「このままではNHK本体は空洞化し、番組の質の低下、制作者のモラルの低下は避けられない」という声も聞かれるようになったが、島は意に介しなかった。

「どんな組織でも変革期には不平、不満を言うものが出る。怠け者の愚痴だ。仕事が忙しい。結構なことではないか。組織の活性化には、マンネリを打破し〝創造的破壊〟を続けることが不可欠だ」

だが、実際に〝殺人的〟といわれるほど多忙になった職場もあった。例えば、いくつかの海外総支局。ここは取材拠点としての仕事が主業務だが、このほかNHKを代表しての対外折衝、報道以外の部局からの依頼対応、接遇などがある。

一九八六（昭和六一）年から八九（昭和六四）年かけて三年余北京支局長を務めた園田矢（のち外信部長、アメリカ総局長、現東海大教授）によれば、「衛星放送が本格化して寝る時間も十分に取れないほど忙しくなった」という。北京支局の場合、社会主義体制のもと監視の目が厳しく、現地人スタッフの雇用を増やすことはなかなか難しい。雑用も支局員が自分でやらなければならない。中国全土で民主化運動が高まりを見せ、中国は激動していた。

園田以下の支局員、スタッフは連日取材に飛び回っていた。だが園田が赴任して一年ほど経った頃、島専務の意向だと言って一通の文書を本体から受け取った。それには「衛星放送関連業務をすべての業務に優先させて行うように」とあった。

先に述べたように二四時間衛星放送の中核は、ワールドニュースである。北京支局も、CCTV（中国中央電視台）などの放送局を回って当日のニュースを入手し、それに自主取材の映像、リポートを送ることが求められた。支局長の園田は、東京本部との連絡、CCTVや対外折衝などに多忙であり、実際の仕事は園田が自分の右腕と信頼していた大崎雄二が当たった。北京大学に留学の経験もあり中国語に堪能な大崎は一九八三（昭和五八）年入局、三年後の八六年十月金沢放送局からいきなり北京特派員に抜擢された。「若い特派員を」という当時専務の島の意向による人事といわれ、大崎以外にも二名が地方局から海外特派員になった。

大崎にとっては、取材に衛星放送関連業務が加わり、まさに二四時間が仕事の連続であった。「それこそ息つく暇もないほど仕事に打ち込んでいた」とは傍で大崎の仕事を見ていた支局長園田の言である。

一九八九（平成元）年六月四日。中国現代史でも忘れられない天安門事件が起きた日である。

民主化を要求する学生、市民で埋まった天安門広場に装甲車が突っ込み、人民軍の銃弾で多くの人がなぎ倒された。大崎は学生集団の中にいた。頭上を銃弾が飛んでいく。そんな中で、大崎はカメラを回し目の前の光景をリポートした。園田が携帯電話の向こうで「リポートはもういい。早く避難しろ！」と叫んでいるのはよく分かった。が、大崎はその場を離れなかった。厳戒の北京市内を何とか支局に戻った大崎は、惨劇を記録したテープを分解して、「浅田飴」の缶に詰め、翌朝の日航便で日本に帰る乗客に託した。これが世界で最初に天安門の惨劇を伝えた映像であった。衛星放送を始め、世界中に配信・放送された。

天安門事件は、世界の関心を集め、衛星放送の普及にも大いに役立った。

島は、「事を始めるときにそれに全力を傾注することはどの世界でも鉄則である。特にニューメディアのような〝水物〟は、初期にすべてがかかっている。だから、衛星放送の場合も、『すべてに優先させろ』と指示したわけだが、特派員や関係職員が苦労していることも分かっているつもりだ」。自らのビジョンを述べながら、それに呼応して最善を尽くした第一線のスタッフを高く評価した。

天安門事件の直後、園田の訴えに応えるかたちで島が北京にすっ飛んできた。素早い行動である。園田から中国情勢や支局の実情について説明を聞くと、島は園田や大崎らに「ご苦労だった」と一言述べ、すぐ行動を開始した。CCTVや中国ラジオテレビ省に出向き、直接幹部に会って支局員（できない場合は、中国人スタッフ）の増員、CCTVニュース送信の簡便化などを要望した。また、帰国後、ワールドニュースの責任者に特派員に過度な要求はしないようにと指示し、通常の取材以外に衛星放送のためだけに行っていた特派員の取材・リポートは「どうしても必要な場合」「特派員に余裕がある場合」に限られるようにした。NHKの体質を改め、世界に情報を発信する放送局にするという意欲の一方で、最前線のスタッフの健康・安全を可能な限り確保し、その労苦を減じようとした島の配慮であった。ワンマン、毒舌で鳴らす島が、その一方で見せた細かな心遣いであった。

しかし、大崎は世界的なスクープをしたにもかかわらず惨劇の中で人ひとりも救えなかったという空虚感がその後も残った。深い絆で結ばれた支局長園田の慰留にもかかわらず、帰国後の一九九〇（平成二）年六月ＮＨＫを退職した。園田は、「激動期でジャーナリストとして最も働き甲斐のある時期だったが、あまりの忙しさと天安門事件で燃え尽きてしまったのだろう。優秀な記者だった」と残念がる。大崎はいま法政大学の教授をしている。

こうした園田や大崎らの犠牲的ともいえる努力に支えられてＮＨＫ衛星放送は、〝世界への窓〟を開く新しいチャンネルとして定着し、視聴者を増やしていった。


衛星放送の二四時間化、ハイビジョンの普及促進などで、ＮＨＫ財政は悪化し、このままでは一九九〇（平成二）年度からの赤字予算は避けられない情勢になった。同年二月、会長の島の諮問によって前年七月から検討を進めてきた「ＮＨＫの長期展望の関する審議会」（座長・平岩外四東京電力会長）から「公共放送ＮＨＫは、正確で多角的な情報を提供し、多メディア時代に即した役割を果たすべきだ」としたうえで、受信料の値上げを容認する提言を受けた。少し、脇にそれるが、一八人の委員の主な顔ぶれを見てみよう。平岩氏のほか、飯島宗一（元名古屋大学長）、岡野俊一郎（日本オリンピック委員会総務主事）、草柳大蔵（評論家）、酒井新二（共同通信社長）、塩野宏（東京大教授）、竹内道雄（元大蔵次官）、塚野巳三郎（全国連合小学校校長会副会長）、得本輝人（全日本民間労働組合連合会副会長）、中村紀伊（主婦連副会長）、平山博（早稲田大理工学部長）、細川護熙（熊本県知事）、吉国一郎（元内閣法制局長官）らで各界から社会的影響力を持つ人物が選ばれている。社会的存在感が衰えた現在のＮＨＫでこれだけのメンバーが集められるだろうか。

会長の島桂次は審議会の提言を受け、早速、受信料値上げの方針を固めた。受信料を値上げする場合は、次年度の予算案に織り込み、国会の承認を得なければならない。島は、必要な経費を積み重ねて二八%という大幅な値上げを提案した。「向こう十年間、二十世紀中は値上げしない」という条件を付けた上でのことだった。

予算案を提案すれば、「ハイ、そうですか」と言ってそのまま呑んでくれるほど国会は生易しい所ではない。事前の根回しが不可欠だ。島は、政治部、経済部出身の三人の理事高橋雄亮、尾畑雅美、海老沢勝二のほか、渉外の担当者を総動員し、各党の幹部、逓信委員会の委員らになぜ、いま、NHKにとって受信料値上げが必要かを説明させた。自身も、自民党の各派閥の領袖を直接訪ねて了解を求めた。

一方、郵政省は、公共料金に準じる受信料の大幅値上げは望ましくないという消極的な姿勢で終始した。しかし、島は、「値上げを審議するのは国会であり、郵政省がとやかく言うのは筋違いだ。NHK改革推進のためには、二八%の値上げが必要だ」と言って一歩も譲らなかった。

当時は、現在と同じようなねじれ国会で、衆議院は自民党が多数を占めるものの、参議院は社会党、公明党、民社党、共産党が過半数で自民党は少数与党であった。自民党をはじめ、野党各党も大勢としてNHK予算案を事前説明で了解してくれた。しかし、政府予算案の審議との兼ね合いでどう転ぶか分からない。

そこで、島は密かに一つの大きな布石を打った。創価学会の池田大作会長に会って、「NHKは生存をかけての改革の最中にあり、次年度予算が三月末までに成立しなければ大きな混乱の心配がある。公明党に賛成していただければ予算は成立する。与野党の対立が深刻化し、年度内のNHK予算成立が難しい情勢になったとき、先生の援助を頂けないか」と依頼したのだ。これは長年にわたり内外で〝秘中の秘〟であった。

島の予測どおり、参議院で社会党と共産党がＮＨＫ予算案に反対、公明、民社両党は態度を鮮明にしなかった。島によれば、池田会長が「ＮＨＫは貴重な文化機関であり、予算成立に協力してやったらどうか」と参議院公明党議員会長の三木忠雄らに電話をしてくれたという。公明党は最後の最後に賛成に回り民社党もこれに同調した。結局、ＮＨＫ予算はぎりぎりの三月三十日参議院本会議で自民、公明、民社三党の賛成多数で可決、成立した。

自民党の小渕恵三官房長官は、「ＮＨＫのおかげで参議院のねじれが解け、政府予算も成立させることができた」と述べ、島の行動力を高く評価した。

受信料の値上げは、前年の衛星料金新設に次ぐ二年連続であり、島の決断と実行力がなければ実現できなかっただろう。島は、この受信料値上げを「ＮＨＫ改革を左右するもの」と重視し晩年になっても池田会長の手助けの労を多とし、「ご迷惑をかけた」と感謝していた。

この値上げで、ＮＨＫの収入は年間一〇〇〇億円増えることになった。改革を目指す豪腕の島でなければとても実現できなかった。綿密に計算された陣頭指揮は、いまも語り草になっている。

値上げが実現した後、島はこう語った。

「多メディア時代さらにそれに続く通信・放送の融合の時代を控え、今後、視聴者の関心はますます多様化するだろう。二十世紀中は値上げしないと公約したが、受信料をめぐる環境は厳しくなり、おそらく『これが最後の値上げ』となるだろう。だが、この値上げで少なくとも向こう十年間は財政が安定する。

しかし、この間にメディアは、さらに地殻変動的に激変する。時流とメディア変革の最先端を見据えて組織を改革し、『新しい時代の公共放送はどうあるべきか』というビジョンを徹底的に検討しなければ、NHKは生き残れない。自分ができることはせいぜい新しい公共放送のメドを付けるまでだ。後は次の世代に任せたい」

そして、具体的には、

一、メディア状況を展望しながら、組織、経営形態を見直す必要がある。早急に議論を始めてほしい。

二、ジャーナリズムとしてのNHKをいかに政治の影響力から守るか。今度の値上げで、少なくても向こう十年間は政治家に無用な頭を下げなくても済む。政治との〝距離〟を置き、経営も職員も不当な政治の圧力には一切妥協するな。

三、相変わらずの番組作りが続いている。民放、NHKの区別がつかない。NHKならではの質の高い番組を恒常的に制作するシステムを構築して欲しい、

と指示した。

値上げ後に島がしたことの一つに職員の待遇改善がある。島について、「口は悪いしすぐ怒鳴る。本人は〝偽悪〟を気取っているが、ハートは意外に温かい」と指摘する人が少なくない。私も会長時代の島に仕えて、応対はつっけんどんだが、提言、反論には思いのほか耳を傾け、にっちもさっちも行かなくなったとき、最後の〝逃げ道〟を用意してくれていることに気付いたことも一度や二度ではない。

職員の待遇改善＝給与引き上げは、「一方的に要求するばかりでなくできることは酬いてやらねば」という島なりの気配りである。確かに、当時のNHK職員の給与は、大手マスコミ他社に比べ低かっ

た。島は、平均三〇％程度という思い切った引き上げを行ったのだ。その結果、ベテランの職員の給与は年一〇〇〇万円を超え、部長クラスが一五〇〇万円、局長クラスは二〇〇〇万円を上回るようになった。同時に、役員の報酬の引き上げも行われ、理事は二三〇〇万円程度、会長は三〇〇〇万円台に乗った。民放の給与水準には及ばないものの、朝日、読売といった主な新聞社並みになった。

ここでも郵政省が「いちゃもん」を付けてきた。会長の報酬が郵政官僚トップの事務次官の報酬（約二五〇〇万円）を上回るのは好ましくない、というのだ。島はこの申し入れを「無用な口出し」と反論したが、結局は周囲の意見を容れて「役員報酬引き上げの一時的凍結」という措置をとった。こうしたことが積み重なって郵政省との間の隙間が広がったことは事実だ。

いずれにしろ、島の決断がなければ、こうした大幅な給与引き上げはできなかったろう。NHKの職員は、以後、後顧の憂いなく仕事に励むことができるようになった。

しかし、職員をただ「甘やかす」ことは、島は決してしなかった。目的は改革である。島の目はあくまでも目標に向かって見開かれている。ここで続けて大胆な人事を断行した。人事の基本方針を抜本的に変えたのだ。

NHKの人事は年功序列である。管理職になる頃までは、ほぼ同じペースで昇進し、部長になるまでは、ポストに違いがあっても給与などではそれほど差がつかない。つまり、真剣に仕事に取り組み実績を上げている者と経験で何となく仕事をしている者の間でも基本的に扱いに変わりがないのだ。島は不満だった。これがNHKのぬるま湯体質の根源になっていると見ていた。

そして、部局長に対し、

①部下の能力、創造力を的確に判断し、仕事をする者としない者を給与面などで差をつけること、

②思い切った抜擢人事を行うこと、

を指示した。

その結果、各職場で一人ひとり職員のやる気、創意が厳しく査定されるようになり、部局長も部下をどう評価したかが問われた。また、最高六二・九％の視聴率を稼いだ連続テレビ小説「おしん」のプロデューサー小林由紀子が女性初の局長（番組制作局長）、アナウンサーの松平定知は二階級特進で局次長級になるなど各職場で従来では考えられない人事が行われた。また、実績のあるディレクター吉田直哉、記者磯村尚徳が新たに設けられた専務理事待遇に、アナウンサーの山川静夫も少し遅れて同待遇になった。役員についても、従来管理部門からの登用が多かったのを放送の現場中心に改めた。役員は二期四年務めるのが慣例だったが、一期でもどしどし人材を入れ替えた。

専務理事待遇になった三人のうち、山川については、過去にこんな経緯があった。島が報道局次長（報道番組担当）の一九七五（昭和五〇）年のことだ。山川は、芸能と教養系番組で実力、人気ともナンバーワンのアナウンサーといわれ、当時は科学番組「ウルトラアイ」を担当していた。報道局が朝のニュースワイド「モーニングセブン」の同年四月からの司会者に山川を指名し、アナウンス室長も原則了承していた。朝のニュースワイドの司会は代々アナウンサーが務めていたが、磯村のNC9のキャスター成功で今回は記者からの登用も検討されていた。だが、アナウンス室としては何としても確保しておきたい重要ポストである。

ところが、山川は、「引き続き『ウルトラアイ』を担当したい」と断ったのだ。朝のニュースワイドといえば、NHKの看板番組である。報道の申し出を断るなんてことは例がなかった。山川は、芸能や教養番組が苦労して育てたアナウンサーを一方的に引き抜き、要らなくなればポイと捨てる報道の横車的なやり方が気に入らなかったのだ。報道局、アナウンス室にとどまらず、協会トップが直接、「朝ワイドを担当して欲しい」と説得に乗り出してきた。島からも、山川と廊下でばったり鉢合わせしたとき、「いい加減に受けたらどうか。もっと協会の立場を考えて、君が望まれていることを認識しろ！」と半ば強圧的に言われたという。だが山川は、あくまで自分の考えを貫き、最終的には放送総局長田中武志の裁定で、そのまま「ウルトラアイ」担当ということになった。

「実力者島の意向に逆らって自分の意思を通したのだ。山川にきっと厳しい報復があるに違いない」と周りの多くが見ていた。しかし、実際にはまったく逆であった。島は、「アナウンサーはハイハイと何でも言うことを聞く追従者ばかりと思っていたが、骨のある奴もいた」と島一流の物言いで山川を評価し、その後も山川の言動に関心を払っていた。それは何故か？　山川はいわば島が職員に求めた一つの姿勢であった。それぞれの持ち場で責任を持ち能力を発揮する職員に、島は共感し理解を示していたからだ。

また、吉田直哉（二〇〇八年十月死去）は晩年にこんなエピソードを話してくれた。専務理事待遇になって二〇階の役員フロアに部屋を与えられたが、スタッフがいるわけでもなし毎日、暇でやることもない。このままでは月給泥棒なので翌年の三月中頃、会長室に島を訪ね、「一応定年になりますので、今月末でＮＨＫを辞めます。長い間、ありがとうございました」と言った。

すると、島はフロア中に響くような大声で、怒鳴ったと言う。

「お前は一体何を考えているのか。お前はＮＨＫの宝だ。専務理事待遇にしたのは、年に一本でいいから自由に番組をつくってもらおうと思ったからだ。お前が選んだテーマで好きなスタッフを選び、カネも思うようにかけたらいい。新しい視点で世界がアッと驚く番組をつくってもらいたい。定年なんて関係ない」

「武蔵野美術大で映像学科を創ることになり、主任教授に内定しています」

「なに、大学だと。いまから行ってすぐ断って来い」

「私も、子供じゃありません。いまさら断るわけにはいきません。会長がそういう意向を持っておられることをいままで知りませんでした」

「放送総局長やエンタープライズ社長は、お前の支援体制を何もつくっていないのか」と憤懣やるかたない様子だったという。

島の下では、本人は分かっているが周囲はよく理解していないことがときどきあった。それが情報を自分に集中しながら、しばしば重要な情報が部下に十分伝わらないワンマン体制のジレンマであった。吉田の退職はその典型的な例といえよう。

磯村についても同様のことが言える。退職後の磯村に「どうしてＮＨＫを辞めて東京都知事選に立候補したのですか」と聞いたことがある。すると磯村の答えはこうだった。

「島会長が自分を役員にする気がないことが分かったからだ」

磯村は島の一期後輩で当時の役員は郵政事務次官から天下った副会長小山森也を除いてすべて磯村より下の年次である。磯村を役員に登用するとすれば、島の後継会長のポスト以外にない。しかし、磯村については、川原会長時代に「磯村君は経営職でなくＮＨＫのエースキャスターとして活躍してもらう」と判断が下されたといわれ、私たちもそのように受け止めていた。

だが、磯村の真の意向は経営職＝ＮＨＫトップであったのだ。国際通の磯村ならまた島とは異なる新たな分野を招いたであろうことは予想できる。島と磯村がこの問題をめぐってじっくり話し合ったかどうかは分からない。事の成否は別にして、島が業務多忙を理由に磯村の意向を十分に考慮しなかったことは事実のようだ。ここでも二人の間にスレ違いが生じた。これが磯村が都知事選に立候補した大きな理由になったのだろう。

少し先走りしたが、話を戻そう。

島の人事の狙いは、「現場の活性化」、「やる気のある人間がそれ相当に報われる組織」であった。

一方、慣行化、マンネリ化されている仕事のやり方を島は厳しく批判した。例えば、報道局外信部。この職場では、記者が交替で二四時間勤務しているが、新聞社と同様、AP、ロイター、AFPなど外国通信社が送ってくるニュースを価値判断し、横文字（英語）を縦文字（日本語）に訳して整理部に出稿するのが主業務である。無論、各地の特派員が送ってくる原稿も出稿するが、その際も外電を参考にしている。内勤で取材のため外に出掛けることもめったにない。この仕事の進め方は、数十年来変わっていない。「これならニュースの価値判断をするデスクと英語に達者な補助職員がいれば済むことではないか！　テレビ局の外信部はどうあるべきか考えろ」というのが島の言い分である。

アナウンス業務についても当時室長の杉沢陽太郎（のち日本語センター長）を呼びつけ、こう注文した。

「正確で美しい日本語が大事なことは分かるが、君らは他人が書いたニュース原稿や台本をおかしいと思っても一語も直さず、ただ、そのまま読む〝トーキング・マシン〟で本当に満足しているのか⁉　制作現場から『あいつが欲しい。これは替えたい』と一方的に〝声がかかる〟のをただ待っているような状態でいいのか！　放送に携わる者としてもっと主体的に仕事の幅を広げたらどうか。自分の言葉で自由にしゃべり、リポートする。アナウンサーが自分で企画、制作した番組があってもいいし、外部の視聴者にアナウンスのノウハウを教える組織をつくることも視聴者サービスではないか」

　さらに、島は個人の適性を活かし、年功序列にこだわらない組織運用や適材適所の人事の必要性を強調した。

　六章の中で述べたように、一九九一年二月四日の「NC9ロッキード事件」の際、政治部長河崎齊は島が指示した企画ニュースのカットに強硬に反対し、同年七月の異動で政治部長を外され整理部長になった。河崎は公務員上級職試験にトップで合格、大蔵省（現財務省）から内定をもらっていた。それを蹴って一九五六（昭和三一）年四月にNHKに入局し、早くから将来を嘱望されていた。大阪局勤務を経て政経部（政治班）に戻った後、実は一九七〇（昭和四五）年九月から四年間日放労の副委員長として組合活動に専従していた。

　島は、河崎の能力を高く買っていた。会長辞任後にこんな話をしてくれたことがある。個人に関わる問題だが、二十年近くも前の話なので時効としてお許し願いたい。

「河崎は政治記者としては、堅実で信頼でき、後輩や同僚の信頼も厚い。だが、いわゆるスクープを連発する余人をもって代え難いといったタイプの記者ではない。抜群の頭脳の持ち主なのだから、彼にもっと適したポストがあったはずだ。

　自分なら、政治部と海外支局勤務をそれぞれ数年間経験させた後、たとえ、年齢が三十代、四十代であっても『公共放送NHKの将来像』を検討する総合企画室の責任者にする。彼なら世界や視聴者の動向を的確に読んで〝公共放送はいかにあるべきか〟という問いと期待に応えてくれたと思う。彼の希望は知らないが、このポストのほうが彼の適性に合っていたと思う。だが、年功序列で事なかれ主義の下では、とても無理な相談だった。その意味では、働き盛りの河崎を引き抜き四年間も自分の参謀として使った日放労委員長の上田哲のほうが人事官僚より人を見る眼があったといえる」

「世界の先進国で、年功序列にこだわった人事をしているのはＮＨＫくらいだろう。ＢＢＣでも当時、オックスフォード大を出て弁護士資格を取ってまだ数年の女性が総合企画室長をしていた。人事は、年齢、経験にこだわらず適材適所ですべきだ」

能力のある職員には、たとえ過去に対立したことがあっても最大限その能力を発揮してもらうというのが、島の基本的な考えであった。できるだけ好き嫌いではなくその個性、能力で人を判断しようと密かに努力していた。改革にはすぐれた能力の結集が不可欠と思っていたからだ。もっとも自分のライバルと目された人はこの限りではなかったが……。

そんな島の改革への情熱は、当然、多くの敵をつくりだすことになった。

番組の外注、将来を見据えた番組編成の改変、人事方針の変更など島が矢継ぎ早に打ち出す組織改革に「さすが、島さん」と実行力を賞賛する声がある一方、不平、不満も噴出した。

「このままシマゲジに任せておいたらＮＨＫはメチャメチャになってしまう」、「教育、娯楽番組はすべて外注され、残るのは報道・情報番組だけになる」、「抜擢人事は組織の調和を崩す」から、「何であいつが年功序列を破って重要ポストに就くんだ」といったやっかみまでさまざまだった。

島は、「不平不満など過渡期の現象に過ぎん！　そんなものは二、三回この方針で人事をやれば落ち着く」と楽観的だったが、組織内のあちこちに〝反島〟の拠点がつくられる始末。その最も強硬な拠点の一つがアナウンス室だった。

「島は正しい日本語伝承の重要性と意味がよく分かっていない。「シ」と「スィ」を区別し正しく発音できるアナウンサーがいなくなってもいいのか。シマゲジには早く辞めてもらおうではないか」というのがアナウンス室の大勢であった。ＯＢアナウンサーも積極的に支援していた。

「ＢＢＣではアナウンサーという職種はとっくに無くなっているぞ」という島と、これに猛反発するアナウンサーの間にあって、室長の杉沢はもみくちゃにされる毎日だった。

それから二十年近くたって、杉沢はこう述懐した。

「島さんの口調は乱暴だが、言っていることは間違っていないと思った。自分はアナウンス業務も時代と共に変るべきだと認識していたが、現状を見ると、ほぼ島さんが指摘したとおりになっている。本業のアナウンスに加え、番組の企画制作、内容のあるリポートなど、職人気質が横溢していたアナウンス室は確実に変った。活動の幅の広がりは、前室長の山根基世が退職後の二〇〇七（平成一九）年六月、友人たちと民間の『ことばの杜』を発足させたところまで来ている。つくづく先見性のあった人だったと思う」

アナウンス室の反対はほんの一例に過ぎない。

問題は、役職員の一人ひとりが急テンポで進む島の改革の真意を理解し、積極的に参加してくれるかどうかであった。改革が必要なことは分かっているが、「このままでは生き残れない」という島が叫ぶ〝危機感〟を共有していた者は意外に少なかったのではないか。高層のガラスの城に中で、いつもと同じ仕事を続けていれば、ＮＨＫが生存の危機にさらされていることはとても実感できない。まして、国民に大きな影響力を持っているＮＨＫが解体されるなんて想像もできないことだろう。

島によれば、「親方日の丸によるぬるま湯の〝毒〟が全身に回っていて救いようがない。マスコミで働く人間でありながら、外部、世界の動きにはほとんど関心を示さない」ということになる。

従って、島の眼の前では、「ハイハイ」と答え、命じられたことはするが、自分から進んでアイディアを出し改革を進める者はそう多くなかった。「局長や役員クラスの中にも、〝面従腹背〟の連中がいる」と島は言う。「彼らにとっては、将来のことよりもいまの安定が大事なのだ。心の中では自分の任期を大過なく過ごすことだけを考えている。だから、私はまだ、毒に犯されていない二十代、三十代、四十代の若い連中に期待する。ＮＨＫが直面している危機は将来ではなく、現在の問題なのだ」。

島は、改革構想の第一段階を手がけたに過ぎない。ＮＨＫが生き残るためにはさらなる改革を進めなければならない。いくら先導的役割が求められているからと言って、組織があまりに肥大化するのは好ましくない。時代にマッチした放送サービス、財源を考え、是非は別にして、公共放送の分割まで含めて幅広く検討する必要があるだろう。

島の言葉はＮＨＫに向けられたものであった。

しかし、時代を経たいま、改めてその言葉を吟味すれば、島の考えが今日の日本社会全体に重要な指針を与えていることを率直に認めざるを得ない。

# 第八章　陣頭の闘い——海外を飛び回る会長

ＮＨＫの役員の中で、島桂次ほど任期中に海外を飛び回った人はいない。役員になって一〇年間は毎年一〇回前後、海外出張をしていた。国境を越えて飛び交う放送電波は、島にとってグローバル化の象徴であった。

海外出張の目的は多岐にわたるが、三つに大別できる。

第一は、世界の代表的な放送機関の首脳との意見交換である。島は、ＮＨＫを財政基盤が安定しソフト・ハードとも高水準の放送機関として維持するためには、世界の最先端の情報、動向を知り、必要ならいち早く採用することが不可欠だと考えていた。アメリカでは、ＡＢＣ、ＣＢＳ、ＣＮＮのほか、公共放送ＰＢＳ系の放送局首脳と密接な関係を築いていた。ヨーロッパでは、ドイツのＺＤＦとＡＲＤの二大ネットワーク、フランスの公共放送ＡＮＴＥＮＮＥ２のトップとは、何でも気楽に話せる仲であった。が、ＢＢＣとは、組織形態がよく似ているとは言え、多少微妙な関係であった。

それを島はこう語っていた。

「ＢＢＣは常に時代に見合った〝革新〟を心掛けており、見習うべき点は少なくない。しかし、組織は極めて官僚的だ。トップや幹部との話し合いにしても、常にリーダーシップを握ろうとし対等の話し合いにならない。NHKとBBCは文字どおり別の組織だと考えるべきだ。むしろ、率直に話し合えるアメリカやドイツ、フランスの放送機関との連携を強めたほうがよい」

欧米の主な放送機関と協力関係を深める公式なトップ会談だけでなく、テレビ国際見本市などの場でNHKの方針、新しい技術開発などについて説明した。一九八六年のフランス・カンヌの見本市では、FOXテレビなども所有しメディア王といわれるマードックと島がヨーロッパでメディアを数多く持つマックスウェルに招待され、マックスウェルのヨットで地中海を航海しながら、今後協力を強化することで合意した。カンヌの地元紙が写真入り一面トップで「三人のメディア王が地中海で船上会談」とでかでかと報道する一幕もあった。

アジアでは、特に中国との関係強化に努めた。一九八〇年代の中国は改革開放下とはいえ、経済的発展が遅れ情報の管理も現在とは比較にならないほど厳しかった。他国のマスコミの受け入れにも制限があり、自由な取材にはほど遠い状態だった。島は、こうした中国との間に太いパイプをつくろうとしたのだ。ラジオテレビ省大臣の艾知生、総括次官徐崇華、放送担当次官陳昊蘇（陳毅の子息）、CCTV（中国中央テレビ）では歴代台長の王楓、黄恵群、副台長で実務の責任者陳漢元らのほか、中日友好協会会長の張香山ら共産党幹部にもしばしば会ってテレビを通じての日中友好の促進を訴えた。

CCTVの要請にはできるだけ応えてやりたいというのが島の意思であり、放送技術関連の協力や教材に使う教育番組を破格の安い値段で提供するなどした。当時、中国放送大学への番組提供の事前折衝をした教育番組センターの市村佑一（のち、NHKエデュケーショナル社長、江戸川大学長）は、「島専務（当時）はつねづね『教育番組制作のノウハウを開発途上国に提供し、人材養成に協力することはNH

ABU26回北京総会時のパーティにて。島の右隣は磯村尚徳氏（1989年）。

Kの使命であり、中国はその手始めである』と言っていたが、その意義は教育番組を国際交流の中にはっきり位置付けたことだ」と語っている。一方、NHKは中国側に「大黄河」、「大興安嶺」など大型番組の共同制作や各種番組への協力、映画やアニメーションの共同制作などを提案した。また、衛星放送用に中国にある映画やドラマの購入を約束した。

さらに、一九八七（昭和六二）年から島の発案で、「日中放送協力会議」が設けられ、定期的に話し合いが行われるようになった。八八（昭和六三）年五月の協力会議の席上、ラジオテレビ省の徐次官から「アジア大会、将来のオリンピックに備え、北京に宿泊施設を持つ放送施設「メディア・センター」の建設を計画中である。NHKも出資してもらえないか」と申し出があった。二時間にわたって詳細な説明を受けた後、島は「分かりました。NHKも出資に参加しましょう」と確約し、「これは私の経営判断で、約束を違えるようなことはありません。必要なら出資する日本の企業を紹介してあげましょう」と付け加えた。中国側は、島の即断即決に大喜びで、早速お茶で乾杯した。この会議に出席していた当時の北京支局長園田は、「『メディア・センター』は立地条件もあまりよくないし、経営もうまく行くかどうか分からない。島さんは何て気前がいいんだろう」と思った。

その後、園田がこの点を質してみると、島はこう答えたという。

「お前も経営職になってみれば分かると思うが、俺は『メディア・センター』を中国取り込みの橋頭堡にするつもりだ。中国は二十一世紀には間違いなく世界の大国になる。政治体制は異なるが、日本と中国が緊密な関係を築くことはアジア、世界の安定にとって重要なのだ。それをまず放送を通じてやろうというのだ。これは理屈ではない。一つずつ実績を積み重ねる以外にない。オリンピックも遠からず北京で開かれるだろう。『メディア・センター』はいわば質草であり、友好の象徴なのだ。ビッグ・イベントなどのときは、他の放送局（会社）に比べ、有利な条件で話し合いができるという利点もある」

「NHKが中国に太いパイプを持っている」という話は、世界の放送関係者の間に評判になった。実際に、島は支局の開設ができないでいたアメリカのABCに頼まれ、現代中国の取材の許可を取りつけたほか、まだ国交のなかった韓国のKBSのためにCCTV制作の番組購入の仲介をしばしばしていた。島は、当時の中国の最高実力者鄧小平の長時間の独占インタビューを計画し、数年をかけCCTVやラジオテレビ省のトップからの働きかけだけでなく、政治局員の胡啓立や張香山など大物を動員するなどさまざまな働きかけをした。しかし、インタビュー嫌いの鄧小平にその度に先送りされ、結局は実現しなかった。

いずれにしても一九八〇年代のうちに他の有力放送局に先駆けて、中国の放送局と緊密な関係を築いたことで、アジアの放送局としてのNHKとその中心人物である島桂次の存在感が世界の放送界で高まったことは言うまでもない。

海外出張の第二、第三の目的は、「放送権交渉」と「ハイビジョンの普及」である。

先に述べたようにモスクワ・オリンピックのテレビ朝日独占騒動の後、ジャパン・プールが復活しNHKと民放が共同でオリンピックの放送権交渉に当たることになった。NHKは島桂次、民放代表は、日本テレビ常務取締役常盤恭一（当時）であった。テレビ朝日は、モスクワ・オリンピックの独占放送権を得るため、前回のモントリオールの実に六・五倍に当たる放送権料を支払った。放送権料は高騰の傾向にあったが、テレビ朝日の契約がそれに拍車をかけたことは間違いない。交渉に当たっての至上命題は、値上げをいかに低く抑えるかであった。島は、ここでも〝暴れん坊〟振りを発揮し、日本では珍しい〝タフ・ネゴシエーター〟としてたちまち世界のスポーツ関係者の間に知られるようになった。

いくつかのエピソードを紹介しよう。

一九八八（昭和六三）年のソウル・オリンピック。韓国組織委員会は二年前の八六年に開くアジア大会と合わせて放送権交渉をしたい意向だとの情報が入り、八五年秋、島らはソウルに出向いた。

韓国組織委員会の委員長は、軍出身の実力者でのち（八八年二月）に大統領に就任した盧泰愚。

盧は島らが待っている部屋に入って来るなり、いきなりこう切り出した。

「日本の現在の繁栄は誰のお蔭だと思っているのか。われわれ韓国が防波堤になり、共産化を防いでいるからではないか。いわば、韓国の人びとの血と汗で、日本は経済大国になれたのだ。放送権料をとやかく言える立場ではない。私が提示する金額をそのまま受け入れてもらいたい」

盧の高圧的な発言にむっときた島は、即座に反論した。

「あなたの言うことは分かるが、政治や経済の問題はわれわれのマターではない。それは日本の外務省か政治家に言って欲しい。われわれは、アジア大会、オリンピックの放送権の交渉に来たのだ。放送権料に絞って話し合いたい」

「私の考えに変りはない」と盧。

「それでは交渉も何もあったものではない！」と島はテーブルを叩いて、席を立ってしまった。

島は、どんな高位、高官の人でも、物怖じすることはない。イエス、ノーをはっきり言い、理屈に合わないことがあればとことん追及する。ちなみにオリンピックの放送権交渉が妥結したのは、一九八八(昭和六三)年一月、放送権料は五〇〇〇万ドルであった。

これより前の一九八四年のロサンゼルス・オリンピック。組織委員長は一九三七年生まれの実業家ピーター・ユベロス。公的資金は一ペンスも使わず、すべて民間資金で賄った。商品になるものは何でも売り、〝オリンピック・ビジネス〟に徹した。放送権料は最大の収入源である。日本の放送権料をめぐる交渉は三年三カ月に及んだ。これは組織委員会が一度提示した金額を次の会談で上積みしてきたため、島が激怒、「ロス・オリンピックの放送はしない！」と言って席を蹴り、会談が一年近く中断したからだ。最終的には一六五〇万ドルで合意した。モスクワ・オリンピックに比べれば、二倍の金額だが、ロス組織委員会が「最終だ」と言って示した金額をさらに五〇〇万ドル近く値下げさせたものだった。

島とユベロスの交渉がいかに激しいものであったか。ユベロスは半ば冗談で、「島は大変なタフ・ネゴシエーターで、交渉中に灰皿が飛んできたほどだ」と語ったところ、その話がそのまま地元の新聞にでかでかと出た。島は、「交渉中に灰皿に手が触れ、真向かいに座っていたユベロスのほうに動いたことがあったかもしれない。が、灰皿を投げたなんてとんでもない。ユベロスとは何でも話せる親友だよ」と苦笑いしていた。いずれにしろ、日本の放送界のためにそれほど本気で交渉に臨んでいたと言うことだろう。

一九九二年のバルセロナでは、一億ドルの提示を四〇％引き下げさせ、九六年のアトランタの場合は、二億ドルの提示に対し、「そんな法外な金額なら、こちらは一〇〇〇ドルだ！」と言って、結局九九五〇万ドルで決着した。

島の交渉の激しさ、説得力は国内も海外も変わりない。常に真剣勝負である。オリンピックの放送権料の高騰は、歯止めがかからないが、「日本の放送権料は、アメリカ、ヨーロッパに比べれば割安である。タフ・ネゴシエーター島でなければできなかったことだ。放送界に対する貢献は大きい」という声は内外に少なくない。日本の放送権料の分担は、ＮＨＫが約八〇％、残りの二〇％前後が民放負担である。ちなみに、北京オリンピックの放送権料は、一億八〇〇〇万ドル。

島は、衛星テレビの二四時間放送が始まってから、海外のビッグ・スポーツを重要なソフトと考えていた。オリンピック以外にも、サッカー、テニス、ゴルフ、メジャー・リーグ・ベースボール（ＭＬＢ）など今も人気を得ているスポーツ番組はすべて島が放送権交渉をしてまとめたものだ。それにしても、世界を股にかけた行動力には驚かざるを得ない。

島は、冗談交じりでよくこう言っていた。

「俺の放送権交渉でＮＨＫ、民放各社がどれだけ得をしたことか。数百億円に達することは間違いない。民間会社なら巨額のボーナスを要求できるだろうが、公共放送ではそういう訳にはいかない。びた一文ももらっていない。俺は国内では評判が悪いようだが、海外ではなかなかの人気だ。交渉相手や放送会社のトップに訊かれて、俺の年俸が二〇万ドル程度だというと、みんなあまりの少なさにびっくりする。彼らは、十倍以上の報酬をもらっているのだ」

ハイビジョンの普及活動について述べよう。ハイビジョンは、高精細度テレビ（ＨＤＴＶ）とか高品位テレビとも呼ばれるが、ここでは主としてハイビジョンで通すことにする。

ハイビジョンは、カラーテレビが技術的に完成した東京オリンピック（一九六四年）後の次世代テレビとしてNHK放送技術研究所が独自に開発を進めていたもの。ハイビジョンはアナログ方式だが、従来のテレビに比べて画面がはるかに鮮明で色彩も豊富であり、画面の持つ情報量はおよそ五倍、三五ミリフィルムに匹敵する。ハイビジョンの特長は、テレビ放送以外にも広い応用分野を持つ点で、美術品の色や質感の再現性は印刷に勝るとされ、美術館や博物館ではすでに実用化されている。この他、映画、出版、デザイン、広告、画像処理、コンピューター・グラフィックなどの分野で応用ができる。二十一世紀の「高度情報社会」を支える画期的な発明と言われる所以である。

NHKはハイビジョンの情報を圧縮して伝送する「ミューズ方式」と呼ばれる帯域圧縮技術を開発し、一九八〇年代初頭には実用化の目途をつけていた。しかし、この段階でも、ハイビジョンの開発に本格的に取り組んでいる国は世界のどこにもなかった。

そこで、NHKは島桂次が理事になった一九八二（昭和五七）年にソビエト、オーストリア、イギリス、フランス、イタリアの五カ国でハイビジョンを披露し、翌八三年には、スイスのモントルーで開催された国際テレビ・シンポジウムで世界のテレビ関係者に公開した。

ハイビジョンを初めて見たヨーロッパの関係者は、一様に画像の鮮明さPCM方式の音声の迫力に圧倒され、驚嘆した。

島は、この公開デモの直後から、ヨーロッパ諸国を飛び回って各国の有力政治家やメーカー、研究者、放送関係者に、「日本のハイビジョンは実用段階に達しているので、世界統一規格として受け入れて欲しい」と強く要望した。これは、日本のエゴではなく、それを主張する理由があった。つまり、従来のテレビは、日本、アメリカなどのNTSC、ヨーロッパで普及しているPAL、主に共産圏のSECAMの三つの方式に分かれていた。NTSCとPAL、SECAMでは、走査線の数が異なる。このため、例えばヨーロッパの番組を日本やアメリカで再生しようとすれば、方式転換をしなければならない。ハイビジョンで世界統一規格をつくれば、こうした手間は一切省け、番組交流がよりスムースに行くようになる。

ヨーロッパの関係者は、日本の技術開発の素晴しさに驚くと同時に、次世代テレビ開発の格差に大きな衝撃を受けた。そして、それは次第に危惧に広がって行った。

当時、ヨーロッパでは、EC（ヨーロッパ共同体）統合を目指してさまざまな計画が練られていたが、とりわけハイテクを基盤とする高度情報社会構築への「ユーレカ計画」をその中心に据えていた。しかし、次世代テレビの開発が、ほぼ実用の域に達している日本に比べヨーロッパは大幅に立ち遅れている。このままでは、次世代テレビについても、〝ハードは日本、ソフトはアメリカ〟ということになりかねない。

そこで、EC委員会は一九八六年にHDTVの開発をユーレカ計画の目玉にすることを決定、急遽ヨーロッパ独自の方式によるハイビジョン（HD-MAC）の開発に乗り出した。

一方、アメリカでの反響はさらに大きかった。一九八七年一月全米放送事業者連盟（NAB）の求めに応じてワシントンでハイビジョンの公開デモが行われ、議会や連邦通信委員会（FCC）、メーカー、放送関係者などが招待された。ここでも、〝ソビエトの人工衛星スプートニク以来〟と言われるほどの衝撃と感銘を与えた。これほどの高度な技術開発が日本によって行われことに驚くと共に、アメリカではほとんど手付かずの状態に、「アメリカでも開発を急ぐべきだ」という声が高まって行く。アメリカの家電メーカーは、洪水のように入ってくる日本製品に押されて壊滅的状態だった。テレビ、VTRなどに続いてハイビジョンというハイテク家電でも日本に市場を奪われるとなれば、貿易赤字がさらに増えると危惧したのだ。

公開デモの直後、米議会下院の放送通信・財政小委員会委員長のマーキー議員は、「アメリカの産業界と学界が協力して、家電メーカーに再び星条旗を掲げよ！」と演説し、マサチューセッツ工科大学（ＭＩＴ）メディア・ラボ所長のニコラス・ネグロポンティは、「デジタルＨＤＴＶこそが未来を拓く」と主張した。

ＮＨＫでは、島が世界統一規格のための陣頭指揮を執り、世界各地で、ハイビジョンの公開デモをする一方、一九八四年のロスアンゼルス・オリンピックをハイビジョンカメラで撮影したのを手始めに、八八年のソウル・オリンピックではハイビジョンによる中継放送を実施、八九年六月からは衛星を使ったハイビジョンの実験放送を行うなど着々と実績を積み重ねていた。

アメリカ政府や全米放送事業者連合（ＮＡＢ）、ＣＢＳなどは、当初は日本のハイビジョン方式を支持していた。しかし、放送や通信業界の思惑、既得権益をめぐる争い、日本製品の進出拡大を恐れるメーカーや議会の声に押されて次第に独自開発の方向に傾いていった。

米国連邦通信委員会（ＦＣＣ）は、一九八八年九月に次世代テレビ方式に関する暫定的な基準を発表した。その内容は、「次世代テレビは地上波による伝送とし、走査線の数は一〇五〇本にする」というもの。走査線一〇五〇本は従来のＮＴＳＣ方式の二倍に当たり、相互の互換性を狙ったものだ。ＦＣＣは、専門家の意見を入れた公平なものと説明したが、日本外しの意図が見え見えの内容であることは明らかである。なぜなら、地上波が原則の電波の送信では、放送衛星を使っている日本のハイビジョンは、このままでは統一規格どころか審査の対象にすらならないからだ。

この時点（一九八八年）で、技術的に見れば、日本のハイビジョンが圧倒的な優位に立っていたことは間違いない。アメリカはこれから開発を始める段階であり、ヨーロッパはまだ開発途上だった。これに対し、ハイビジョンはすでに実用段階にあった。

島は、FCCの次世代テレビの採用基準の内容を聞いたとき、「これは大変な背信行為だ」と激怒した。そして、会長に昇進した直後の一九八九（平成元）年五月、ワシントンを訪れた。

商務長官のロバート・モスバッカーを始め、テレビネットワークの首脳陣、何人かの政財界人と次々に会見した。

島に同行した「ハイビジョンの生みの親」といわれる杉本昌穂（当時、放送技術研究所長）によれば、モスバッカーは、島が「あなたはハイビジョンを支持していたのではないか」と詰め寄ったのに対し、

「私はいまもハイビジョン技術を高く評価しています。しかし、次世代テレビを何にするか決定するのはFCCの権限です。この問題に直接的に関わる人とよく話し合って下さい」と答えたと言われる。

また、今回の訪米で島がもっとも重視したのは、全米放送事業者連盟（NAB）との会談だった。会長のエディ・フリッツの部屋のソファーに座るやいなや、島は日本語でまくし立てた。当然、練達の通訳はつくが、島の怒りはもろに伝わる。それは、こんなやり取りだったという。

「私たちはあなたからの依頼にはすべて応じた。他のテレビ信号と同じように放送できるようにシステムを変更したし、あなた方が移動体通信にテレビ用の帯域を取られないようにハイビジョンを理由にしたこともよく知っている。利用するだけ利用して、われわれのためには何もしない。これがアメリカ流ビジネスのやり方か」

「われわれにはいたずらに時間を無駄にしているとしか思えない。ハイビジョンのシステムに問題があるなら、率直に言って欲しい。アメリカがデジタル方式を目指していることはよく分かるし、いずれ

はそうゆう時代になるだろう。が、その実現までには時間がかかる。ＦＣＣの次世代テレビの基準は時間稼ぎであり、ハイビジョン排除としか思えない。ＮＡＢ会長のあなたの政治力なら、そんな基準をうやむやにすることはそう難しくないはずだ。

とにかく、すでに実用化しているハイビジョン放送を一日も早くアメリカで始めて欲しい」

これに対し、ＮＢＡ会長のフリッツは、「ＦＣＣの決定は、ＮＢＡではどうすることもできない。ＮＨＫのミューズ（ＭＵＳＥ）方式のハイビジョンが優れていることは事実だが、アメリカ国内では次世代テレビはデジタル方式でという声が強い。ＦＣＣの事前審査に五つのアメリカのメーカーや研究所が応募しているが、いずれも完全デジタル方式だ。ＮＨＫもこの審査をうけ、堂々と勝利を勝ち取ったらどうか」と述べた。

島はさらに、「われわれはハイビジョンのシステムに自信を持っている。だが、ＦＣＣの新方式の決定までには時間がかかりすぎるのだ。重ねてフリッツ会長の援助、協力をお願いしたい」と念を押した。

ニューヨーク・タイムズ記者のジョエル・ブリンクリーは、一九九七年に出した本"*Defining Vision : The Battle for the Future of Television*"（邦訳、『デジタルテレビ日米戦争——国家と業界が生む構図』二〇〇一年、アスキー）の中で、この会談の席上、島はフリッツに対し、「『ミューズ方式がアメリカで採用されたら、ライセンスやロイヤルティなどの話は一切しない。一セントだって要求しない』と言った」と書いている。

ブリンクリーによれば、島が同年秋、再びワシントンを訪れたとき、ＦＣＣ委員のパトリシア・ディアス・デニスや米下院で「ミスターＨＤＴＶ」と呼ばれるマーキード議員の上級顧問ラリー・アービングにこう語ったという。

「もし、アメリカが世界で最も進んだ私たちのシステムを採用しないなら、私たちはアメリカに友好的でない国との取引も辞さない」

また、NABで会長のフリッツらと再度面談した際、島はこんな提案をしたという。

「私たちはあなた方が頼んだことをやった。もし、あなた方が私たちのシステムが選ばれるようにしてくれたら、ライセンス料の五〇%をお渡ししよう」（実現したら莫大な金額である）

ブリンクリーは、このように記した後、

「だが、島は、後に『何を言ったかまったく覚えていない。そんなことを言ったとは考えられない。なぜ彼らがNHKのミューズ方式を使おうとしなかったか、正当な理由がなかったから、そんな話を流したのだろう』と語った」と前掲書の（注）に付け加えている。

この件に関して、島に直接話を聞いたことがないので確証はない。だが、島の交渉のやり方から見て詳細はともかく大筋では「十分あり得ることだ」と私は思う。アメリカのFCCやNABなどの対応に業をにやした島が〝ムチとアメ〟を使い分けたのだ。軍事衛星にも使えるハイビジョンの非友好国への提供がココム（対共産圏輸出統制委員会）違反になることは、政治記者出身の島は百も承知であり、（一般的に）アメリカのビジネスマンがカネに弱いことも経験で知っていた。

アメリカの関係者に波紋を呼んだ島の発言は、是非の判断は一応別にして、こちらが誠意を尽くしているのに本音を言わない相手に「一丁かましてやるか」と島が計算の上でした発言だと思う。

島は、その後もロビイストなどを使って議員への働きかけを続けていたが、アメリカでのデジタル・ハイビジョンの開発は予想より急ピッチで進んでいた。

アメリカでのハイビジョン交渉が続く中、一九九一（平成三）年六月思わぬ出来事が起きる。後述することになる島の突然のNHK会長辞任である。

アメリカにおける展開は後押しするトップがいなくなり、方向を見失ってしまった。島が辞任してほぼ半年後の九一年十一月にはGＩ社によってほぼ完成したデジタルＨＤＴＶがつくられ、九三年二月にはＦＣＣ（米国連邦通信委員会）が「次世代テレビはデジタル方式」を決定し、ＮＨＫはアメリカからの撤退を余儀なくされた。

一九九〇年代になると、アメリカではインターネットが急速に普及し、次世代テレビの開発にコンピュータ業界も積極的に参入してきた。その結果、デジタルの多機能が改めて見直され、テレビもＨＤＴＶ（高精密度テレビ）だけでなく、ＨＤＴＶの帯域を三分割して使えるＳＤＴＶ（標準解像度テレビ）も登場した。デジタル放送は、ハイビジョンの鮮明さだけでなく、多チャンネル化をもたらした。

アメリカのデジタル放送が実際に開始されたのは、ニューヨークなど大都市で一九九八年十一月一日。ちなみに日本は二年遅れの二〇〇〇年十二月一日であった。

ミューズ方式のハイビジョンはアナログといっても、それは送信部分に限られ、他はデジタルを採用している。ＮＨＫ放送技術研究所でも、九〇年代初頭からオール・デジタルのハイビジョンの研究開発を進めていた。だが、アメリカでデジタル・システムが成功したという情報が入っても、ＮＨＫの幹部やメーカーは、ミューズ方式のアナログ・ハイビジョンに固執していた。そのため、日本はデジタル化への対応が世界の趨勢に立ち遅れてしまった。前記の九一年十一月のデジタルテレビの開発成功から実際に機器として店頭に並んだ九六年頃までの期間が重要であったと指摘する専門家が少なくない。

「もしも」という仮定はあまり意味がないが、島が会長を続けていたら、九一年十一月以降のデジタルへという流れを的確に読んで、送信技術のデジタル化推進のための大号令を掛けただろう。技術研究所が全力を投入すれば、数年後には少なくてもアメリカ並みのデジタル・ハイビジョンが実現していたことは十分にあり得たのだ。例の「君子豹変」というやつで、島がアメリカの動向を読んで一八〇度の方針転換を叫んだ可能性は十分あり得たと私も思う。

だが残念なことに、ポスト島のＮＨＫには方向転換を決断するトップはいなかった。

いずれにしろ、ＮＨＫのミューズ方式のハイビジョンが、アメリカのデジタル・ハイビジョンにとって換わられるまで十数年間、世界最高の地位を占めていたことは間違いない。

当時誰もが世界最高の技術水準だと認めながら、それがなぜ世界統一規格にならなかったのか。その点を会長辞任後の島に聞いてみたことがある。島の答えはこうだった。

「技術が最高だからと言って、どの国でも受け入れるとは限らない。国や地域のエゴがぶつかり合う。これが国際社会の実相だ。ヨーロッパではハイビジョンの技術に驚嘆すると同時に、独自開発を発表した。日本の技術力に後れを取りハイテク製品の市場を奪われることを恐れたのだろう。それにヨーロッパという先進諸国のプライドだろう。ＥＣでは、各国政府、研究者、メーカーが一体になり、日本と同じアナログだが方式の異なる独自のＨＤＴＶの開発に取り掛かった。

ソビエトのゴルバチョフ大統領にハイビジョンを見せたとき、彼が言った言葉が忘れられない。『すばらしい。これまでとはまったく違うテレビだ。フランスのミッテラン大統領に会った際、ＥＣのＨＤＴＶを是非採用して欲しいといっていたが、これがそのＨＤＴＶかね』『違いますよ、大統領。ＨＤＴＶを発明したのはＮＨＫで、これは本家本元の世界一のテレビです。日本方式をロシアでも採用してください。品質は保証します』。ＥＣでは、フランスの大統領までがＨＤＴＶ技術の重要性を理解し、他国でセールスマンの役割を果たしている。日本でこんな政治家が一人でもいるかね。

高度情報社会の基盤となる画期的な発明に関係者以外、誰も関心を持たない。日本人の国民性と言ってしまえばそれまでだが、これが統一規格になれなかった理由の一つだと思う」

「アメリカとカナダはもともとNHKのミューズ方式のハイビジョンを支持していたが、一九八七年ワシントンで公開デモをしたあたりから風向きが変わってきた。日本の卓越した技術に驚き、それにどう対処するかをめぐって政府、議会、放送業界、学界、メーカーの思惑、欲望、利害が渦巻き、カオスの状態になった。しかし、ここでも国家エゴの原理が働き、『アメリカ独自のHDTVを開発する』という点だけで意見が一致した。自分も『せめてアメリカとの統一規格を』と思い相当あくどい手を使って巻き返しをしようとしたが、駄目だった。遠からずデジタル時代が到来することは、誰もが知っていた。が、デジタルは映像を送る際の帯域圧縮に難しい点があり、オール・デジタルのHDTVの開発までには、少なくとも五～六年かかると見られていた。しかし、これがアメリカの凄いところだが、わずか二～三年でデジタル・ハイビジョンをつくってしまった。そのとき、技術者やFCCなどの関係者は、『これで日本に勝った』と言って万歳三唱ならぬ肩を抱き合って喜んだそうだ。

日本のハイビジョンにとって不幸なことは、普及の時期がインターネットと重なったことだ。アナログ方式の技術があまりにも完璧だった故に、デジタルへの対応が後れたのだ。インターネットとなれば、デジタル方式以外にない。テレビ業界も初めは鮮明な画面のHDTVを目指したが、画面はやや劣るがHDTV一チャンネルで三チャンネルの放送ができるSDTV（標準解像度テレビ）も開発し、HDTVと多チャンネルの双方の道を拓いた。そして、放送と通信の区別がなくなり、パソコンでテレビの画面を受け、双方向の通信も可能になった。

丁度その転換点の時期にNHK会長を辞任したことは、残念だし申し訳ないと思っている」

島は、こう述べた後、さらに言葉を継いだ。

「一九八〇年代を通じて世界のトップの座にあったハイビジョンの方式を世界統一規格にしようと走り回ったのは、放送番組を通じて国際交流を促進しようと考えたからだ。それに二十年以上も開発に携わり世界的な発明に成功した杉本昌穂君ら放送技術研究所の諸君の労苦にも〝世界統一規格〟というかたちで報いてやりたかった。そうなれば、ＮＨＫも世界をリードする放送局として名実共に認知されることにもなるだろう。

だが、それは実現しなかった。ハイビジョンは技術戦争では勝ったが、政治・経済戦争で負けたと言えるだろう。そして、最後に戦争に参加したデジタルという最終兵器を持ったアメリカに負けたのだ。ハイビジョン戦争は、単に技術の優劣をめぐる戦いではなく、日本という国の力、国際社会における影響力、日本人の物の考え方、実行力が問われた総合戦だったのだ」

島も指摘するように、ハイビジョンの開発と受容をめぐる問題は、国際社会の複雑さと日本および日本人がその中にあってどう行動すればよいか、について数多くの教訓を与えてくれると言えよう。

島桂次は、一九八二（昭和五七）年七月、会長の川原正人によって理事に任命され、三年後の八五年七月専務理事に昇進した。川原は、几帳面で生真面目。これに対し、島は無愛想、傍若無人で、対照的な性格であった。

二人の関係について、当時、放送総局副総局長、理事の高橋雄亮は、次のように語っている。

「攻めの島、守りの川原で結構いいコンビだったのではないか。島さんも会長の補佐役として重要なことは〝永田町〟の情報も含めて会長の耳に入れていた。川原さんは手堅い人で、時に島さんの計画にブレーキをかけそれが島さんの暴走を防いでいた。川原さんは、『島君は例外だ。ＮＨＫの職員は記者を含め、政治家、経済人とは一定の距離を置いて付き合って欲しい』と口をすっぱくして話していた」

島のNHK改革の方向は川原も基本的に賛同しており、政界工作は島に任せていた。島が専務理事になってからは、その行動がますます活発になった。それには島が川原の他に、大いなる理解者を得たことが引き金になっている。住友銀行会長の磯田一郎である。磯田は、一九八三（昭和五八）年にNHK経営委員になった当初から、NHKの親方日の丸の体質を改革しようとする島の攻めの姿勢を高く買っていた。磯田は切れ味が鋭く決断力に優れた銀行家として知られ、財界の実力者であった。首相の竹下登と親しい関係にあり、竹下の財界人の後援会「竹世会」の有力メンバーであった。その磯田が、島が専務に昇進した翌年八六（昭和六一）に経営委員長になったのだ。

磯田経営委員会の委員長代行は、天野歓三。天野は朝日新聞の政治記者出身で政治部長、常務取締役を務め、筋を通す硬骨漢として知られていた。天野も改革の必要性を説く島を支持していた。経営委員会は磯田と天野が中心になって取り仕切っていたが、他の委員の中にも島の路線を支持する人が少なくなかった。

いつの間にか磯田と天野の二人は、重要な経営課題を川原でなく島に相談するようになった。

川原の会長としての二期目の任期は、一九八八（昭和六三）年七月までであった。川原を三選するか、新しい会長を選任するかが、経営委員会の大きな課題になった。

磯田の意向は、川原はすでに六年間会長職にあるので、この際、民間の財界から実力者を会長に招き、NHKの体質に思い切ったメスを入れてもらいたいというものだった。民活による組織の活性化である。天野も川原の三選には反対で、当初、後任には言論人もしくは学識経験者が相応しいと思っていた。しかし、NHKには経営上の問題も多いことから現実的にはやはり財界人のほうが良いと考えるようになった。
一九八八（昭和六三）年が明けた頃から、会長の川原が自身の三選に意欲を示し始めた。逓信族の実力者である自民党代議士の加藤六月、吹田愰らに働きかける一方、島にも数度にわたり次のように協力を求めた。
「自分の後任は外部からではなく、内部から選んでもらいたい。外部からだと内部が不穏になるおそれがあるからだ。副会長の横井昭君を推薦するが、それが難しいならOBを含めて検討してもらいたい。適当な人がおらず自分の三選ということになれば、そのときはやらざるを得ないだろう。島君も支持してもらいたい」（八八年一月）
これとは別に、川原は経営委員に接触する機会のある幹部職員に対し、次期会長人事について聞かれたら「川原は必ずしも三選にこだわっていないが、情勢次第ではやらざるを得ないだろう。いずれにしろ後任はOBを含め内部から選んで欲しい。外部からは抵抗感が強い」と答えるように指示していた。（八八年一月）
同年二月になると再び島に、「経営委員会はいろいろ動いているが、結局は自分の三選ということになるだろう。ついては三選後の役員布陣をどうするか考えておいてくれないか」と依頼したという。
これに対し、島は「次期会長の選出は自分が関知することではないが、経営委員会の一般的な空気では、外部の人間を連れてくるようですよ」と答えたという。
この段階では、磯田、天野は「川原更迭」の腹を固めており、事実上川原三選の芽はなくなっていた。「この人は〝ハダカの王様〟だ。それにしても使命感かも知れぬが、権力に対する執着心は凄いなと思った」と島は述懐する。

その後も、川原の周辺で三選運動が続いていた。同年四月になって、自民党幹事長の安倍晋太郎から島に電話があり、会いたいというので幹事長室に行くと、「ある経営委員に川原三選を支持するよう依頼したので、宜しく」と言われた。どういうことかと尋ねると、「NHKの有力幹部が郵政族の代議士加藤六月、吹田愰（二人とも安倍派）に川原三選を頼むといってきたので、二人が俺に川原支持を進言したのだ。そこで毎日新聞時代の後輩の経営委員に川原支持を頼んだ」ということだった。加藤、吹田両代議士は最も強硬な反島派である。

川原三選が無理なことを承知のうえで、こんなところでも反島感情をあおっているのかとあきれ果てた、とのちに島は語った。また、川原も島の有能さは買っていたが、最後まで自分の後任に島の名前は挙げなかった。愛憎こもごもの感情が渦巻いていたのだろう。

また、同じ頃、島をめぐるこんな〝怪情報騒ぎ〟があった。

ある有力出版社が「島がソウル・オリンピック放送権交渉の責任者の地位を利用して韓国オリンピック組織委員会から賄賂を受け取っている」として取材を始めた。これに気付いた島は烈火のごとく激怒。出版社副社長に「根も葉もないことだ。が、仮に収賄したとしたら、贈賄した者もいたはずだ。当時の韓国ソウル・オリンピック委員会の委員長は現大統領の盧泰愚だぞ。記事にしたら大変な国際問題になるぞ！」と怒鳴りまくって抗議した。

程なく、副社長は平謝りし、大手広告会社の社長を仲介人にして一席設けた。その際、「あんたとこみたいな有力出版社が、何でいい加減な情報を真に受けるのか」と問い質すと、副社長は「いい加減な情報ではない。NHKの有力幹部からの話だったので信用した」と答えた。有力幹部の名前は分かっていると言っていたが、私には教えてくれなかった。幹部の中の反島感情の高まりとともに、NHKの陰湿な体質を示す話といえよう。

一方、郵政省は、小野吉郎会長以来十二年振りに郵政出身者を次期会長にしたい意向で、事務次官経験者の経営委員を推し本人もその気だった。が、経営委員会内部ではほとんど支持者はいなかった。

こうした中で、三井物産相談役の池田芳蔵の名前が急浮上した。池田は、磯田とは旧制神戸二中、三高の同窓であり、剛直な性格、国際人として知られていた。だが、社長時代に国策事業といえるイラン・ジャパン石油化学（IJPC）の経営に失敗し相談役に退いていた。しかも、七七歳という高齢であった。

経営委員長の磯田は、経団連会長の斎藤英四郎、副会長の八尋俊邦（三井物産会長）らの了解を得た上で、次期会長に池田を推すことを決めた。完全に財界主導の人事である。委員長代行の天野はジャーナリストか学者が良いと考えたが、適当な人が見当たらず、結局池田推薦を了承した。

事務局長役の天野が各委員に「推薦する次期会長候補者の名前を文書にして提出して欲しい。複数でも構わない」と依頼し、その結果は同年五月二十四日の経営委員会で発表されることになっていた。

ところが、経営委員会で次期会長の選考作業に入る直前の五月二十一日の読売新聞朝刊一面に四段抜きで、「NHK次期会長、池田芳蔵氏決定か」と報じられた。官邸筋がリークしたといわれる。

五月二十四日の経営委員会で、代行の天野から各委員が無記名で推薦した候補者名の集計が発表された。その結果は次のとおり。

島桂次（現専務理事）　四票
池田芳蔵（三井物産相談役）　三票
辻清明（現監事）　三票
大来佐武郎（経済学者、元外相）二票

亀井正夫（住友電工会長）　二票
川原正人（現会長）　一票
加藤一郎（元東京大学長）　一票
山下俊彦（松下電器相談役）　一票
小林宏次（日本電気会長）　一票
磯田一郎（現経営委員長）　一票

島がトップの票を獲得したわけだが、島は会長候補になることを終始固辞した。政治家や郵政省の反島感情が強く、また磯田の意中の人が池田であることを知っていたからである。

池田についても、経営委員会では、年齢が高すぎる、磯田と中学、高校が同窓であることからＮＨＫ人事を私するとの世間の誤解を招く恐れがあるなどの理由で異論が出た。

とにかく、この投票結果を基に磯田と天野が各委員の意見を個別に聞いて最終調整することになった。

経営委員会内部での島の改革構想や実行力に対する評価は高く、冨谷晴一（北海道農業協同組合連合会副会長）らは、「仮に会長を外部から招くにしても、島の支持は欠かせない」と強く主張した。

「池田会長、島副会長」が経営委員会の大勢になり、池田は大所高所からＮＨＫの経営を見て、改革の実務は全面的に島に任せるということで池田も島も了承した。

しかし、自民党内の反島感情は予想以上に激しいものだった。

自民党幹事長の安倍晋太郎は、こう述べた。

「反島感情は安倍派だけでなく、全党的なものになっている。もし、島が会長になれば袋叩きになる。副会長にとどめて置くように」

前首相の中曽根康弘は、天野に対して、次のような島批判をした。
「島君は個人的に会うと、素朴で野心を持たぬ男と分かる。しかし、外見は横柄で気配りが足りぬ。国会でのNHK予算や経営計画の説明にも来ず、若い代議士など相手にせぬといわんばかりの態度が見えて、これが反島感情となっている。

島副会長ですんなり収まれば結構だが、与党、郵政当局に強い反対があるまま強行するのは如何にもまずい。自民党がNHK人事に干渉するわけではないが、その意向を無視してもうまくいかないだろう」

さらに、官房長官の小渕恵三は天野の電話に、「官邸・自民党の意向は、池田会長は了承しているようだが、島副会長については、特に郵政・通信関係議員に反島感情が強いと聞いている。郵政当局も同様だと聞く。これは非常に困ったことだ。島には熱烈な支持者がいる反面、反対する者が多いことも事実だ。だが、みんな島の手腕は認めている。官邸はNHK人事に干渉する気はない」と答えた。

このような曲折を経たうえで、最終的には経営委員長の磯田が首相の竹下の了承を得てケリがついた。そして、この人事劇の最終幕で郵政省は、郵政族のボス金丸信の力を借りて専務理事に郵政事務次官出身の小山森也を送り込んできた。無論、将来の会長含みである。

こうしてNHK経営委員会は、同年六月十四日全員一致で池田芳蔵を次期会長に選出した。この後、磯田委員長が「島専務理事の処遇については副会長にという各委員の強い要望があることを池田次期会長に伝える」と述べた。放送法によれば、経営委員会で選出するのは会長だけで、副会長以下の役員の任命権は会長にある。磯田の発言は極めて異例であり、経営委員会内で島の評価がそれだけ高かったことを具体的に示している。

以上が川原の後に池田・島体制ができるまでの概略である。放送法にNHK会長の選任は経営委員会で行うとあるのに、実際には政治が如何に深く関与していることか。その実情は今も変っていない。

「総合商社出身だが、国際性のある文化人」という触れ込みでＮＨＫ会長になった池田芳蔵だが、〝大変な人物〟であることが次第に判明してきた。

数カ月経っても役員の名前を覚えない。放送総局長をつかまえて、「君はいつも役員会に出ているが一体どこの人だ」という始末。それでも、仕事への意欲はあり、「ＮＨＫは人が多すぎる。人を減らせ」と指示したり、「小学校の受信料免除を廃止したい」という文書をいきなり文部大臣に送りつけたりした。年度途中であり、いずれもそう簡単に解決できる問題ではない。ことほど左様に池田の行動は、どこか的外れで動けば動くほど組織に混乱を引き起こすだけだった。経営に新風を吹き込んでくれるという池田への信頼と期待は、短期間に失われた。

私は当時、「日本賞教育番組国際コンクール」の事務局長を兼任していたので、日本賞について会長の池田に説明に行ったことがある。

池田の第一声は、「教育番組って何だね。僕は一度も見たことがないんだ」だった。そこで、教育番組について縷々説明し、「表彰式には皇太子夫妻もお出でになるＮＨＫにとって重要な行事です」と付け加えた。

「それにしても、教育番組はカネになるのかね。ＮＨＫがやらねばならない義務でもあるのかね」

これを聞いたとき、「この人は放送のことはまったく分かっていないし、愛情も持っていない。早く辞めてもらわねば」と思ったことを私はいまも鮮明に覚えている。

池田の話は、だらだらと長くて一貫性がなく論旨がはっきりしない。そして、やたら注文を出すので、現場の責任者とあちこちで衝突を引き起こした。池田の奇行振りが一般職員にまで知れ渡るのにそれほど時間がかからなかった。また、役員や局長が「何とかして欲しい」と島のところに駆け込んで来ることが多くなった。トラブル・メーカーの有名人島が、いまやトラブル・シューター（紛争解決人）になったのだ。「こりゃ、大変な人物が会長に来たものだ」というのが、大方の役職員の率直な感想だった。

池田自身は、「何かやろうと思っても、島君以下が反対して何もできない。島君は補佐どころか妨害ばかりする」と磯田にこぼしていた。

こうしたことが、局内にとどまっていれば、まだカバーできる。しかし、外部で問題を起こした。しかも、国会である。

一九八八（昭和六三）年十二月十四日、池田は衆議院逓信委員会に出席した。NHKの八五年度決算を審議するためである。池田会長の初の国会答弁とあって、各委員は注目した。

自民党の穂積良行議員の「新会長としてNHKの基本的問題をどのように考えておられますか」という質問に対して、池田は、「非力ながら皆さんの協力を得て名実共に世界に冠たる公共放送を築き上げてまいりたい」と最初こそまともであったが、歴代NHK会長の名前を延々と挙げたり、衛星の姿勢制御や料金の話をしたりで脱線続き、さらに、「国会が、三年前の決算を今頃審議しているのは怠慢だ」とやってしまったのだ。

さらに、出席した関係者を唖然とさせたのは、会長就任後の米国議会下院訪問の説明を突如、英語混じりでしゃべりだしたのだ。

「イン　アワ　オーガナイゼーション　ウイ　ハブ　サムシング　ライク　フィフティドクターズ　オブ　エンジニアリング。ゼイ　トライ　ベリー　ハード　ツー　インベント　ハイビジョン……」

その後の池田の答弁は日本語で行われたが、内容は支離滅裂に近かった。「これではとてもＮＨＫ会長がつとまる状態ではない」という情報があっという間に広まった。

これだけではない。明けて一九八九年三月十五日、池田は取り返しのつかない発言をした。東京の帝国ホテルで開かれた畑英次郎衆議院逓信委員長主催のパーティの席上、池田は、「私はＮＨＫ会長に就任する前、放送法をずっと勉強し、暗唱もしました。自民党の加藤六月先生に『ＮＨＫは不偏不党でなくては』と申し上げたら、『もともとそんなものはない』と言われた。以来、私も『そんなものかなあ』と考えるようになった」と言ってのけた。

日放労が早速この問題を取り上げて緊急団交を申し入れ、七二時間のストを通告して来た。

三月二十三日からは衆議院で、二十八日からはＮＨＫにとっては最重要課題の予算審議を控えていた。前日の三月二十二日の経営委員会が開かれた。席上、委員長の磯田は自分の考えを次のように語った。

「池田会長を今すぐ罷免することを考えた。しかし、官邸はいま辞められたら混乱するばかりで困る、斎藤経団連会長からは真藤恒ＮＴＴ会長がリクルート問題で辞任しいままた池田が辞めることになれば財界の面子が立たないと言われた。従って、いますぐ罷免というわけにはいかない。だが、ＮＨＫ予算が成立した段階で、池田に辞めろというつもりだ」

島らの懸命な根回しの結果、予算は何とか承認された。が、衆参両院の逓信委員会での池田の答弁は矢張りトンチンカンなものであった。衆議院逓信委員会では、社会党の阿部巳喜男議員から、「あなたには公共放送ＮＨＫの会長の仕事が余り向いていないのではないか。周囲からいろいろな意見が出ないうちに会長のほうから進んで出所進退を決めることが望ましいのではないか」と言われる始末だった。

池田の相談に乗り財界主導の人事を進めた経団連会長の斎藤英四郎は、事ここに至っては池田芳蔵の

NHK会長辞任は止むを得ないが、磯田一郎の経営委員長は任期一杯の同年五月まで務めさせたいという意向のようだった。だが、池田の奇行が予想をはるかに上回ったため、経営委員会内部からも池田を推薦した磯田の責任を問う声が出始めた。最終的には、経営委員長辞任の意思を固めた磯田が、予算の成立した同年三月三十一日に池田を住友銀行に呼んで辞表を書かせ、自分も小渕官房長官に竹下首相宛の辞表を提出した。

NHK会長を不在のままにしておくことはできない。経営委員会は、早急に後任を決める必要がある。島は、当時の心境を自伝の中でこう書いている。

「私は生来の気質から、自民党郵政族や郵政省の役人を相手にペコペコせず容赦なく渡り合ってきた。NHKを国営放送と勘違いする人たちにとって、私は疎ましい存在だった。自民党、とくに経世会（竹下派）の連中には面白くなかったかもしれないが、真実、ほかにやりようがなかったのだ。池田会長があの体たらくで、私自身も連帯責任で役職を外れるつもりでいた」

「ところが、『もう島しかいない』と言って私のところに会長就任を依頼してきたのだ。そこで、私自身も考えた。辞めるのも責任の取り方だが、この際、この混乱を収拾するのも責任だ。そう思って会長を引き受けることにした」

緊急の事態とあって、竹下首相も中曽根前首相も表立って文句を付けることはなかった。

経営委員長代行の天野歓三（磯田の後継経営委員長）が、自民党の意向を打診するため、安倍晋太郎幹事長に電話をすると、前回とは打って変わった態度で即座に次のように述べたという。

「会長は島でよかろう。島は副会長になってから自民党逓信部会などでよくNHKの現状を説明したりして非常に協力的になった。今回はかつては反島の先鋒だった吹田議員や山下徳夫議員までが島でよいではないかといって来ている」

安倍派の吹田議員はともかく河本派の山下議員（金丸信と親しい）までが幹事長の安倍に島の会長就任を推薦してくるとは、島の指示で経世会に強い報道局幹部が説得に動いたに違いない。これが島の退任の際、〝逆作用〟として働くわけだが、これはまた別の話である。

官邸や郵政省も、とくに異論はなく経営委員会に任せるという。

これで天野の根回しは完了した。

これとは別に、島には経世会代表の金丸信から直接、「後任会長をしっかりやれ」との電話があった。

一九八九（平成元）年四月十二日の経営委員会で、島桂次はＮＨＫ会長に満場一致で選任された。これまでＮＨＫと政界の橋渡し役として〝黒子役〟を演じてきた島がとうとう檜舞台に踊り出たのだ。これから真価が問われることになる。政治との関係を蔭からではなく真正面から背負って島体制はスタートした。

衛星放送、関連団体の拡充と本体のスリム化などと並ぶもう一つの島改革の柱は、海外への情報発信のシステムをどう構築するかであった。

グローバル化で情報の流れは地球規模になったが、情報は欧米諸国に独占されている。日本、アジアの実情は、大部分が欧米の記者、プロデューサーの取材、制作したニュース、番組によって世界中に紹介されているのが実情だ。日本の場合も、洪水のように情報が入ってくるが、発信されるニュースは極めて少ない。日本は世界第二の経済大国だが、情報に関しては発信小国である。何とかして日本の発信力を強め、情報の出入りのアンバランスを是正したい。真の放送の国際化を実現したい。それが島の悲願だった。

そこで、島が提唱したのがGNN（グローバル・ニュース・ネットワーク）構想だった。衛星による二四時間放送を開始する一年前の一九八六（昭和六一）年に島は三カ月ほどかけて世界の二〇カ国を回った。NHKでいえば、午後七時のニュースの相当する各国の〝旗艦ニュース〟をアメリカならABC、ヨーロッパではBBC、ドイツのZDF、フランスのANTENNE2、モスクワならゴステロ、中国のCCTVなどに毎日提供してもらい、日本語の同時通訳をつけてそのまま放送する計画だ。これは先に述べた通り実現し、衛星放送の目玉番組になった。島はこの延長線上でGNN構想を思いついたのだ。

一九九〇年十二月四日、島は日本特派員協会のスピーチで初めてGNN構想を公表した。島は、こう述べた。

「私がいま最重要と考えているのは、日本を中心にアジアの情報を自分たちの手で集め、それをアメリカやヨーロッパに向けて発信する。そのためのアジア・ネットワークをつくることです。

地球は自転しているから、アジアの情報はNHKが、ヨーロッパのニュースはヨーロッパの放送局、アメリカ大陸のニュースはアメリカの放送局が集め、毎日それぞれ八時間ずつ分担する。そうすれば、二四時間のワールドニュースが完成する。私は、これをグローバル・ニュース・ネットワークの頭文字をとってGNN計画と名付けました。いまパートナー探しをしているところです。まだ公表はできませんが、欧米の有力放送局からよい感触を得ています」

「ミスター・ターナーのCNNの悪口を言うわけではありませんが、あれはニュースを通じてアメリカの価値観を全世界に押し付けているとも言えるのです。

アジアの問題は、アジアの放送局が、アメリカ、ヨーロッパと近隣の問題は、アメリカとヨーロッパのブロードキャスターが対等のパートナーになりそれぞれ素材を出し合って二四時間のワールドニュースをつくるのは素晴らしいことではありませんか。CNNの独走を許すのではなく、もっと多様なニュース・ネットワークがあってよいはずです」

実はこのときまでに島はABCニュース社長のルーン・アーレッジとGNN構想の実現に向けて検討に入ることでほぼ合意に達していたほか、BBC会長のマイケル・チェックランド、EBU（ヨーロッパ放送連合）会長アルベルト・シャルフらにGNN構想を説明していた。BBCはGNNに乗り気でなく、副会長のジョン・バートが、「近くBBCだけでワールドニュースを始めるつもりだ」と答えた。島は「いかにもBBCらしいと思った」と言う。「大英帝国の伝統を持つBBCがアジアの日本の放送局が持ちかけた話にそう簡単に乗るはずがない。だが、BBCがGNN構想に大きなショックを受けたことは間違いない」とむしろ自信を深めていた。島はヨーロッパはEBUのユーロニュースと組むことにし、NHK、ABC、EBUが三極になってGNNの実現に向けて動き出した。

NHK内部でも、九一年二月に「GNN特別プロジェクト」、四月には「海外企画局」を新設し、本格的なプラン作りに入った。

計画では、実現までに三つの段階を踏むことになっていた。

第一段階は特派員の共同取材、機材や支局スペースの共同使用、衛星回線の共同利用など。第二段階は、世界的なニュース交換システムの構築、地球一周の衛星回線網の確立。

そして最終段階は、二四時間のグローバル・ニュースを事業化し、世界への配信を開始する。

この時点では、ABCとの間で香港やベルリンなど六カ所の支局の共同使用が実現するなど第一段階はほぼ完了し、第二段階が進行中であった。また、海外総支局にはいつでも情報が発信できるように小型スタジオがつくられ、現地スタッフの充実も含めて日本語だけでなく英語のリポートをする体制を整えるようにという指示が下されていた。

九一年四月からは欧米（のちにアジアも）に向けてテレビの国際放送“TV JAPAN”が始まった。日英の二カ国語になっているのはニュースの一部だけで、ほとんどは日本語放送で主に在外日本人向けの放送だった。これとは別に、日本で制作したニュース番組が世界で通用するかどうかを調べるため、ネイティブのキャスター、ディレクターも加わって、“TODAY'S JAPAN”（月～金曜三〇分）、“JAPAN BUSINESS TODAY”（月～金曜三〇分）、“ASIA NOW”（土曜三〇分）の三本の海外発信番組を八七年から九〇年にかけて開発した。評判は上々で、アメリカのＰＢＳ、ＡＢＣのネットワークを始め、カナダのＣＢＣ、イギリスのスーパーチャンネル、タイのＩＢＣ、韓国のＫＢＳ、ＭＢＣなどで次々に放送されるようになった。島は、「これでいける」と日本からの情報発信に自信を深めたようだ。

一方、島は折衝のため海外を飛び回る一方、国内でも海外への情報発信の必要性を関係方面に働きかけていた。ＧＮＮ構想の実現には、ＮＨＫの財政力だけでは無理があり、民間も参加する第三セクター方式が望ましいと言って有力財界人に協力を依頼していた。経営委員長で住友銀行会長の磯田一郎、ソニー会長の盛田昭夫、伊藤忠商事会長米倉功、第一勧業銀行会長の宮崎邦次などである。

島は、ＧＮＮ構想の他にも、

一、二十一世紀にかけて地球的規模の人類共通の課題として、環境問題をはじめ、軍縮、安全保障、貧困などがある。ＮＨＫはこうした課題について世界の放送局に呼びかけて共同取材を行い、解決の方策を探りたい。

二、二十世紀は映像の世紀と言われる。スチール写真、映画、テレビなどあらゆる分野の映像素材を全世界の放送関係者ができるだけ集めて人類共通の財産にする。と同時に、それを放送番組化して各国で放送する（ＮＨＫでは、九五年三月から九六年二月にかけてＮＨＫスペシャル「映像の世紀」として一一回シリーズで放送）。

三、日本の放送界は余りにも閉鎖的である。国際的に通用するプロデューサー、ディレクターを育てるため、若手職員をハリウッドや欧米の放送局、プロダクションに派遣する。

など、次々と新事業への布石を次々と打っていた。

ＮＨＫ徳島放送局で職員との懇談（1991 年）

いまのＮＨＫに、世界の放送関係者に向かって堂々とメッセージを送ることのできる幹部、トップはいるだろうか。島は常にメディアの将来を考え、体を張って全力投球していたのだ。その視野には、いつも「世界の中の日本」があった。

しかし、こうした一連の島構想が全面的に否定される日が突然、思いもかけないかたちでやってきた。

# 第九章　失われぬ志——ジャーナリストとして死す

一九九一（平成三）年七月六日夕方、イラン国営放送との協力協定を終えてパリ経由でロンドンのフォアア・シーズンズ・ホテルにチェックインしたばかりのＮＨＫ会長島桂次に一本の電話がかかってきた。副会長の小山森也からであった。

「国会は閉会中ですが、衆議院逓信委員会で緊急の『閉会中の審査』が開かれることになりそうなので、至急帰国してください」

また、夕食を終えてホテルの部屋に戻ると、今度はＮＨＫ出身の自民党代議士水野清が東京からわざわざ派遣した経済人が、「水野先生からの緊急の伝言です」と言って訪ねてきた。

それによると、「自民党経世会（竹下派）の野中広務らの間で『反島』の動きが活発化している。くれぐれも注意するように」とのことです。間もなく、水野本人からも緊急電話が入った。

「島さん、大変だ！　衆議院逓信委員長の野中らがあんたの責任を問うと息巻いている」

「どういうことだ」

「なんでもロケット打ち上げ失敗に絡んで島さんを追及しようという話らしい……」

「それは前の委員会で解決している」

「どうも、そのときの島さんの発言が問題らしいんだ。帰国の際は十分注意して欲しい」

日本の新聞はロンドンに来る前に立ち寄ったパリのドゴール空港で受け取っていた。パリ支局長の北本功が、「NHK島会長　国会答弁に疑問」の見出しで第一報の記事を掲載した七月二日付けの朝日新聞朝刊を始じめ、これを夕刊で追っかけた大手各紙、島の行動をスキャンダル記事に仕立て上げデカデカと報じた東京スポーツなど新聞の束を手渡してくれたのだ。

そのときは、島は「ヨタ記事を書きやがって！」と怒ったが、記事にはろくに目を通しもせず事態をそれほど深刻に受け止めなかった。まして、それが自分の命取りの引き金になるとは考えだにしなかった。というのは、島は日頃から、

「歴代NHK会長の中で、おれほど政府与党の連中にとって目障りな存在はないだろう。政治家や郵政省の筋の通らない要求は断固はねつけるし、自分の信じる改革をどんどん進める。事前のお伺いなどしないし、ましてご機嫌とりの頭を下げるなんてことは決してない。それが彼らには気に入らないのだろう。特に、自民党の経世会とはいろいろな経緯があって抜き差しならない状態になっており、彼らは機会があれば、『おれの首を取ろう』と狙っている」

と言っていたからだ。

それにもう一つ付け加えるなら、横柄でぶっきらぼうな口調、人を見下しているような印象を与える態度が、反島感情を増幅させ、内外に目に見えない〝島包囲網〟がいくつもできていたことだ。

副会長の小山の電話で、島は翌七日にウィンブルドン・テニスの放送権交渉を終えると、その日の夕方の日航機であわただしくロンドンを発った。

八日に帰国した島を、広報の責任者であった私は成田空港に出迎えた。島の車に同乗して、マスコミの報道、逓信委員長野中のそれまでの発言などを説明し、「事態は予想以上に悪化している。逓信委員会に謝罪、釈明するなど一日も早く収拾の手を打って欲しい」と意見を述べた。

島は、「馬鹿野郎、チンピラ議員どもにそうやすやすと頭が下げられるか」と言ったきり、しばらく黙っていた。やがて、自分に取材することなく記事にした「朝日の連中は許せない」と新聞、特に朝日新聞に怒りをぶちまけ、「広報は一体何をしていたんだ。俺のいない間にこんな記事が出るなんて、お前たちは無能だな」ととばっちりを受ける始末。車中にひっきりなしにかかってくる電話に応対していた。

「何と言われても構いませんが、問題は国会発言の事実関係と野中委員長が主導権をとる逓信委員会の動きです。放送センターで副会長以下が待っています。今後の対応を早急に検討してください。マスコミ対応はそれ次第です。明日（九日）午後、記者会見を予定しています」

その時点では、島は、自身の追い落としの計画が内外で着々と進んでいるにもかかわらず、「自分が動けば何とか火は消せる」とまだ安易に考えていたようだ。

それでは、ここでこうした事態を招いた発端を説明しよう。

それは、一九九一（平成三）年四月二十四日の衆議院逓信委員会だった。

自民党の新人代議士原田義昭（渡辺派）が、放送衛星のトラブルが相次いでいることに関連し、次のような質問をした。

「私の勉強したところでは、昨年の二月BS2Xがロケットの失敗で落ちた。現在飛んでいるBS3aはバッテリーの調子がよくない。引き続いての今度の3Hの打ち上げ失敗。これだけ事故が続くのは、どこかに問題があるのではないか」

と質し、さらに続けた。

「今度の3Hの打ち上げも、ちょうど会長の外遊中に行われたということで、これだけ大きなプロジェクトを遂行するに当たって何かいま一つぴりっとしたものがないのではないかと思わざるを得ないわけです」と追及した。

これに対し、島は、こう答弁した。

「ただいま、私の外遊中にこうゆう事故が発生して何かたるみがあるのではないかと厳しい御指摘を受けましたが、私はロケット発射の現場には技術担当の森川理事を派遣し、アメリカの責任者であるGE（ゼネラル・エレクトリックス社）も現場の責任者をケープカナベラルに送りました。私はGEのヘッドクオーターで、逐一映像と状況が入ってまいりますので、万一の場合に備えていました。これも外遊の一つの目的です」

島の命取りになった答弁である。島はロケットの打ち上げ時には、GEのヘッドクオーターではなく、ロサンゼルス市内のホテル・ニューオータニにいたのだ。島の答弁は流暢でよどみがなく、NHKの関係者以外誰も島の答弁に疑問を持った者はいなかった。

午前の審議が終わって国会内の食堂で昼食をとっているとき、技師長の中村好郎が、

「会長、GEのヘッドクオーターはロスにはありませんよ。担当理事を現地に派遣しているのですから、会長はどこに居ようが問題ありません。午後の審議でそれとなく訂正されたらどうでしょう」

とやんわり注意を促した。

島は、終始無言だった。ここでも〝悪い癖〟が出た。島には、注意されたりたしなめられたりすると、

かえって反骨精神を高ぶらせる子どもじみたところがあった。このときも、技師長の中村の注意が極めてまともなものであっただけに、「逓信委員会の議員程度の連中を言いくるめられないでどうする」という気になったのではないか。衆議院逓信委員会は、委員長の野中が四年生議員だったのを始め、若手議員が多かった。

午後の委員会になると、島は、ロケット打ち上げに関して、ますます冗舌になった。「GE会長もヘッドクオーターに一緒にいた」とか「雷雲が発生して成功率が七〇％ぐらいと言っていたのが、午後三時過ぎになりまして、九五％の成功の可能性があるので何とか今日中に上げたい。GEの責任者もどうしてもというので、GEの会長以下がゴーサインを出したわけです」などとありもしない話を付け加え、ウソにウソを積み重ねた。

島が、ニュージャージーのGEのヘッドクオーターに行かず、ロス市内のホテルにいて現地と連絡をとっていたことは、ホテルを予約したロス駐在特派員の大貫康雄から秘書室に連絡が入り、副会長の小山、理事を退任し待命中の海老沢勝二らに伝えられた。一部の幹部しか知らない情報だったが、これが島の会長辞任の引き金となる情報になった。

衆議院逓信委員長の野中広務によれば、委員会の数日を経ずして「島はロケット打ち上げ当日GEのヘッドクオーターにはいなかった。ロスのホテルにいた」という情報が入ってきたという。野中は情報源を明かさなかったが、この時点ではNHK関係者からの内部情報だろうと想像がつく。

野中は、早速、逓信委員会理事懇談会や自民党通信部会・電気通信問題調査会などの場で、国会での島発言の疑問点を指摘し、「ウソ発言をしたということであれば、国会を冒瀆したことになる」と強調した。

そして、五月八日郵政省に対し、事実関係の確認を要請した。NHKは、郵政省の問い合わせに対し、即日、「会長の答弁どおりGEのヘッドクオーターにいた」と回答した。ところが、翌九日の早朝、島自身が郵政省の放送行政局長桑野扶美雄の自宅に電話し、「実はGEでなく、ロスのヒューズ社で打ち上げの映像を見ていた」と前言を翻した。NHKに出局すると、島は自らヒューズ社のオペレーション・センターの仕組みを説明する図を描き、これを文書にして郵政省に提出するようにと、渉外担当役員に手渡した。

この段階では、渉外担当役員らは、これらの回答がいずれも正しくなく、ウソの上塗りであることは十分分かっていたはずだ。国会議員や郵政関係者の間でも、島が「ロスのホテルにいたこと」はすでに知れ渡っていた。私が不思議に思うのは、こうした状況下で、なぜ役員らが再三ウソの発言のメッセンジャー役をしたかである。NHK局内でも、反島感情が高まってきている。郵政省の問い合わせは、見方によっては、「救いの神」になったかもしれない。

なぜ、島は「今回のBS3Hの打ち上げ時はロスのホテルにいた。ボタンの掛け違いでウソの発言を重ねてしまい、国会の権威を傷つけ誠に申し訳なく思っている。是非国会で謝罪と弁明の機会を与えて頂きたい」と言えなかったのか。気が立ったときの島は、まさに〝暴れ馬〟である。直言すれば、罵詈雑言を浴びせられることは目に見えている。だが島が何と言おうと、郵政省には「ロスのホテルにいた」と訂正の回答をすべきだった。一時的には、「俺の言うことが聞けないのか。貴様はクビだ」と怒り狂っても、やがて冷静になれば分かってくれる。それが島の性格である。私にはそうした経験が過去に何度かあった。残念ながらこの問題は渉外の担当であり、広報の仕事ではなかった。誰も島に直言しなかった。広報の担当なら、この郵政省からの問い合わせの事実をその時点で知っていたら、私は「自分の進退をかけ、島のウソの積み重ねを防いだであろう」ことは断言できる。

島と野中は、「大胆で切れ味が鋭い」ことでは共通しているが、「細心、慎重」という点では野中の方が一枚も二枚も上だ。

「ヒューズ社にいた」とNHKが訂正してきたときも、野中はヒューズとGEはライバルであり、ヒューズがわざわざGEのロケット打ち上げの映像を見せる便宜を図るはずがないと直感的に思い、郵政省に再度の調査を命じたという。

野中は島より二歳年上だが、京都府副知事などを経て衆議院議員になったため、初当選は五八歳だった。自民党竹下派に所属し、政策通の勉強家として知られていた。自民党竹下派は、反島感情が強く、野中も島の独断的な事業運営と若手議員を見下すような態度を苦々しく思っていた。NHKの〝ドン〟と言われ、自民党の宏池会（宮沢派）に深く関わり、自分が接触するのは各派閥の領袖、幹部だけという姿勢をとっているのは許せない、「機会があればお灸を据えてやろう」と野中が考えても不思議ではない。国会議員を何と考えるか、というわけだ。

一方、島にとっては、当選四回以下の議員は〝駆け出し議員〟であり、自分には三十年以上もジャーナリストとして永田町の政治に関わってきたという自負がある。

まさに、プライドとプライドのぶつかり合いである。

そこで、野中は考えた。このままでは、島の影響力を考えると、国会での虚偽発言がうやむやのうちに葬り去られてしまう恐れがある。何としても事実を裏付ける証拠が欲しい。

そこが、いかにも野中らしいところだが、六月になって間もなく私費一万五〇〇〇ドル（約二〇〇万円）を投じて島のアメリカにおける行動の徹底調査と証拠集めを調査会社に依頼したという。その結果、ロケット打ち上げ時に島らがロサンゼルスのホテル・ニューオータニにいたことを裏付けるホテルの領収書のコピーが手に入った。それには、チェックイン、チェックアウトの時間、ホテルの部屋から打ち上げ現場や東京のNHKにかけた電話番号、時間などが記されていた。決定的な証拠である。勝負を仕掛けたら勝つまで執拗に徹底的に攻める、というのが野中のやり方のようだ。

こうして〝勝ち札〟を握った野中は、六月二十五日、他の逓信委員とともに東ヨーロッパのメディア・通信事情視察の旅に出た。

機中でのことである。野中によれば、この視察旅行に同行したNHKの渉外担当の副部長がしたたか酔っぱらって同じ自民党の川崎二郎と並んで一番前の席に座っていた野中のところに来て、「委員長が腹をくくってくれたら島会長は助かるじゃないですか」と背広の内ポケットの札束を見せて、「私は、委員長のためにここに三〇〇万円を持ってきているんです」と言った。「ふざけるな」と野中は一喝した。野中は、島の度重なるウソ発言、弁明とこの三〇〇万円事件の二つが重なって、「島会長ではNHKの自浄作用は期待できない」と見限ったという。

私は相当経ってから会長秘書の山下からこの話を聞き、唖然としたことをいまも生々しく覚えている。「渉外は、何て前時代的なことをするんだろう。常識では考えられない」と思ったのだ。それにしても、三〇〇万円は大金である。副部長クラスで簡単に手にできる金額ではない。上司の誰かの指示があったと考えられるが、あまりの馬鹿馬鹿しさに誰かは想像できるが名前は突き止めていない。ここで強調しておきたいことは、この件には島はまったく関知していないことだ。

野中は、七月四日に帰国し、成田空港で出迎え車に同乗した『週刊朝日』の記者に「島会長はもうこのへんで出所進退を明らかにすべきだ」と初めて島の対応について語った。私が二〇〇八年六月に野中に会ったとき、「これで一挙に島辞任への流れができた」と述懐した。

一方、島は、ウィンブルドン・テニスの放送権交渉を終えた当日にロンドンを発った。そして、帰国翌日の九日から活発な収拾工作を展開した。まず、経営委員会で国会での虚偽発言問題の経緯を説明、弁明した。経営委員長の竹見淳一は、「国会での発言は国会の場ではっきり訂正、謝罪すべきだ」と述べ、経営委員会としては一応了承した。

続いて、島は記者会見を行ったが、

「ソビエト、アメリカ、フランスと回った強行日程で非常に疲れ頭がぼーっとしていて勘違いして間違った答弁をしてしまった。『GEと連絡をとって』というつもりが、『GEにいた』と言ってしまった」

と苦しい言い訳に終始した。

さらに、自民党の宮沢喜一（宮沢派）、渡辺美智雄（渡辺派）、後藤田正晴（無派閥）ら親しい政治家のほか、各派の領袖、実力者と連絡をとり協力を要請した。竹下派会長の金丸信とは金丸お気に入りの東京赤坂のフランス料理店「クレール・ド・赤坂」で、食事をとりながら収拾に手助けして欲しいと依頼した。

金丸との会談は、島が先に人事で理事に再任しなかった海老沢勝二に命じてアレンジさせたものだ。これまでも述べたように海老沢は竹下派に太いパイプを持つ。

島によれば、金丸の回答はつれないものだった。

「自民党内は島批判が渦巻いている。特にわが竹下派では、ウソ発言をして国会を冒瀆した島は辞めるべきだというのが、共通の意見だ。事態がここまで来た以上、島君、じたばたせずに黙って身を引くのが男というものではないか」が金丸の返答だった。
この頃になると、マスコミの島攻撃は熾烈を極めた。

朝日新聞など大手紙は連日、虚偽発言をめぐる動向を報道し、テレビやスポーツ新聞、週刊誌は島の海外出張の一行に女性がいたことに目をつけスキャンダルがらみの記事をデカデカと掲載していた。

島は、ロサンゼルスに入る前、ラスベガスのNBA（全米放送事業者連盟）の年次総会に出席した。実は、私もラスベガス滞在中は一行と一緒だった。NBAでの広報活動のためだ。十六日に島は、全米の放送事業者を前にして、持論のGNN（グローバル・ニュース・ネットワーク）構想をぶち上げ、さらに記者会見でさらに詳しく説明した。前年十二月に東京の外国人記者クラブで発表した内容をさらに肉付けしたものだった。

そのポイントは、

一、NHK、アメリカのABC、EBU（ヨーロッパ放送連合）が三極になって、それぞれ八時間のニュースを担当し、二四時間のニュース・ネットワークを開始する。

二、総事業費は一〇億ドル（約一二〇〇億円）。分担は協議して決める。

三、本部・総合オペレーション・センターはニューヨークに置く。

四、本年（一九九一年）末から事業を開始する、

というものだった。

私は、記者会見の司会をしたが、島は、「日本の顔」、「アジアの顔」を世界の人びとに知ってもらうにはこうしたネットワークが不可欠と強調した。それはよいとして、私は外国人記者に対する答弁を聞いていて、「島さん、事業費や事業開始時期についてここまで踏み込んで話していいのかな」と思った

のは事実だ。この後、CNNの単独インタビューに応じ、GNN構想は世界中に報道された。アメリカの有力紙も、「CNNに次ぐ第二のニュース・ネットワーク誕生へ」などと報じた。この他、島は『文藝春秋』六月号に「NHKよ何処へ行く」という文章を書くジャーナリスト真神博の二時間余のインタビューを受けた。

「すべてうまく行った」と島は、大変なご満悦で、秘書らと一緒にラスベガスのすし屋に連れて行ってくれた。その日が、島のNHK人生における絶頂期だったかもしれない。その翌日のロスの行動についての国会虚偽発言が引き金になって島の人生が〝暗転〟するとは、想像すらできぬことであった。

ラスベガスで島に同行していたのは、秘書の山下頼充、女性通訳、それにモスクワで合流したNHKエンタープライズ・ヨーロッパの接遇担当の女性。この他、アメリカ総局長の日高義樹、ワシントン支局長の入沢邦雄がいた。私は、十八日の朝ラスベガスで一行と別れロスで航空機を乗り換えて、一足早く東京に帰った。だから、十八日のロスでの出来事を直接は知らない。

「島会長女性同伴、ラスベガスで豪遊」などとスポーツ紙や週刊誌が書き立てワイドショウが紹介した女性は、前記のエンタープライズ・ヨーロッパの女性である。『TVガイド』の記者としてNHKに出入りしていて島と知り合ったのがきっかけで、エンタープライズに就職。パリ駐在での職務にはNHK幹部の海外出張の際のコーディネートなども含まれていた。モスクワで島を出迎え、ラスベガスなどを経てフランスのカンヌに向かう島に同行してきたのだ。気配りのきく頭のよい女性だったが、気が強く時に周囲とトラブルを起こしたりした。著名な弁護士だった父親を早く亡くしたため、島が父親代わりになって相談に乗ってやっていたのだろう。私の知る限りでは、二人の関係はそれ以上でもそれ以下でもない。島は強面の外見に似ずフェミニストだった。外国旅行に秘書の山下とともに常に同行する女性通訳も同様に可愛がっていた。外国の要人に会うときは、「私の日本語の誤りを直して言わんとするところを正確な英語にしてくれる日本一の通訳です」と紹介していた。

連日のスキャンダルがらみの報道に島は苛立ち、「広報は何をしてるんだ。名誉毀損ですぐ告訴しろ」と言い出す始末だ。マスコミの報道は、いったん火がつくとどうにもならないが消せるものではない。しかも、針小棒大で記事は過激になる一方である。

私は、新聞社や雑誌社を回って「正確な記事を書いて欲しい」と頼んだが、その際、言われることは、「ほとんどの記事は、おたくの職員の情報に基づいて書いている。人事抗争が大変なようですね」であった。日頃から親しくしている編集者は、「これは内密ですが」と言って、「昨日も＊＊さんからこんな売り込みの情報がありましたよ」と教えてくれた。

島はのちに当時を振り返って、

「俺の時代は十を知って一を書くかどうかだったが、いまは一を知って十を書く時代だな。週刊誌などのスキャンダル記事も少し調べれば、真実かどうか分かるはずだ。自分の責任を回避するわけではないが、リークされた情報には必ず〝意図〟がある。その意図がどこにあるか突き止めないままウラも取らずに記事を書くべきでない。全国紙の紙面はほとんど同じ。テレビや週刊誌などは、イエロージャーナリズム化し、プライバシーの侵害が日常的に行われている。これでは、読者、視聴者に見捨てられる」

と述懐した。

衆議院逓信委員会での島桂次の虚偽発言問題は大詰めを迎えていた。島がＮＨＫ会長にとどまるためには逓信委員会で謝罪、釈明する以外にない。私は、「逓信委員会をリードしているのは、野中です。

何とかルートをつけて野中に会い頭を下げてください」と何度言ったか分からない。その都度、返ってくる島の返事は、「バカ野郎！　大臣の経験もないへっぽこ議員に頭が下げられるか」という罵声だった。

島が相変わらず連絡をとっているのは、自民党各派の幹部クラスだった。若手の多い逓信委員会で、島の現役政治記者時代を知っている政治家はほとんどいなかった。時代は動いているのである。島はそれに気付いていなかったようだ。派閥もかつてとは変わっていた。竹下派にしろ、宮沢派にしろ、派閥の結束がゆるみ、領袖・幹部の威令も通じ難くなっていたのだ。

野中広務の作戦は着々と進み、島は追い詰められ〝逃げ道〟を失った。島は再度の金丸との話し合いの場をつくるよう海老沢に命じたが、海老沢は周囲の状況を読み、今度は動こうともしなかった。

会長の任免権を持つＮＨＫ経営委員会は、島を支持していた。この時点でも、経営委員会は島の更迭はまったく考えておらず、委員長の竹見は、「国会で虚偽発言したのは悪いが、島会長の発想、実行力は素晴らしく経営手腕を高く評価している」と語っていた。

しかし、さすがの島桂次も、連日の誹謗、中傷、嫌がらせ、スキャンダル記事で疲れが目立ち、感情の起伏が激しくなった。七月十二日、郵政大臣の関谷勝嗣が、「島会長の国会での虚偽発言について何らかの措置をとる」と言ったことで、いささか弱気にもなっていた。

自伝に当時の心境をこう書いている。

「人間というものは不思議なものだ。『進退問題に発展か』とか『島会長辞任へ』などと、連日のように書かれると、やがて自分自身も『俺は辞めるのかなあ』という気持ちになってくる――」

この頃になると、ＮＨＫ局内でも、島の進退が話題になった。秘書室長の曽我健は、「周囲の状況から判断して辞職すべきだ。外部の識者の意見も聞いたが、このままでは、ＮＨＫの評価は地に落ちる。

もう限界だ」と考えていた。これに対し、広報の責任者だった私の意見は、「国会で若い議員になんと言われようとひたすら陳謝して、この事態を乗り切って欲しい。NHK改革は始まったばかりで、せめて道筋を付けるまでは会長の職にあって責任を果たすべきだ」というものであった。何人かの経営委員に個人的に会ったが、いずれも支持を約束してくれた。曽我と私は、それぞれに島に率直に意見を述べたが、私が意見を述べたときは、黙って聞いているだけだった。

各方面に島擁護の声も上がったが、島は最終的な決断をし、七月十五日、日本ガイシ会長をしていたNHK経営委員長竹見淳一に辞意を伝えた。間もなく委員長代行の冨谷晴一ら何人かの経営委員が、「島さん、辞めるな。最後まで頑張れ」と電話をしてきた。

島が会長辞職を最終的に決めたのは、竹見に辞表を提出する前日の十四日の深夜であった。島のマンションには三人の側近が集まり悲憤慷慨していたが、島は話には加わらず一人ブランデーのオンザロックをあおっていたという。

島が突然言った。

「俺は明日辞める。いろいろやってみたが、永田町で俺を辞めさせる〝流れ〟ができてしまった。もう堰き止めることができない。最初の読みが浅かった。経世会の陰謀にしてやられた。宏池会と俺に対する怨念がこんなに深いものだったとは思わなかった。NHKで遣り残した仕事があるのが心残りだが、このへんでひと休みするのも悪くないだろう」

三人は「短気を起こさず、もう一度考え直したら」と涙ながらに口々に訴えたが、「もう決めたことだ」と島は相手にしなかった。

翌十五日の朝、島は宏池会（宮沢派）会長の宮沢喜一、渡辺派会長の渡辺美智雄、それに後藤田正晴に直接電話し辞職することを伝えた。宮沢と渡辺は、それぞれ「お役に立てず申し訳ない」と答えたが、後藤田は、「辞めるな。辞表受理はまだだろう。こうゆうときは格好が悪くともあらゆる手を尽くすものだ。国会で頭を下げろ」と言ったといわれる。

島桂次は、経営委員長の竹見に辞表を正式に提出した後、同日午後五時からNHK内で会長として最後の記者会見をした。

まず、四月二十四日の衆議院逓信委員会での虚偽発言で迷惑をかけたことを陳謝した後、次のようなメッセージを述べた。

「この十年、私は国際化時代、情報化時代の新しい公共放送を再構築すべく全力を尽くしてきました。世界で初めての衛星放送を開始し、ハイビジョンを開発し、日本、アジアの情報を世界に向けて発信し、番組の国際共同制作を進めるなど、『世界の中の日本』を目指してまいりました。

質の高い放送を視聴者の負担をできるだけ少なくして出し続けるために、抜本的に組織、制度を見直し、人事を刷新し、新しいNHKグループをつくって体質改善を進めてきました。

この志、未だ半ばにして、辞意を表明せざるを得ない結果になったことは、誠に断腸の思いであります。

しかし、私が辞任いたしましても、NHKの全職員は力を合わせ、皆様の信頼に応える放送を出し続けてくれると信じています。

重ねてお詫び申し上げるとともに、これまで通りNHKを信頼してくださいますようお願いいたします」

私はこの記者会見に同席していたが、メッセージを読む島の声が途中から掠れ、目に涙さえ浮かべて

ＮＨＫ会長辞任会見。左、島。右、著者（1991年７月15日）。〔提供　朝日新聞社〕

いた。約四十年に及ぶＮＨＫ生活に関する万感の思いが胸をよぎったのか、こんな島を見たのは初めてだ。辞任する無念さが、隣に座っていた私にもひしひしと伝わってきた。

島の辞表が正式に受理されたのは、翌十六日だった。島の会長在任は二年三カ月であった。

それにしても、ロスのホテルにいたのに、なぜＧＥのヘッドクオーターにいたなんていう虚偽発言をしたのだろう。質問した議員はロケット打ち上げ時に島がどこにいたかを聞いたわけではないし、現地に担当役員を派遣しているのだから予定を変更してロスのホテルにいたと言っても何の問題もない。それなのに、島は「ＧＥにいた」とウソの発言をした。辞任後、「なぜあんな答弁をしたのか」と聞いてみたことがある。「自分でも分からない。多分、強硬日程の海外出張の帰国直後の疲れで頭がボーとしていたからだろう」というのが答えだった。

私は、最後の記者会見で島が述べた「衛星放送に対する熱意のあまり、思わずウソ発言をした」というのが、案外、本音に近いのではないかと思う。島はある意味で座談の名手である。話は面白いし、思わず引き込まれてしまう。だが、時に興に乗って話を創造し、他人がやったことをあたかも自分がやったことのように話すことがある。

例えば、第六章の中で述べたテレビ朝日のモスクワ放送権をめぐる問題で島は自伝の中で、自分の斡旋でテレビ朝日とNHKがテレビ、ラジオとも共同取材・放送でシャンシャンと手打ちになったと書いているが、実際にプール取材でNHKが担当するのはラジオだけで、テレビはテレビ朝日の独占放送だった。また、赤軍派と警察隊が銃撃戦を繰り広げNHKが連続一〇時間二〇分に及ぶ長時間中継を行った浅間山荘事件（一九七二年二月）では、自分が放送センター五〇一スタジオの副調整室に陣取って放送の指揮を執ったかのように言っていた。だが、当時の島は政経番組部長で直接の担当ではなく、外から「警察庁長官の後藤田はこう言っているぞ」とか「官邸の情報では、人質救出は夕方が山だ」といった電話を副調整室に何度も入れていたのが事実だ。私は当時社会部遊軍記者で、原稿の取りまとめをする一方、社会部と副調整室の間を行き来していた。島には、同じ話を何度もしているうちに意識的か無意識的かは分からないが、あたかもそれが〝真実〟であるかのように思い込む性癖があった。同期の玉木存（元経済部長、報道局次長）など親しい人は、「島の思い込み」とか「誇大妄想癖」とか言っていた。雑談や仲間内の間では、それは「ご愛嬌」であり、一向に構わない。

だが、それをやってはならない国会という場でやってしまったのである。ロケット打ち上げに関してなら、材料は山ほどある。微に入り細にわたった話をしても、この点に関しては素人の逓信委員に露見するはずがない。GEのヘッドクオーターにいたと言えば話が面白く展開でき、自分が如何に衛星放送に熱心かも分かってもらえる。「これも一種のサービスだ」くらいに考えたのではなかろうか。

これが、島の脇の甘さである。確かに、逓信委員や政府関係者で島のウソ答弁に気付いた人はいなかった。しかし、思わぬところに落とし穴があった。NHK内部の人間が、逓信委員長の野中や郵政省に「打ち上げ時に島がいたのは、ロサンゼルスのホテル」と告げたのだ。これが、逓信委員会が島の虚偽発言について調査を始めたそもそもの発端だ。

会長辞任の辞表を提出した際、経営委員長の竹見から「後任に誰か相応しい人はいませんか」と聞かれ、「監事の伊藤正己先生がよいのでは」と答えた。伊藤は、最高裁判所判事を務めた東京大学名誉教授で放送法の権威である。そのクリーンなイメージはNHKの信頼を回復するには最適な人物と見られた。竹見も「それはよい」と即座に同意し、各委員も異論はなかった。

七月二十二日竹見経営委員長が、伊藤を訪ねて会長就任を正式に依頼し、内諾を得た。ところが、翌二十三日伊藤は就任を断ってきた。持病の緑内障が悪化しており、会長という激務をこなすのは無理という健康上の理由からだった。

それも一つの理由だが、真の理由は、経世会幹部が牛耳る官邸筋の圧力であった。伊藤忠商事社の会長をしている実弟が、「『官邸は、島の推薦した人物は駄目。それに伊藤先生はリベラル過ぎる』と言っている。官邸の反対があっては、仕事はスムースに行かない。断ったほうがよい」と言って来たためだ。経世会会長の金丸信も、夜回りの記者に、「伊藤はまかりならん」と漏らしていた。伊藤後継会長案は、経世会によって潰されたと言っていいだろう。「伊藤は島の傀儡」と評したマスコミもあったが、島は「下司のかんぐりもよいところ。伊藤先生に失礼だ。先生は信念の人であり、人の意見に左右されるような人ではない」と話していた。

NHK会長は、放送法では経営委員会で選出すると規定されている。が、放送法は〝ザル法〟であり、実際には政治によって決められていることを前記の一連の出来事は如実に示している。

かくして島桂次は、ＮＨＫを去った。以来、死去するまで放送センターには一度も姿を見せなかった。辞任の直後、島はこう語った。

「私がやろうとしたことは、一言でいえば、『親方日の丸的体質を排したＮＨＫの自立』だ。予算承認を国会に握られた上、いつまでも受信料だけに頼っていては真に自立した公共放送はあり得ないからだ。関連団体の活性化や海外でも売れるソフト作りに熱心に取り組んだのも、このままではＮＨＫは世界の趨勢から取り残されてしまうという危機感からだった。

この十数年間血と汗を流し、組織の改革に全力を投じて走り続けてきたのは何のためだったか。空しい思いにかられる。なんで、あんなに一生懸命になったのか。その挙句、なんで、会長なんかになったのか。ＮＨＫ自立への道は、まだ緒についたばかりだ。不徳の致すところだが、それを途中で投げ出さざるを得なくなったことが残念だ」

野中広務は、「シマゲジの首を取った男」として、一躍政界の実力者にのし上がった。ジャーナリスト魚住昭は、野中の政治手法について、「野中が島を辞任に追い込むことができたのは、ひとえにＮＨＫの内部情報や郵政省の情報をリアルタイムで入手できたからだろう。豊富な情報をもとに相手の弱点を見極め、マスコミや世論の動向を敏感にかぎ分けながらズバリ切り込んでいく」と分析している。まさに、そのとおりだと思う。

野中はその後、順調に自民党内の出世の階段を昇り、自治大臣・国家公安委員会委員長、官房長官、幹事長などの要職を歴任し、その辣腕振りから「影の総理」とまで呼ばれるようになった。二〇〇三（平成一五）年十月、高齢などを理由に政界を引退したが、その人脈からまだ永田町に強い影響力を持っているといわれる。

私は、野中が島をどう見ていたのか、その評価はいまも変わらないのか。野中広務という人物に会ってみたくなった。早速、京都の野中事務所宛で野中に「現在島の評伝を書いているが、その関連でお会いしたい」と面会を求める手紙を書いた。驚いたことに一週間ほど経った頃、野中本人から私に直接電話があり面談を承知してくれた。私は京都駅前の野中事務所を訪ねるつもりだったが、野中は月に何度も上京するので東京平河町の砂防会館の事務所で会うことになった。

島の国会虚偽発言問題が起きて一七年経った二〇〇八（平成二〇）年六月二日、私は東京の事務所に野中を訪ねた。初めての面談である。野中は、終始、温和な態度でどっしり構え、「何でも聞いてください」と極めて率直であった。

私が、「当時、島桂次という人物をどう見ていたか」と聞いたところ、野中の返事はこうだった。

「島さんは横柄で、俺は大物だという態度が見え見えだった。特に、若手議員を見下し、話しかけてもろくに口も利かなかった。『国会で釈明させて欲しい』と私にも言ってきたが、すべて部下を通してだった。本人は金丸信さんら大物議員に接触して何とか事態を打開しようとしていたようだが、情報はすべて私の耳に入っていた。島さんの宏池会をバックにした永田町での影響力は知っているが、私も京都府政を長く牛耳っていた蜷川虎三と五分で渡り合った男だ。国会議員や郵政省を軽視して、何事も独断で進める島さんの姿勢は許せないと思っていた。それに、宏池会を除く国会議員、郵政省幹部の間での評判が悪く、反島感情が高まっていた。NHK内部の評判もあまりよくないようで、私のところにも、『島はメチャメチャな人事をする。睨まれると地方に飛ばされる』という声が聞こえてきた」

野中は、ここまで一気にまくし立てた。私は局内の人事の不満を政治家に訴える人間がＮＨＫ内部にいることに情けない思いをしたが、野中はお茶を飲んで一息つくと、さらに続けた。

「島さんがウソ発言をしたのは、国会を軽く見た傲慢さの表われだと思う。ウソ発言であることは、外部の情報ですぐに分かった。ウソ発言なら、国会の権威を犯したことになるので何らかの措置が必要だと思った。もっとも島さんの〝クビを取る〟なんてことは当初はまったく考えていなかった。郵政省に何度も事実関係の確認を求めたが、この段階で島さんがウソ発言を認め、国会で『ボタンの掛け違いでウソにウソを重ね申し訳ない』と陳謝してくれたら、注意するくらいで辞任に追い込むようなことはなかっただろう。

最終の段階になって九州選出の宏池会所属の代議士が宮沢喜一会長の代理だと言って訪ねて来た。『島さんは宏池会にとって大事な人だ。何とか、穏便に済ましてくれないか。条件があるなら、言って欲しい。会長も何でも呑むと言っておられる』ということだった。『いまさら何だ』が私の率直な気持ちだった。断ったのは言うまでもない。島さんが仕事に熱心なことは分かるが、とにかく敵が多過ぎた」

島のアメリカでの行動を一万五〇〇〇ドルもの大金を出して調査した、という話を聞いたのもこのときだ。仕掛けた戦いに勝つためには綿密な準備をする。これに比べれば、島は大甘で自信過剰だけではとても勝負にならない。

野中は、「政治の潮目が変わったと思ったら、さっと辞表を出した。それは見事だった」とも語った。

私が、「先生と島は性格に似たところがあるから、腹を割って話し合ったら案外、親しい仲になったかも知れませんね」と言うと、野中は思わず破顔一笑、「そうかもしれない」と答えた。そして、「それにしても最近のＮＨＫ経営委員会、執行部幹部はひどいね」と一言付け加えた。

一時間近いインタビューの間、野中は私の質問に一つひとつ丁寧に答えてくれたが、時に目の奥がきらりと光ることがあった。「この人はいくつかの修羅場を経験し大変な苦労をしている。味方にしたら心強いが、敵に回したら恐ろしい」というのが、私の率直な印象だ。


島を会長辞任に追い込んだもう一人の主役は、理事からＮＨＫエンタープライズ社長になった海老沢勝二である。先に述べたように、一九六一（昭和三六）年に福岡局から政経部（政治班）に戻ってきたとき、最初の担当が外務省。そのキャップが島であった。それ以来の関係である。海老沢が受け持った派閥は、宏池会と並ぶ大派閥の佐藤派。その後、田中派、竹下派と引き継がれた。海老沢は島の引きもあって政治部長、報道局長と順調な出世コースを辿り、島の〝右腕〟と呼ばれていた。海老沢は、島と同様、担当派閥を背景にＮＨＫ内部でも強固な基盤を築いていった。島に比べて、気配りがあり、内外の評判も悪くなかった。

緊密な二人の関係に隙間風が吹き始めたのは、一九九一（平成三）年四月に投票が行われた東京都知事選挙からだった。

この選挙は、四選を目指す鈴木俊一と「ＮＨＫニュースセンター９時」のキャスターとして茶の間の人気を集めた磯村尚徳の事実上の一騎打ちになった選挙である。磯村は当時、専務理事待遇の特別主幹をしていたが、その磯村にまず高齢、多選を理由に鈴木に反対していた公明党が目をつけ、それに自民党、民社党が乗ったものだった。

自民党は、竹下内閣がリクルート問題で退陣を余儀なくされ、宇野内閣を経て海部内閣になっていたが、実際に党を切り盛りしているのは幹事長小沢一郎であった。

選挙前年の一九九〇（平成二）年十二月のある日、小沢から「お会いしたい」という電話が、NHK会長室にいた島に直接かかってきた。

「今度の都知事選でおたくの磯村尚徳氏を自公民で推薦しようと思っています。有力な対抗馬もいないので、必ず当選できます。どうか了承して頂きたい」

当時の島は、NHKの組織改革と海外への情報発信のシステムづくりに全力をあげている最中であり、都知事選にはほとんど興味がなかった。

島は、こう返事をした。

「都知事選挙に立候補するかどうかは本人の問題であり、公共放送NHKの会長として是非を言う立場にない。あえて個人としての意見を言わしてもらえば、第一に公共放送の職員が退職した直後にこうした形で選挙に出ることはあまり好ましくないと思うこと。第二は、現職の鈴木知事が後継として認めてもらえるなら当選の可能性もあろうが、そうでなければ難しいと思う」

しばらくすると、小沢サイドから「磯村さんの件は、どうなりましたか」という照会が来る始末。そこで、磯村を呼んで「どうするつもりか」と質したところ、「それは島会長にお任せします」ということだった。島自身は、どちらかと言えば、磯村の都知事選立候補には消極的で、磯村に「お前の勝手だが、よく考えたほうがいいぞ。もし、立候補するならその前に条件を出しておけ。後ではただの〝お人形さん〟になり、政党に振り回されるだけだ」と言っていた。しかし、島がのちに私に語ったところでは、この段階では、海老沢が選挙参謀になって小沢と磯村の間でかなり具体的に話が進んでいたという。

再度、自民党幹事長の小沢の要望で会った際、「磯村さんに意向を聞いて頂けましたか」と問われ、島は「本人は私に一任すると言っています」と答えた。

小沢は強引だった。

「では、なんとか了承していただきたい。責任はすべて私が引き受けます」

島は、重ねて確認した。ＮＨＫは公共放送であるから、組織として選挙に一切かかわることはできないので、選挙はすべて政党でやってもらいたいこと。元首相竹下登や竹下派会長の金丸信ら自民党幹部は了解しているのか。自民党都連や都議会自民党との話はついているのか。さらに、最も肝心な点だが、鈴木都知事は承知しているのかなどを尋ねた。磯村が都知事選で傷つかないようにという配慮からの質問だった。

これに対し、小沢は、顔色ひとつ変えず、

「私も自民党の幹事長です。お任せください。万が一にも落選するようなことになったら、責任を取りますから」ときっぱり答えたという。

面談を終えて帰ってきた島は、私たちを前に、「小沢は若いが、なかなかの政治家だ。その剛胆さ、決断力には見るべきものがある。小型角栄だな。将来、良くも悪くも日本の政治をリードするようになるだろう」と語った。


磯村尚徳がＮＨＫを退職し東京都知事選への立候補が表面化すると、都知事選挙は一挙に動き出した。出るか出ないか態度を決めかねていた都知事の鈴木俊一が、「私は八〇歳だが、健康そのもの。まだやり残した仕事がある」と四選の意向を表明したのだ。何の接触もなく強引に「鈴木おろし」を進める自民党幹事長小沢のやり方に反発したためといわれる。小沢は、鈴木だけでなく自民党都連、都議会自民党関係者のほか、〝親分筋〟の竹下、金丸ら自民党幹部にも碌に相談せず、幹事長として独断で磯村擁立を進めていたことが分かった。

磯村立候補に関する島の心配が的中したのだ。

自民党は党本部と都連が分裂した。都連は鈴木支持に回ったのだ。頼りの党本部でさえ、経世会を除く各派閥は実際には磯村擁立に反対であった。自民党東京都連会長は、島と親しい宏池会の粕谷茂だった。粕谷や島村宜伸ら東京選出の代議士らから抗議の電話がジャンジャンかかってきた。

「鈴木都知事は特に失政があるわけでないのに、何で磯村を立てるのか。あんたが幹事長に売り込んだというではないか」

「冗談じゃない。俺は公共放送の責任者だぞ。俺が売り込むわけがない。小沢が磯村を口説いて、本人が出馬を決めたんだ。俺になんの責任があるんだ」

当然のことながら、抗議は自民党だけでなく、社会党、共産党からも殺到した。連日連夜、抗議、攻撃にさらされた。

島は、自伝（『シマゲジ風雲録』）にこう書いている。

「本人が決めたことだといくら説明しても、ほとんど分かってもらえなかった。『仕掛け人は島だ』『島が小沢に入れ知恵して、無理やり磯村を立候補させた』。そのうち、マスコミもその方向でどんどん情報を流し始め、いつの間にかそれが真実であるかのように独り歩きを始めてしまった。ついには、『公共放送の会長が一党一派に加担するのはけしからん』といった論調の記事まで出る始末だ。私は困惑するというより、あいた口が塞がらなかった」

都知事選挙の告示が間近に迫った一九九一（平成三）年三月中旬、元首相竹下登から連絡が入り、ホテル・オークラで会った。島によれば、その会談は次のようなものだったという。

「島さん、このまま行ったらまずいことになる。磯村さんを下ろすか、さもなければ鈴木さんと相談して、磯村さんを筆頭副知事にして任期の半分をやらせるとか、何らかの手を考えなければいかんですな」

「竹下さん、それは貴方の仕事ではないですか。私はそんなことをやる立場にないし、磯村の立候補はそもそも小沢幹事長が本人を直接口説いて決まったことですよ。幹事長は貴方のところの〝代貸し〟じゃありませんか」

「それはそうだが、私が動けば角が立つ……」

「それは自民党が公明、民社党の責任者と話し合って決めること。私は動きませんよ」

実際に選挙戦が始まると、自民だけでなく、民社も分裂選挙になり、これでは三期の実績のある鈴木に敵うはずがなく、磯村の不利は日を追ってだれの目にも明らかになった。こともあろうに官僚出身の鈴木が〝都民党〟を名乗り、小沢らの強引なやり方に反発する有権者の同情を買う始末。これに対抗して、磯村も銭湯で有権者の背中を流すなど庶民性をアピールしたが、どこまで受け入れられたか。「磯村さんも無理しているな」が私の率直な印象だった。

また、選挙戦開始と同時に、島から私に「磯村事務所に一切近付くな。電話もするな。これを現役職員に徹底させろ。変な誤解を避けるためだ」と厳しい指示が来た。その一方で、NHKを退職していた同期の玉木存を呼んで、「磯村事務所にはいろいろな奴が集まっているようだが、取りまとめる人間がいない。それをお前やってくれないか」と頼んだ。確かに選挙運動そのものは、自民党、公明党が中心になって、いわゆる選挙プロが進めていたが、毎日の日程の調整、候補者の魅力をどのように売り込むかといった演出、そして支持者の名簿の作成などの仕事が山積していた。

玉木は、「都知事選など興味もなければ、関心もない。やってもどうせ碌なことはない」と言って再三断っていたが、島に強引に押し付けられた。そこで、各党の後援会とは別に、玉木を会長とするNHKのOBらからなる後援会がつくられた。しかし、後援会としてやる以上は成果をあげねばならない。玉木は個人のルートで新たな協力者を集めた。NHKの元政治部長飯島博、元政治部・社会部デスク畑源生、元経済部記者石井彰、元政治部記者川本正之（選挙中、磯村秘書）、それに元北九州放送局長渡辺泰雄らである。中には、NHK関係の仕事を持っていた人もいたが、全員に退職してもらった。

この後援会に参加した人たちは、NHKとは無関係な立場で運動に当たり、大変な苦労をした。選挙後、文書違反の疑いで警視庁に摘発され玉木を始め前記のスタッフが取調べを受けたが、全員覚えのないことで結局違反とは無関係であることが判明した。それにしても、警視庁の取調べが何と峻烈なことか。インテリは警察の取調べにはすぐ落ちるというが、このグループでは一人も落ちた人はいなかった。島はこの話を聞いて、「お前たちは、所詮インテリではないんだな」と言って冷やかした。が、選挙期間中、私が毎日、玉木と連絡しているのを知っていた島は、毎晩夜中にかけてくる電話で「アレはどうなっている」と非常に心配していた。

海老沢は、相変わらず磯村と自民党とくに経世会の橋渡し役をしていた。

選挙戦になって、真剣に運動をしているのは公明党・創価学会と玉木グループだけで、分裂選挙になった自民、民社両党の動きは極めて鈍かった。これでは勝負にならない。

同年四月七日の投票が行われ、翌日開票の結果は、
鈴木俊一（八〇）　二二九万二八四六票（得票率四九・四％）

磯村尚徳（六一）　一四三万七二三三票（得票率三一・三％）

磯村は八五万票という大差を付けられての落選であった。

自民党の小沢一郎は敗北の責任をとって公言していたとおり、幹事長の職を辞した。

すると、自民党内部で経世会を中心に「小沢が責任を取って幹事長を辞めたのに、磯村を小沢に推薦した島がそのままでいるのは何事か」という声が出始めた。これまでも述べたように、これは大変な曲解である。島は一貫して「公共放送ＮＨＫは選挙とは関係ない。小沢が本人を口説いて磯村を擁立したのだ」と主張したが、永田町ではすでに「仕掛け人は島。クビをとれ」との流れができていた。

島が怒ったのは言うまでもない。実質的な磯村選挙の参謀だった海老沢を呼びつけて、怒鳴りつけた。

「お前が一番事情をよく知っている。一方的に向こうから頼んできて責任をとれとは何事だ。こんなバカな話があるか」

私も島から直接、「海老沢は自分で磯村を小沢らに売り込んでおきながら、落選になるとさっさと逃げて責任を俺に押し付けた」と言っていたのを聞いたことがある。

また、島はのちに「自分が磯村を推したという〝逆のストーリー〟自体、自分をＮＨＫから追放するための謀略でなかったか」と記しているが、果たしてそうだっただろうか。「自分にはその筋書きがよく分かる」とも言っていた。

これをきっかけに、一枚岩だった島と海老沢の間に溝ができた。これがさらに島と経世会の関係を悪化させた。

島は、都知事選挙中もＮＨＫ会長としての本来業務に多忙だった。折しも、ＮＨＫは人事異動の季節を迎えようとしていた。選挙が告示される前の三月上旬のことだ。定期便になっていた島からの深夜の電話がかかってきた。その中で、島はこう語った。

「組織改革の一環として今回は役員を大幅に入れ替えるつもりだ。海老沢も動かすつもりだ」

「都知事選はこれからが本番だし、海老沢さんは会長の右腕ではありませんか」

「海老沢は政治畑だけで世間を知らない。幅を広げるためにもいろいろ経験したほうがいいんだ」

島は、ときどき極秘のことをポツリと漏らすことがあった。大したことはないが、私の反応をリトマス試験紙代わりにしたのかもしれない。脇道にそれるが、真夜中の電話でこんなことを言ったこともあった。

「俺は安報酬の会長なんて一日も早く辞めたいんだ。だが、改革の道筋ができるまで辞めるに辞められない。NHKも欧米の放送局のように思い切ったトップの若返りが必要かもしれない。もしもの話だが、お前さんより下の年次の人間が会長になっても助けてやってくれるか」

「当然じゃーないですか。新しい皮袋には新しい酒ですか。思うとおりにやって下さい」

「まあ、いまの段階では実現は難しく、冗談の部類だがな……」

さて、本題に戻ろう。私は島の人事刷新の方針が分からないでなかった。島は、役員についても、本体だけでなく、関連団体、地方局を含めた文字どおりNHK放送合衆国（ユナイテッド　ステーションズオブ　NHK）を地で行く人事を行い、組織の活性化を図ろうとしたのだ。そして、役員は関連団体、地方局からも登用すると私には話していた。それに、どうせ関連団体や地方局に出すなら、皆が〝あっ〟と驚く人材を出すというのが島のやり方である。

そこで、人事の目玉として海老沢を関連団体社長に、編成局長の郷治光義を敢えて専務理事待遇にして大阪局長に出そうとしていたのだ。郷治は編成局長の前は総合企画室長を務めて島の〝知恵袋〟といわれ、理事昇格は確実と見られていた。

島は、関連団体や地方局のトップとして経験を積ませたうえで、一～二年後には二人を専務や理事として戻すことを考えていたことは間違いないと思う。

だが、この時点で、海老沢が島の人事の意味を理解しているかどうか、私には心配だった。海老沢は私より三年先輩である。その先輩の人事に後輩の私が直接口出しするのは憚られる。そこで、島の同期でズケズケものが言える玉木存（元報道局次長、NHK報道情報サービス社長）に相談した。玉木はNHKを退職し、当時、編集プロダクションの顧問をしながら、NHK近くの事務所で本を執筆中であった。

玉木は、私の懸念を理解して早速島に会い、「自民党経世会では、怨念に近い反島感情が高まっている。いまここで、海老沢を関連団体に出せばどんな誤解を生むか分からない。経世会に太いパイプを持っているのは海老沢だ。うまく使いこなすことが大切だ。今年の異動は取りやめるか、どうしてもと言うなら、せめて海老沢を呼んで異動の意味を説明してやって欲しい」と頼んでくれた。

島がぐずぐずして行動を起こさないため、都知事選が始まって磯村選対の仕事で忙しい中を、玉木は実に三回も島を説得してくれた。

島にしてみれば、「『人事は関連団体、地方局一体でする。役員人事も例外でない』と日頃から役員会で言っているので、海老沢は十分承知しているはず。いまさら説明するに及ばない」くらいに軽く考えていたようで、結局この件で海老沢に声を掛けることはなかった。このあたりが、自信過剰から来る島の脇の甘さである。

これが、島を会長辞任へと追い込むもう一つの要因になった。

玉木は、私が島は海老沢に会わなかったと報告すると、こう述べた。

「島は必要なことは言わず、どうでもいいことは人を呼びつけてくどくど言う。命取りにならねばよいが……」

玉木の予言はまさに的中した。

島は都知事選の当落が決まった翌日の四月九日役員の人事異動を行った。任期の切れる八人のうち、六人が入れ替わる大幅なものであった。関連団体と地方局から、NHKクリエイティブ社長の鈴木幹夫と大阪放送局長の堀井良殷が理事に任命された。海老沢は理事再任はされず関連団体トップ含みで待命、少し遅れて編成局長の郷治光義は大阪放送局長にそれぞれ発令された。海老沢については、島が経世会をバックにめきめき力を付けてきた海老沢に権力を奪われることを恐れたために理事再任をしなかったという説が一部に根強くある。だが、考えても欲しい。島と海老沢の年次の差は、五年もあるのである。たとえ島がもう一期会長をしたとしても、海老沢には十分な時間が残されている。また、島が「海老沢の野郎、磯村選挙の敗北の責任を俺に押し付けやがった」と怒っていたのは事実だ。しかし、島のあの性格である。この程度の問題は一過性で間もなく忘れてしまうだろう。海老沢にしても、エンタープライズ社長（同年六月の株主総会で選出）就任は、たとえそのときは不満であっても、将来、本体の役員だけでは得られない貴重な経験が得られるだろう。島の辞任後に役員に復帰し会長になった海老沢にとって確かにそのとおりだった。島のアメリカ赴任と同じである。

海老沢自身は、島の人事の真意を理解していたかもしれない。だが、その周囲や政治家でそれが分かっている人はいなかった。海老沢の関連団体社長転出イコール〝クビ〟と受けとったのだ。「シマゲジが海老沢に都知事選敗北の責任を取らせてクビを切った」という情報があっという間に内外に広がった。

　磯村がこんな話をしてくれた。ＮＨＫ役員人事公表の当日、つまり都知事選の結果が判明した翌日の四月九日に自民党経世会会長の金丸信を訪ねた。選挙協力のお礼である。雑談に入り、磯村が「海老沢君が理事に再任されませんでしたよ」と言うと、「なにい、島の野郎、やりやがったな」と金丸の顔つきが見る見るうちに険しくなったという。金丸も海老沢が都知事選挙の責任をとらされるかたちで島にクビを切られたと思ったことは間違いない。自民党内では、経世会を中心に「島の横暴を許すな」の大合唱になった。経世会の金丸や小沢らは、宏池会会長の〝宮沢喜一潰し〟に懸命であり、長年にわたり宏池会と深い関わりを持つ島に攻撃の的を絞ったといわれる。

　一方、ＮＨＫ内部でも海老沢を支持する政治部の後輩らがグループをつくり、政界、マスコミのルートで島体制打破の運動を展開した。政治部長を経て仙台局副局長をしていた滋野武（のち理事）は、この作戦会議に参加するため毎週のように上京していたほか、政治部ＯＢや社会部の一部などもこのグループに加わった。彼らは、島の人事の狙いを理解しないまま、「島人事はＮＨＫをメチャメチャにする。睨まれると地方に飛ばされる」とＮＨＫの内情や人事の不満、島のプライバシーの問題などを政治家や出版社に売り込んだ。それには裏付けのない情報も多かった。海老沢は、「俺は知らない。周囲の連中が勝手にやっているだけだ」と言って、表面上は一切動かなかった。

　海老沢は島のような先見性、シャープさがあるというわけではないが、カンがよく人を惹きつけるある種のカリスマ性があった。島のように他人が見ている前で、人を罵倒することもないし、「政治部のチンピラどもは取材の仕方も知らない。お前らはちゃんと指導しているのか」とデスクたちを怒鳴ることもなかった。

海老沢は、自分の人生哲学は「来るものは拒まず、去るものは追わず」だと言っていた。海老沢家の新年宴会は有名で、毎年誰が顔を出したかが話題になっていた。

だが、こんな意見もあった。政治部の大先輩で専務理事・放送総局長を務めた堀四志男は、こう語った。

「自民党の派閥争いに引きずられて局内で揉め事が起きるなんて本末転倒もいいとこだ。海老沢君にも言い分があろうが、政治部長、報道局長に引きあげてくれたのは島君だ。他の上司だったら誰も政治部長、報道局長に推薦しなかっただろう。そのことをもっと重く受け止めるべきだ」

話が少し前後したが、私は、海老沢更迭の噂が局内に流れ始めた頃、この件について島と相談した。が、島は「放っとけ」と言うだけで一切を無視し、役員人事発表の翌日四月十日にさっさと海外出張に出発した。モスクワ、ラスベガス、ロサンゼルス、カンヌを回る問題の旅である。島は自信満々であり、これが島の命取りの旅になるとは誰一人思わなかった。

島桂次の後継会長選びは、ＮＨＫ監事で東京大学名誉教授、元最高裁判所判事の伊藤正己が辞退したことにより白紙に戻った。外部からの起用が難しいと見た経営委員会は、ＯＢを含むＮＨＫ関係者から選出する方針を固めた。

副会長小山森也、技師長中村好郎、ＮＨＫ交響楽団理事長川口幹夫、元監事田沼修二らの名前が挙がり、前会長の川原正人の復帰も検討された。しかし、結局島のライバルと言われた川口に決まった。

川口は、経営委員長の竹見から「島路線は間違っていないと思うので、是々非々でやって下さい」と言われた際、「私には私の考えがあります。白紙でなければお受けできません」と答えたといわれる。

これより前、川口は親しい友人と一緒に新潟競馬に行っていて新発田市のホテルで秘書室長の曽我健から「経営委員長が至急帰京下さいとのことです。後継会長の件です」との電話を受け取ったとき、「晴天の霹靂だ」と驚いたという。が、川口の会長就任は、友人の劇団四季の主催者浅利慶太の口利きで元首相中曽根康弘が経世会会長の金丸信に強く推薦した結果といわれる。派閥は違うが金丸と親しい仲の河本派の山下徳夫（当時、自民党放送問題小委員会委員）が金丸の意を受けて自民党内を根回しして決まったのだ。竹見経営委員会は、形式的に選出したに過ぎず、川口は「島や海老沢の政治的手法は嫌いだ」といつも言っていたが、自身の会長選出はまさに政治主導の典型そのものだった。耳さとい川口が、こうした経緯を知らないはずがない。当たりは柔らかいが、島以上に頑固でしぶといと言われる所以である。

川口幹夫は、一九九一（平成三）年七月三十一日NHK会長に就任した。

会長就任後間もなくテレビ・ラジオを通じて視聴者に所信を述べたいと言うので、準備したところ、「私の信条は、三つのタと五つのシンです」と前置きして、とうとうと話し出したのにはびっくりした。〝そりゃ、なんじゃ〟と言うわけである。川口は、軽妙なスピーチをすることで知られていたが、また駄洒落好きでそれが他人へのサービスでもあると思っているようなところもあった。

ＮＨＫの番組は、「頼り」になる、「為」になる、「楽しい」ものでなければならない。三つタとは、その頭文字のタである。五つのシンとは、第一は「真実」を追究する。第二は物事を「深く」掘り下げて追求する。第三は気高い理想を持って常に「新しい」ものに挑戦していく。第四は視聴者の「信頼」を得るような番組をつくる。第五は「心」という愛情を持って物事を暖かく見つめる。それぞれのキーワードの音読みからとった「シン」である。

「三つのタ、五つのシンが、ＮＨＫの使命であり、私の経営方針でもある」と述べたのだ。

内容に特に異論があるわけではない。だが、挨拶を聞いていて、率直なところ、「この人には激動の時代という認識がなく、将来へのビジョンもない。NHKはまた逆コースを辿り〝親方日の丸〟の時代に戻ってしまうな」と感じたのだった。

数日を経ずして、川口は「私は島路線を否定するためにやって来た」と堂々と口にするようになった。「調和と前進」をスローガンにし、「NHKはいま混乱の極にある。私の使命はこの混乱を収めることだ。混乱の元凶は商業主義と肥大化路線にある。私は島君と違って受信料制度に基づいた経営をする」と強調した。

私は、川口の求めに応じて島が受信料制度について、どう考えていたか説明したことがある。それは、次のようなものだ。

「島さんは受信料制度の将来に強い危機感を持っていました。しかし、受信料制度を否定したことは一度もありません。受信料ほど有り難い制度はない。しかし、多メディア・多チャンネル時代を迎え、視聴者のニーズは多様化している。テレビ離れ、特に若い人の接触率の低下は深刻だ。受信料の収納率をこれまでのように高い水準で保つことは次第に難しくなるだろう。幸いNHKには番組という財産がある。世界に通用する高い品質の番組を制作しこれを国際市場で売れば、副次収入になる。これからは数年置きに値上げというわけにはいかない。受信料収入を副次収入で補えば、それだけ視聴者にかける負担も少なくなる」

「これが島さんの考え方です。極めて説得力のある妥当なものではありませんか。しかし、島改革は未だ始まったばかりで試行錯誤の段階です」と述べ、「島路線の否定ではなく、やはり〝是々非々主義〟で行くべきではないでしょうか」と付け加えた。

川口は黙って聞いているだけで、何の反応も示さなかった。

また、「局内の混乱をどう思うか」と聞かれたこともある。

「国会でのウソ発言は許されることではありません。だが、激動するメディア界の動きに合わせてNHKを改革するという島さんの基本的方向は間違っていないと思います。混乱と言われますが、過渡期には組織は多少ギクシャクするものです。不平分子はいつの時代にもいます。会長の交代でそのうちに収まると思います」

と私が答えると、川口は、

「島君は行ってはいけない方向に行った。君と僕では事態の基本認識が異なる」

というのが川口の答えであった。

それだけ言うと、黙ってしまった。私は、それ以来、辞表を背広の内ポケットにしのばせるようになった。人事担当になった新任の理事が、「シマのはっぴを着て肩で風を切っていたあいつは許せない」と言っているという情報も耳に入ってきた。

それから、半年も経たないうちに、島の改革路線を全面的に見直すという方針転換が次々に打ち出された。島改革の骨子は、①衛星放送の推進、②関連団体の拡充・再編成によるNHKグループの強化、③GNN（グローバル・ニュース・ネットワーク）構想を中心とする国際化の展開である。川口はこの島改革に急ブレーキをかけたのだ。

衛星放送は、先導的役割としてNHKが実施しているものであり、要員や予算の手当てもないまま、島の陣頭指揮とスタッフの悪戦苦闘の末、やっと成功したものである。要員の手当てがなければ、関連団体や外部の力に頼る以外にないではないか。二四時間放送のチャンネルが二つも新しくできたのだから、自局の番組だけでは足りず内外から調達するのは当然のことである。これを否定するのであれば、衛星放送を止めるか、放送時間の削減しかないわけだ。だが、川口には批判するだけでそれを断行する実行力はなかった。「放送局にとって番組作りが基本」という川口だが、どうすれば変化の時代に優れた番組がつくれるかが課題である。川口はそのシステムを明示すべきだった。

島が強く推奨した国際共同制作は、一九八六年以降に企画・放送されたものだけでも、「大黄河」「地球大紀行」「驚異の小宇宙・人体」「社会主義の二〇世紀」「オルセー美術館」など力作が並んでいる。制作費の分担で安い費用で大型番組ができる。どこに問題があるのか分からない。メディアミックスなどで行き過ぎがあれば手直しすればよい。関連団体の仕事にしても、放送法で認められた範囲内であり、民放との間に軋轢が起これば、譲歩するなど調整すればよい。島は、民放連大会に出掛けて行って「民放の既得権益を侵すようなことはしない」と約束していたほどだ。

川口は、二言目には「商業主義、肥大化路線を推進し、行ってはいけない方向に行った」と島を批判するが、自身には独自にどんな方策があるのか。要員の手当てのない衛星放送を成功させるには、他にどんな手があるというのか。

「世界の中の日本」を意識することは、島が打ち出した最重要の経営課題の一つであった。その中核がGNN構想である。多少、大風呂敷かもしれないが、日本、アジアの考えや行動を日本から世界に伝えることは何にも増して必要だ。「バブルがはじけた」「資金の手当てがつかない」「計画が杜撰だ」と川口は言うが、当時バブルがはじけたのは日本だけで、アメリカ、ヨーロッパへの影響はほとんどない。島は欧米やアジアのメディア界のトップと何度も膝詰めの話し合いをし、国内の経済人にも会って日本からの情報発信の必要性を訴えていた。これに対し、川口はただ批判するだけで何の行動も起こさなかった。起こさなかったと言うより起こせなかったと言うべきかも知れない。

何のアイディアもなく、どうしていいのか分からないというのが実情だろう。だが、少なくとも、アジアでの取材網の強化と日本を中心とするアジアの放送局の実効あるニュース・ネットワークをつくりあげておくべきだった。

この間に、香港、中国、韓国、シンガポールなどは、島のアイディアにヒントを得て、二四時間の映像による情報発信を始めている。NHKは完全に出遅れた。二〇〇八（平成二〇）年九月、日本から映像と音声で情報発信をする（株）日本国際放送が発足し、二〇〇九年二月から発信を始めた。アジアでも後発で苦戦が予想される。このニュースを聞いて川口はどう思っているのだろう。この内容なら川口にやる気さえあれば、二十年前に発想できたはずである。

先にも述べたが、川口は自分の考えもないまま島改革に急ブレーキをかけた。「いざ、これから」と張り切っていた現場は、前のめりになり、意気阻喪し萎縮したことは想像に難くない。「やるでもない、やめるでもない」の中途半端な状態が続き、NHKはこの頃から確実に衰退の道を辿り始めた。

川口は趣味人であり、交友関係は広い。だが、芸能、文化人との付き合いがほとんどで、経済人との付き合いは少ない。そこで、経済部長経験者で解説委員長もした成田正路に頼んで経済人を紹介してもらって、経済人との懇談会を開いた。川口が会長に就任して数カ月後のことである。小野田セメント会長の諸井虔が世話人になり、経団連会長平岩外四（東京電力会長）、ウシオ電機会長牛尾治朗、日本鋼管社長山城彬成が集まってくれた。平岩会長らは、「島さんの件は残念としか言いようがない。が、NHKは日本国にとって不可欠です。他局ではできない質の高い番組をつくってください」と口々に励ましてくれた。

これに対し、川口は「私は最初の任期三年で島色を払拭し、次の三年で川口色を鮮明に出すつもりです」と言っただけで、紅白歌合戦の裏話など雑談に終始した。そして、最後に、「私は本当は会長なんてやりたくないんです。諸井さん、あんたはTBSの役員もしていて放送界の内情にも通じているから、あんたがNHK会長になったほうがよかったんですよ」と話した。本人は冗談のつもりで言ったのだろうが、座はしらけてお開きになった。

同席していた私が最後に帰ろうとすると、諸井に「ちょっと」といって呼び止められた。「みなさん、猛烈に忙しい中、日程をやり繰りして来てくれたのです。川口さんの思い出話なんて沢山です。それにNHK会長にお前がなったほうがよかったなんて、冗談にも程がある。それにしても、最初の任期三年で島色を払拭すると言う発言には驚きました。企業なら新社長は、最初の一年間に自分の経営方針を打ち出し、全力投球するものです。川口さんにはその意気込みが感じられませんでした。こんな調子なら二度目なんて開けません。川口さんによく言っておいてください」とお小言を頂戴する始末だった。「川口さんという人は、〝場〟の区別が付けられない人だな」というのが私のそのときの感想だった。

一九九二（平成四）年六月二十六日EBU（ヨーロッパ放送連合）の年次総会がノルウェーの首都オスロで開催された。

この総会に来賓として招かれた川口は、「私の前任者の島桂次が昨年のバチカン総会で提唱したGNN（グローバル・ニュース・ネットワーク）構想を軌道修正します」と事実上、島構想を全否定したのだ。川口は、その主な理由としてGNN実現に必要な一〇億ドル（約一二〇〇億円）の事業を行う経済環境にないことを挙げている。が、これは総事業費であり、共同事業者のNHK、EBU、アメリカのAB

Cの三者がどう分担するか、どういう手順で事業を進めるかなどについては未だ結論が出ておらず、話し合いの余地がある。例えば、EBUのシャルフ会長は島のプランを高く評価し、さっそく傘下各局の取りまとめに入り、一年後にはユーロニュースを実現させGNN参加の体制を整えた。

川口は、GNN構想の代わりに実現可能なこととしてアジア地域内のニュース素材の交換システムの充実を挙げている。しかし、当時は各国のニュース素材の質に格差があり、とても日常的に使える水準になかった。そのことは、関係者ならだれでも、ABU（アジア放送連合）のニュース交換を通じて承知していることだった。アジアのニュースを世界に流通させるためには、各国の主要局へのてこ入れに加えて、NHK独自の取材網の構築が不可欠だった。しかし、トップが方針変更を主張するようでは、計画実現のために四苦八苦している担当者に熱が入ろうはずがない。

それに、川口はGNN構想の中止について、パートナーのEBUとABCの代表にきちっと説明していなかった。これで、NHKは組織としての信用を大きく失墜した。

以上の点を考えると、川口が日本、アジアの情報を世界に伝えるまったく新しいシステムとしてのGNN構想を正確に理解していたとはとても思えない。実情も分からないまま、「まず、否定ありき」の結論があったのではないか。その発表の場がEBU総会であったと言えよう。

川口はここでも駄洒落で出席者の失笑を買ったという。発言の冒頭、「グッチのカワ製品といえば、世界の女性の憧れの的ですが、私は日本の〝カワグッチ〟です」とやったのだ。英語でどう訳されたかは知らないが、アドリブであり同時通訳者はさぞ苦労したことだろう。グッチと言えば、当時遺産をめぐって一族が争っており、ヨーロッパでは大衆紙をにぎわせる話題になっていた。知ってか知らずか、それをユーモアとして取り上げるセンスが疑われたのだ。

一八〇度の方針転換と言いながら、川口は思い切った断行は何もしなかった。「番組の質の向上が何より大事」「番組制作より売買を重視するやり方では現場が駄目になる」「受信料を重視し副次収入には頼らない」「生き生きとして活気のある制作現場を取り戻す」などと断片的に言うだけで、組織の見直しや将来を見通したＮＨＫのあり方については何の発言もなかった。

激しい島批判にもかかわらず、衛星放送については、ほとんどそのまま。関連団体については、全般に業務を縮小し、放送の国際化の尖兵であるＧＮＮ構想を十分な検討もなくストップさせ、「新しいアイディアで事業の開拓を」と考えていたスタッフの意欲をいたずらに削いだ。また、民放との関係も、対立はもう収まりかけているのに「前任者と異なる自分のやり方だ」と言って共存・協調路線を改めて打ち出し、既存権益を侵さない範囲で苦労して仕事をしている関連団体の社員を「カネは稼ぐな、仕事はするな」と言うことかと怒らせた。

また、軌道修正は番組編成にも及んだ。一九九二年四月スタートの総合テレビの新編成で、金曜夜の七時半から四五分の時代劇、引き続き三〇分のホームドラマを放送する。さらに土曜夜もドキュメンタリーが多かったのをドラマ中心にした。これは、通常の番組改定の範囲内であり、別に会長が強調すべきことではないだろう。編成、ドラマ部長のレベルの話であり、せいぜい放送総局長どまりだろう。「さすが、ドラマの川口さん」との声がないでもなかったが、私は現場にいて会長のお声がかりのこの話を聞いたとき、「会長としての業務の力点の置き方にどこか偏りがある」と感じたことを率直に記しておこう。

これより先の一九九一年十月、ＢＢＣ（イギリス放送協会）はアジア全地域で二四時間のニュースサービスを始めた。無論、日本でも視聴可能である。NHKにとってショッキングな出来事である。本来、NHKのカバーエリアであるべきアジア地域で先を越されたのである。島をはじめ関係スタッフが、中国との関係強化など一つひとつ積み重ねてきた努力は報われなかった。

川口は、

「われわれはわれわれの立場で着実に段階を踏んでいく。今後を注意深く見守りたい」

という呑気なコメントを出した。

民放連副会長で毎日放送社長の斎藤守慶が、「日本も民放とNHKが一緒にアジア向けニュースを流すなどしないと、時代に後れる」と危機感をあらわにしたのと対照的だった。どちらがNHK会長の意見か分からない。川口には、ことの持つ重要性が分からなかったのだろう。この態度を見て、「人当たりはよく耳さわりいいが、NHKをめぐる厳しいメディア環境やその対応策を真剣に考えてはいない人」という川口の評価が内外に定着した。

一九九三（平成五）年四月、NHKエンタープライズ社長海老沢勝二が専務理事として本体に復帰した。川口は、事前に政治部のOB二人から人事について意見を聞いた。二人の助言は共通していて、「海老沢だけは止めなさい。足をすくわれますよ」だった。だが、川口は海老沢を復帰させた。川口と海老沢は性格的に合うはずがなく、自分の意思で海老沢を戻したとはとても思えない。それに政治部OBの助言がある。なのに、川口は、なぜ海老沢を役員に復帰させたのか。これからは私の推測だが、しかるべき筋から何らかの助言または圧力があったのか、会長就任の際、海老沢復帰の条件を呑まされていたかのいずれかだろう。

川口は見かけによらず自信家であり、権力志向が強い。一九八六（昭和六一）年四月専務理事でNH

Kを退任した際の送別会での挨拶は、「アイ・シャル・リターン（私は必ず戻る）」という言葉で締め括られていた。そのとき、川口は島の権謀術数によって不本意な退任を余儀なくされたと思っていたといわれる。そして、NHK交響楽団理事長の仕事を楽しみつつも、復帰の時期が来るのを密かにうかがっていたのではないか。会長として戻ったとき、必要以上に〝島色一掃〟を力説したのも案外、こんなところに理由があるのかも知れない。

川口の会長一期目の任期切れが迫った一九九四年六月、私はNHK情報ネットワークの前年度決算案を説明するため、専務理事の海老沢勝二を訪ねた。説明が終わると、海老沢は「君はこれを見たか」と言って三枚ほどのペーパーのコピーを示した。

「これは、経営委員にだけ郵送されてきた文書だ。しかし、内容は非常に的確で文句の付けようがない。局内でもこれだけの分析ができる人間はそういないだろう。目を通してみるとよい」と言ってペーパーを手渡してくれた。

私は、「NHKを崩壊に導く川口体制」と題したそのペーパーを読んだが、確かに説得力がある。「NHKの将来を憂える会　有志一同」とあるだけで出所不明なのが残念だが、当時の状況を知るのに有効だと思うので、その要旨をあえて紹介しようと思う。

「われわれは川口幹夫氏の再選に断固反対する。これは単純な感情的反発ではない。過去三年間の川口氏の言動を点検するとき、『とても川口氏にまかせておけない。このままではNHKは崩壊する』と痛感するからである」と前置きし、

「川口氏が一貫してとってきた方針は、前会長島桂次氏の路線を完全に否定し、『NHKを人間味あふれた創造性のある文化集団に再構築すること』であった。しかし、実情はどうであろうか？」

と問いかけ川口体制三年間の問題点を点検する。

「メディア環境が激変しているにもかかわらず、川口氏は何ら新しい方向を示し得ず、巨大メディアNHKは低落の一途を辿っている」と述べ、まず、番組について、

「視聴者のNHK離れが進み、川口氏のかけ声にもかかわらず、ブラウン管に占めるNHKの地位は急速に低下している。特に、ニュース報道の影響力の落ち込みはひどく、公共放送の最大の危機といえる。NHKは屹立した存在ではなく、今やニュース面でも民放各局と肩を並べる『ワン・オブ・ゼム』になっている」と指摘する。

こうしたNHKの存在感の急速な希薄化は時代に見合った革新が行われなかった結果であり、川口の責任は重大である、としている。

一方、職場については、

「現場では、自殺者・不祥事が相次ぎ、人間味があふれるどころか無力感が横溢し、モラルは低下する一方である。この混迷の時代にあって、何のビジョンも示さず、いたずらに抽象的な楽観論を繰り返している川口氏と一般管理職・職員の抱く不安感、危機感とのズレがこうした職場の荒廃を生み出す大きな原因になっている。

島時代の混乱は、いわば『新時代への拙速な挑戦』が生み出したものであったのに対し、現状は川口氏の『なにもしない、できない』ことが原因なだけに事態は一層深刻という声が、局内で多く聞かれる」

「国際化への対応は、川口氏が島前会長の提唱したGNN（グローバル・ニュース・ネットワーク）構想を凍結して以来、NHKの国際化戦略は事実上ストップの状態にあり、欧米諸国に完全に立ち遅れてしまった。川口氏は激変するメディア状況についての理解が不足しており、CNN会長やBBC副会長と

会談しても、もっぱら得意の〝ジョーク〟で対応し、『ミスター川口とはビジネス・トークができない』が世界の有力ブロードキャスターの暗黙の共通認識になっている」

とばっさり斬っている。

そして、受信料制度や人事問題などに触れた後、最後に川口体制の三年間を次のように総括している。

「川口氏に関して最大の問題は、多メディア時代に国民の財産であり、民主主義の基盤になる公共放送NHKはどうあるべきか、そのビジョンが一向に見えてこないことである。イギリスのBBCは生き残りをかけた構造改革に懸命であり、アメリカのABCもマルチメディアへの移行シフトを敷き将来に備えている。が、川口体制のNHKはこの三年間将来への布石は何も打っていない。停滞のままである」

「川口氏の口癖は、『最初の三年間は地ならし、次の三年間で仕事をする』である。しかし、三年もの間何もできなかった人に生き残りをかけた、この危機の時代に仕事ができるはずがない。そもそも、多メディア時代を迎え、NHKはその役割、財源の両面から、その存在理由を問われ、テレビ四十年（当時）の歴史で最大の危機に直面しているという認識が極めて薄い。こうした人にNHKの経営を任せ、国民の期待を裏切って公共放送を〝自然死〟に追い込むようなことは絶対にさせてはならない」と経営委員に訴えている。

そして、NHK会長に望む資質として、

一、現在のメディア状況を冷静に把握、分析できる

二、多メディア時代の公共放送の在り方のビジョンを持つ

三、先見性と洞察力を持ち、トップメディアの長としてリーダーシップを発揮できる

四、特定の政治勢力にこびない人物であること

を挙げている。

こうした条件からすれば、川口は完全に〝落第〟である。私もこのペーパーに目を通して、教えられることが多く、内容は公正、客観的で正鵠を得ていると思った。

NHK経営委員の何人がこのペーパーに目を通したかは分からないが、経営委員会は同年六月の会合で川口幹夫の再選を認めた。「無難で波風を立てない」が再選の理由といわれるが、それは何もしないことと表裏の関係にあった。経営委員会自体が現状を的確に把握しておらず、その見識を問う声が少なくない。

再選された川口は、「二期目に入ったら仕事をする」と言っていたが、相変わらず危機意識が薄くこれと言った実績はあげていない。衛星放送の普及を時に自慢していたが、これはむしろ島らが苦労して播いた種が順調に育ったというべきだろう。

川口時代で記憶に残ることと言えば、NHKのロゴを卵の殻に入れてしまったことだ。殻を破って飛び出さねばならない時期に、逆に殻で囲ってしまった。「いかにも川口さんらしい」と言う人も少なくない。

島の専務理事時代に番組制作局長が紅白歌合戦の出場をめぐってあるプロダクションから現金を受け取り、退職する不祥事があった。そのとき、番制局長は涙ながらに、「これは代々受け継がれてきたことであり、芸能の先輩たちもみんな知っていることだ」と語った。川口はドラマ、演芸番組の出身である。こうしたことは熟知しているはずである。私も広報の責任者時代、暴力団関係者から芸能局出身の協会最高幹部がゴルフ場で暴力団グループの最高幹部と一緒に撮った写真を見せられ、「公表するぞ」と脅され、三〇分ほどの応対で何とか引き取ってもらった経験がある。川口はなぜかこうした問題には一切手を付けなかった。これが二〇〇四（平成六）年秋に表面化した紅白歌合戦のチーフプロデューサーの収賄に端を発する一連の不祥事につながったと言えなくもない。川口はこうした事態をどう見ていたのだろう。

川口幹夫は、一九九七年七月、二期六年間の任期を終えた。NHKの生き残りをかけた島改革の芽を摘んだだけで、自身は何のビジョン、方策も示さなかった。島の大幅受信料値上げで、財政的に余裕があり、新しいNHKに生まれ変われる絶好の時期を無為に過ごしたのだ。島時代は、その強引なやり方に反発はあったものの、職員には新しいことに取組んでいるのだというプライドがあり、各職場には活気があった。しかし、川口時代は、職員は何もしないトップを見て不安感、無気力にさいなまれ、職場はかえって荒廃した。

川口は、優れたプロデューサーではあろうが、時代やメディア情況を読む先見性や実行力を持った人とはとても言えない。「充実した番組制作こそNHKの生命」と川口は言っていた。しかし、口に出すだけで、多メディア・多チャンネルという時代潮流の中で川口は会長の座にあった六年間に新しい番組制作のシステムを生み出すことができなかった。表面の温和さ、人当たり良さから一定の人気があったが、危機の時代のトップとしては見識に欠け相応しくなかった。

「抜本改革から目をそむけ、いまに繋がるNHKの衰退、長期低落傾向の引き金をひいた人」というのが川口のごく一般的な評価である。

「経営不在の空白の六年間、職員のモラルダウンを引き起こした人」という声もある。

マックス・ウエーバーは、政治家に必須の条件として、

①情熱、②責任感、③先見性、④判断力、⑤実行力

を挙げている。

これは政治家だけでなく、ＮＨＫのトップにも当てはまる条件であろう。島と川口を比較すれば、「どちらが優れたトップであったか」は、ここまで本書を読んで頂いた読者には一目瞭然だと思う。川口には、すくなくとも、③、④、⑤の条件が欠けていたことは否定できない。

島桂次は、一九九一（平成三）年七月十六日にＮＨＫ会長を退任したあとは、「毎日が日曜日」の生活に入った。二四時間仕事に没頭していた島にとって暇は苦痛であった。長年の疲れを癒そうとサイパンに一人旅に出た。海での素潜りが島にとって唯一の趣味と言えるものであった。「水平線に沈む太陽を見ていると、太平洋戦争時代のことが思い出され、自然に涙が出てくる」と話していた。だが、心に去来したのはそれだけではあるまい。

グローバル化に対応するため、ＧＮＮ構想だけは何としても実現したいプロジェクトだったが、ＮＨＫはそれを紙くずのようにポイと放り捨てた。つい、きのうまで必要以上にすり寄ってきた幹部も川口政権の顔色をうかがい近づくどころか、電話一本よこさない連中の何と多いことか。かつてニューヨークで会った元会長の前田義徳が「ＮＨＫというところは人情紙風船。君も気をつけたまえ」と言ったことがいまさらのように思い出されただろう。しかし、島から愚痴や泣き言を聞いたことは一度もない。じっと、耐えていたのだと思う。

ＮＨＫ会長を辞任して定職のなくなった島は、東京赤坂のアークヒルズのタワー・マンション一一階の部屋に「島メディア研究所」を開設した。無論、住居兼用である。政治記者時代の仲間である政治評論家の三宅久之が、「講演やたまにテレビに出たりすれば、年間三〇〇〇万は大丈夫。政治の表裏に通じたお前さんのことだ。それに前NHK会長という立派な肩書きもある。暮らしに困るようなことはない」と励ましてくれた。

一方、島の退職の直前、アメリカの銀行に「ハイビジョン特別口座」という口座があり、九〇年から九一年にかけて一二〇万ドル（当時のレートで約一億六〇〇〇万円）が振り込まれていることが問題化した。第八章で述べたようにハイビジョンの国際規格化はNHKの悲願だった。規格化のためには、アメリカの弁護士などを雇いロビー活動をしなければならない。しかし、NHKにはそうした予算を計上する細目がない。そこで、島は副会長の小山の助言で予算の剰余金の一部をアメリカに積み立て工作・活動費に当てることにした。それがハイビジョン特別口座である。問題は、この口座の使用が認められているのは、会長、副会長、技師長、アメリカ総局長らごく少数に限られ、海老沢は含まれていなかった。島が辞任した時点ですでに六七万ドル（約九〇〇〇万円）が引き出されていた。大部分はロビイストの費用やキャンペーン活動費などに使われたものだったが、その処理が杜撰だったため、使途不明金として処理されることになった。反島グループが、どこからかこの情報を聞きだし、予算の不正使用だと騒ぎ立てた。

島は、「NHKのために使ったもので、やましい点はいささかもないが経理処理に問題があったことは事実だ。いまから書類を揃えるのは不可能だ」と言って、会長辞任の翌日の七月十七日第一勧業銀行から七〇〇〇万円を借り入れ、さらに小山が二〇〇〇万円近くを負担して六七万ドルを補塡した。六七万ドルの大部分はアメリカを中心にハイビジョン普及のために使われたことは、間違いないと見られている。しかし、当時は週刊誌などが島関連のスキャンダル仕立ての記事を報道しており、「これ以上痛くもない腹を探られるのは沢山」と島が早目に手を打ったのだろう。だが、七〇〇〇万円といえば大金である。同年九月十七日に七〇六七万円の退職金が支払われたが、島は同日七〇〇〇万円を第一勧銀に返却している。手元に残った退職金は六七万円だけだった。利子を考えればそれも吹っ飛んだかもしれない。島によれば、「NHKのトップが経理上の処理でいま六七万ドルが必要だが、いずれ時期を見て返すと約束した」というが、返済はされていない。

退職して半年ほど経った頃から、島に全国各地での講演会のほか、テレビ出演の声がかかるようになった。

ばばこういちの朝日ニュースターの「ぶっちぎりトーク」、田原総一朗のテレビ朝日「朝まで生テレビ」、高野孟の東海テレビ「週刊大予測」などである。このほか、九二（平成四）年十月からは週刊朝日に「シマゲジ爆談」なる時事評論のコラムを連載していた。

ばばこういちによれば、「番組に出演していたときには、前NHK会長だからといって特別待遇は一切しなかった。地方収録に出かけるときも、航空機も列車も制作スタッフと同じ。地方で収録場所までスタッフと一緒に長い道程を歩いたこともあったが、何一つ文句を言うことはなかった」という。

島は生活の心配はなくなったが、こうした毎日に何となく物足りなさを感じていた。「俺には未だやるべきことがあるはずだ」。

島の外国における人脈は豊富である。そこで、欧米各国を訪れ、情報産業やマスコミ経営者、政府関係者などに会って、今後の情報メディアのあり方について積極的に意見交換をした。

その結果、浮かび上がってきたことは、世界の情報関係者の関心が「インターネット」に集まっているということだった。だが、島にとっては、新鮮だがまったく未知の世界であった。その道標になってくれたのが、当時トランスオシアニック・ベンチャーズ社長（現クリエイティブ・コモンズ最高経営責任者）の伊藤穰一であった。伊藤は、島がNHKアメリカ総局長時代に知り合った知人の子息で当時は未だ小学生であったが、いまや日米を股にかけたコンピュータ・ネットワークの著名な実業家になっていた。マルチメディアの旗手として「ニューヨーク・タイムズ」の特集記事で取り上げられたこともある。

その伊藤が、島が何気なく話したGNN（グローバル・ニュース・ネットワーク）構想に深い関心を示した。そして、ほとんど断定的にこう言ったという。

「島さん、それってすごくいいアイディアだよ。だけど、放送でやるとしたらバカみたいにコストがかかる。やるならコンピュータ・メディアしかない。その気になれば、すぐにでもできるんだから」

島は早速行動を起こした。その動機がよく分かるので、島の著書『電子の火』（飛鳥新社、一九九五年）から直接引用しよう。

「東京・代々木にある彼の事務所を訪ねたのは、それから数日後のことだった。キーボードを操りながら、彼は私をインターネットの世界へ誘った。コンピュータのモニター画面には、文字通り『世界』が映し出されていた。日本の東京の小さな事務所の一台のコンピュータが、ネットワークを通じて全世界につながる様を、目の当たりにさせられた。

『これは、使える』

それまで私が頭の中で漠然と考えていた様々な『アイディア』がぐるぐる回り始めた。やがて、それが『像』を結び、具体的なプランとして浮かび上がった。

それが、GNN構想に代わる私の『ライフワーク』となるべきSMN（シマ・メディア・ネットワーク）の事実上のスタートだった」

「テレビ、新聞はいまやオールド・メディアあり、二十一世紀はインターネットの時代になる」というのが島の基本認識になった。ちょうどその頃、島の新しい仕事のパートナーになる国際情報誌「インサイダー」編集長でテレビでもコメンテーターとして活躍している高野孟と知り合った。高野とは二十歳近く年の差があり、しかも高野は学生時代全共闘の闘士として名をはせ、保守本流を自認する島とは、政治的立場や意見を異にしていた。インサイダーでテレビ制作などを一手に引き受けているエグゼクティブ・プロデューサーの西城鉄男をまじえ三人で酒を飲みながら激論をしているとき、「インターネットを使って日本の情報を世界に向けて発信する新しいジャーナリズムを一日も早く立ち上げることが必要」ということで、三人の意見が一致した。島は、のちに「ジャーナリストはたった一人でも世界を相手にする覚悟がなければいけない、という高野の気概ある発言が気に入った。その場ですぐパートナーになってくれと頼んだ」と私に語った。

日本では、「みなさまのＮＨＫ」に代表されるようにテレビは常に幅広い視聴者を意識し、公平、中立を前提にしている。見方を変えれば誰にでも受け入れられる、当たり障りのない情報が届けられるということになる。部数一〇〇〇万部を誇る読売新聞を始め、朝日新聞など大部数新聞も、例外でない。これでは、記事はどれも似たりよったりにならざるを得ない。部数一〇〇〇万部は民主主義国では極めて珍しい。主義、主張を反映するメディアが育っていないのだ。

日本国内で、視聴率競争、部数競争に明け暮れるうちに、メディアはそれぞれの独自性や主張を失っていく。ひいてはそれが「顔のない日本」を生み出す原因になっていた。

島はよく言っていた。

「確かにＮＨＫや朝日新聞などには優秀な人材がいるだろう。しかし、大きな組織の中で生き抜くうちに、次第に個性を失っていく。優等生であっても固定観念にしばられたまま、どうにもならなくなった自称ジャーナリストが大新聞社や大放送局にはごろごろしている。そうゆう人間は時代の変化に対応できない。むしろ、組織のはみだし者やフリーランスで必死に生きているような人のほうがはるかに柔軟だ。こうした人びとを結集すれば、従来にない発想のジャーナリズムができる。それをインターネットでやろうというのだ」

一九九四（平成六）年四月、島の個人事務所の「島メディア研究所」とメディア制作会社「インサイダー」のパートナーシップによって、「島メディアネットワーク（ＳＭＮ）」が誕生した。代表は島桂次である。同時に、ハード面でのシステム構築は伊藤穣一、ソフト面でのプラン作りは高野孟が中心になり、島はＳＭＮの顔として主にＰＲと資金集めを担当した。

高野や西城に率いられたインサイダーの若いスタッフ、あるいはそこに出入りするフリーのジャーナリストとの交流は、島にとって刺激に満ちたものであった。彼らは常に対等の立場でズケズケものを言うし、大胆な提案もする。島によれば、ＮＨＫなどの大組織では、ついぞ見かけなくなった個性派揃いだという。島はこうした生活を楽しんでいた。

この間も、計画は着々と進んでいた。まず、ＳＭＮの情報発信の基本コンセプトは、「たった一人で世界を相手にするジャーナリズム」「顔のあるジャーナリズム」とし、インターネットを通してジャーナリスティックな立場から情報を発信していく。当面は、日本から独自の視点で切り取った政治、経済、文化、国際関係などのニュース、主張などの情報を英語と日本語で発信していくことが決まった。そして、徐々にアメリカやアジアなど各国のパートナーと提携することで、最終的には世界的な情報ネットワークの構築を目指す。そして近い将来、文字だけでなく映像による情報発信も開始する。莫大な費用と人手をかけてテレビでやろうとしていたことを安い費用で少数精鋭の人間でしようというのだ。事務局長役の西城によれば、特徴的なのは、SMNの趣旨に賛同した各分野の専門家や第一線のジャーナリストが、記事やリポートを寄せるという点。つまり、自前の記者を持たずに、世界各地にいる執筆者のネットワークを利用しようというもの。

島は海外や永田町には人脈を持ち、高野は学生時代から培ってきた同世代のジャーナリストや文化人、研究者に幅広い人脈である。そこで、これはという人に呼びかけたところ、一〇〇人前後が情報の提供と執筆など協力を約束してくれた。

主な人の名前を挙げてみよう。（順不同、肩書きは当時のもの）

奥村宏（中央大学教授・経済評論家）、加々美光行（愛知大学教授・中国史）、飯田経夫（国際日本文化センター教授）、岸井成格（毎日新聞政治部部長）、叶芳和（国民経済研究協会理事長）、月尾嘉男（東京大学教授・都市工学）、松山幸雄（元朝日新聞論説主幹）、中西輝政（静岡県立大学教授）、新井将敬（衆議院議員）、大下英治（作家）、栗本慎一郎（衆議院議員）、生方幸夫（経済ジャーナリスト）、コリーヌ・ブレ（ジャーナリスト）、三枝成章（作曲家）、佐久間邦夫（旧ソビエト研究家）、下村満子（元朝日新聞編集委員）、蔦信彦（ジャーナリスト）、ビル・トッテン（アシスト代表取締役）、朱建栄（東洋女子短期大学教授）、山川静夫（元NHK特別主幹）、海江田万里（衆議院議員）、石黒一憲（東京大学教授）、神保隆見（バンコクインサイダー編集長）、伊藤清志（二松学舎大学教授）、寺島実郎（米国三井物産ワシントン事務所長）、玉木正之（作家）、田原総一朗（ジャーナリスト）、西川りゅうじん（プランナー）、和田勉（演出家）、袴田茂樹（青山学院大教授）、辺真一（コリア・リポート編集長）、福岡政行（白鷗大学教授）、和田春樹（東京大学教授）、二木敬孝（日刊ゲンダイ記者）、辺見庸（共同通信外信部次長・作家）、前田哲男（軍事評論家）、堀紘一（評論家）、舛添要一（国際政治学者）、森本敏（野村総合研究者主任研究員）、増田祐司（東京大学教授）、伊豆見元（静岡県立大学教授）、江波戸哲夫（作家）、山崎敏彦（東京商工リサーチ）、森毅（京都大学名誉教授・数学者）、水口義朗（婦人公論編集長）、斉藤英介（音楽プロデューサー）、吉田直哉（演出家）、神保哲生（ジャーナリスト）

錚々たるメンバーである。この他、職務や立場上の問題から匿名を条件にした協力者も多数集まった。スーパーバイザーと呼ばれる編集責任者には、インサイダーの高野孟、毎日新聞特別顧問の岩見隆夫、作家の石川好が就任した。三人は執筆もするが、ＳＭＮの編集内容に責任を持つ。

運営形態をどうするかが問題だったが、高野らとも相談したうえで、ユーザーの受信料は無料にし、この事業に賛同してくれる企業・団体からの協賛金を中心にすることを決めた。この種の情報メディアは民間ベースで、しかも「非営利」でなければならないというのが島の持論であった。

インターネットがいくらカネのかからないメディアであっても、最小限の人件費、設備費、事務所経費などで年間数千万円から一億円程度は必要だ。そこで、島は大企業や財界人を訪ね、新しく始める事業への援助を求めた。足を棒にしての説得行脚であり、これまで余り人に頭を下げたことのない島にとっては、かなりしんどい仕事であった。

島は、こんな調子で説得した。

「これは日本のための仕事です。日本の主張を世界に伝えなければ、国際社会で生き残れない。将来的には、必ずあなた方のビジネスにも役立つことです。

いま本当に言いたいこと、伝えておきたいことが、あなた方にもあるでしょう。

例えば、『いま東京から世界がこんなふうに見える』『日米間にこんな問題があるが、われわれはそれについて考える』といったことです。われわれの主張をはっきり伝えることが、日本と外国の相互理解の第一歩になるのです」

大企業の経営者たちは、「それは時代に合った結構なプランですね」と大筋では趣旨を了解してくれるものの、ほとんどが「それでわれわれには具体的にどんな利益があるのですか」と続けた。

「直接的な利益はまったくありません。発信する情報の編集権への口出しもできません」

と答えると言葉を濁す経営者が多かった。

島もいまは一介の素浪人、飛ぶ鳥も落とすほどの勢いのあったＮＨＫ会長時代の島ではない。

企業トップの対応もさまざまだった。秘書役として企業訪問の際は必ず同行した西城鉄男によれば、東京電力相談役の平岩外四や第一勧銀会長の宮崎邦次らのように以前と変らぬ態度で応対し、「分かりました」と言って、わざわざ帰りの車まで用意してくれる人もいれば、ソニー会長の大賀典雄のように「いまちょっと忙しいから。その件は担当の常務と話してくれたまえ」と言うトップもいた。「島さんが、無礼者と言って怒鳴りだすのではとハラハラしたが、じっと堪えていた。見ていて痛ましかった」。

島は帰り道で、「企業なんて大概はこんなもの。儲けにならなければビタ一文出さないもんだ。出してくれるほうが日本では例外なのだ」と話したという。

アメリカでは、ＰＢＳ（公共放送）系の放送局が企業や市民からの献金を中心に運営されているが、献金には税金がかからないなどの法制上の優遇措置がある。日本では、こうしたメリットはまったくない。

島の資金集めは苦労の連続だった。それでも日本を代表する企業や団体など一〇社近くがサポーターに名を連ね、年間五〇〇〇万円の協賛金を出してくれた。ＳＭＮでは、協賛企業を「サポーター」と呼ぶ。

サポーターの数は、当初予定の半分にも満たなかった。インターネットを使ったSMNによる企業情報提供の広告効果の検討や市民レベルも含めてサポーターをどうやって増やしていくかが島に課題として残された。

島メディアネットワーク（SMN）は、準備を始めてからわずか半年で世界へ向けて情報を発信できる段階に達した。驚くべき早さと信じられない小さな規模で、この新しいメディアはスタートを切ったのだった。

一九九四（平成六）年十月三日アメリカ東部時間の午前八時、SMNはインターネットを通じての情報発信を開始した。

前記の島の著書などを参考にしてその日の発信内容を再現してみよう。

「ようこそ、SMNへ」

「政府や通信社の検閲もなく、フィルターもかからない厳選されたソースからニュースをケイジ・シマが週刊でお届けします」

WWWサーバーの表紙に相当するホームページは、このメッセージで始まり、島自身の顔写真とプロフィール、最新記事を紹介するダイジェストが続き、最後にテーマごとに独立したページへそれぞれリンクするボタン・メニューが並んでいる。

メニューは、例えば「ニュース・フラッシュ」をクリックすると、SMNが独自の視点で編集した週刊ニュース記事のページへ、「オピニオン」からは政治家、財界人、ジャーナリストなどの各分野のエキスパートが寄稿する意見記事のページへ、「フォーラム」からは特に日米関係にテーマを絞った論説・主張記事のページへ、「キーワード」からは外国人が日本を理解するために必要な言葉の解説ページへ、

「ジス・ウイーク」からは一週間の世界の動きをとらえ、ポイントを解説する記事のページへと、それぞれアクセスできる仕組みになっている。また、「ビジネス」では、同様の操作で、日本の企業情報を紹介する記事、「シスターズ・シティーズ」では姉妹都市など自治体関連の記事を読むことができる。

ＳＭＮは、いわばインターネット上で読める英語週刊誌と考えればいいだろう。記事構成は週単位で見直され、毎週新しい内容が追加される。

インターネット上に初めて、日本から海外に向けて情報発信するオンライン・ジャーナリズムが誕生したのだ。

記念すべき創刊号の「オピニオン」を飾ったのは、作家でＳＭＮスーパーバイザーの石川好による「『連合国』から『地球連合』へ」、ディズニー映画の「ライオン・キング」が手塚治虫の「ジャングル大帝」に酷似していることを批判した里中満智子の「著作権をご存知ですか?」、批評家粉川哲夫の「ポリモーファスなネットワークに向けて」の三本だった。

「フォーラム」は、アシスト代表のビル・トッテンの「米日経済摩擦は米国にも責任」。「キーワード」は、中央大学教授の奥村宏による「法人資本主義の崩壊」だった。

タイトルを見るだけでも、いずれの記事もライターの主義・主張を明確に打ち出した一般新聞とは異なる内容であることが推察できるであろう。ＳＭＮに対する反響は、当初は一日数百といった程度で認知度が低く、海外より国内からの反響が多いくらいだった。

ところが、開始から一週間後に日本経済新聞が「島前ＮＨＫ会長が会社。インターネット使用で日本ニュースを世界に提供」の見出しでＳＭＮを報じ、毎日、産経などの一般紙、専門紙誌がかなりのスペースを割いて記事を書いた。さらに、九三年にアメリカで「ベスト・マガジン・オブ・ザ・イヤー」を獲得した『ワイヤード』が日本語版の創刊号で島の写真で表紙を飾り、一一ページの特集を組んだ。

そこで、肝心の海外にもPRしようと急遽同年十月二十二日東京日比谷の外国人特派員協会で記者会見し、SMNの狙い、内容などを詳しく説明した。席上、スーパーバイザーの石川好が「SMNは日本発のニュース、情報がどこまで世界で通用するかの試みでもある」と述べ、島も大きくうなずいていた。まったく同感だったからだ。すべてが初めて尽くしだった。インターネットで日本から世界に向け情報を発信するのが初めてなら、どんな原稿を書くか、その表現方法も、翻訳も初めて。インターネットに相応しい方法を求めて試行錯誤の連続だった。

「価値ある情報を流せば、必然的に認知度も高まる」ことを教えてくれたのが、約五〇〇〇人の犠牲者を出した阪神・淡路大地震だった。

一九九四（平成六）年一月十七日の地震発生直後から、SMNには「地震の詳しい情報を知りたい」というメールがアメリカ、スイス、オーストラリアなどから多数届いた。この時点で、海外向けにネットで情報提供しているサイトは他になかったからだ。

SMNでは、地震発生の翌日からすべての情報源を動員し、独自の記事に整理して配信を始めた。通常は週一回の更新だが、このときはアップ・ツー・デイト、毎日、毎時間ごとに新情報を流し続けた。約一カ月にわたって、それこそ不眠不休の作業が続けられた。

島は言う。

「その反響は、ものすごかった。それまで一日数百だったアクセス件数が、一挙に三〇〇〇、五〇〇〇という単位になった。しかも、国内より海外からのアクセスが圧倒的に多くなった」

一連の震災報道で、「日本にSMNあり」と認知されたといえる。その後、アメリカのYAHOOにアジアの情報サイトとして登録されたこともあり、海外からのＳＭＮへのアクセス数は増え続けた。島は、「財政を始め、多々問題点はあるが、まずまずの出足だ」と満足していた。

私は、会長を辞任した後も、島と連絡を取り合っていた。そこで、人間関係の微妙さをいろいろ体験した。島には、「できることは何でも協力するから遠慮なく言って欲しい」と言っていた。私も島の辞任の翌年ＮＨＫ情報ネットワークに移っていた。島への内々の協力については、社長の高橋雄亮も「いいでしょう」と了解してくれた。だが、島が仕事上で頼んでくるのは外国から来る客の通訳くらいだった。幸い、衛星放送で同時通訳をしているバイリンガル・センターは、私の管轄下だった。英語通訳については、アメリカ総局長時代に部下だった谷枡樹が国際回線班のチーフをしていた。

これとは別に、島と同期の玉木存と私で「島を励ます会」を開いていた。二カ月に一度くらいで、大袈裟なものではない。青山通り沿いの中華料理店で食事を取りながら、雑談するだけである。当時、千葉放送局長だった元秘書の山下頼充も都合がつく限り千葉から駆けつけてきた。

島は、家族の中で最も頼りにしていた三井物産勤務の三七歳の長男を会長辞任の翌年ガンで失っていた。空元気《から》を装っていたが、見るも痛々しいほど憔悴していた。会食の席でも言葉は少なめで、玉木から「そのくらいおとなしかったらこけることもなかったろうに」と冷やかされる有り様だった。

それが、九四年になって「島メディアネットワーク（ＳＭＮ）」の仕事を始めると、「これからの生き甲斐がやっと見つかった」と元気を取り戻したように見えた。会食の席でも、機嫌よく饒舌になった。

「インサイダーのあんちゃんときたら、二〇歳そこそこなのに俺に論争を挑んでくる。なにしろコンピュータについては奴らのほうが専門家だからなあ。ＮＨＫ時代に言いたいことを俺に言ったのはお前らくらいで、みんなぺこぺこして言いたいことも言わない。俺は体よく祭り上げられ人形のように二四時間仕事をさせられていたようなものだ。いまのほうがはるかに住み心地がいい」

「それにしても、NHKは大丈夫かな。デジタル万能に向かって時代は急速に動いている。テレビ、新聞はすでにオールド・メディアになっている。自己革新なしでは生き残れない。これは子供でも分かることではないか。将来のことを考えない組織は存続できない、は鉄則だ」

私たちは、島が意気軒昂を回復したことは歓迎したが、もともと小柄な体がまた一回り小さくなったことを密かに心配していた。「医師に診てもらうように」と勧めても、「定期的に病院に行っているので大丈夫」と言うだけだった。だが、実はそのとき、命取りの病魔が島の体内を巣食っていたのだ。

SMNは、いまや島桂次の分身と言えるまでになっていた。島の凄いところは、かなり早い時期からインターネットがメディア社会の中核になることを見通していたことだ。しかも、それだけでなく、NHKではできなかった日本から世界に向けての情報発信、つまりGNN構想をインターネット上で実現しようとしたことだ。

一九九〇年代初頭と言えば、インターネットの国内ユーザーは未だ一〇〇万人にも満たない。それが最近では、国内で八〇〇〇万人前後、世界全体では一〇億人を突破している。当時はまだインターネットの揺籃期だった。その時代に「これはものになる」と目をつけた島の慧眼には恐れ入るばかりだ。

常に時代の先端をとらえる先見性とそれを大胆に実行する判断力、行動力を持ち続けること。それが島の生涯変わらぬ理念・信念であった。

SMNは、まだ解決しなければならない難問が数多くあり、その前途は茨の道であったかもしれない。

しかし、島なら、その意志力と行動力で時間はかかっても、必ず、インターネットを使った日本発のワールド・ワイドの情報ネットワークを構築したであろう。

だが、病魔が島に時間的余裕を与えてくれなかった。

一九九六（平成八）年六月初め、風邪をひいたと思って自宅で寝ていたが、一向によくならないので東京新橋の病院で診察を受けたところ、即時入院を申し渡された。精密検査の結果、肺結核でそれもかなり進行していることが分かり、結核専門病棟のある日本大学板橋病院に移された。

確か、六月十五日のことだったと思う。島から「日大板橋病院の結核病棟にいる。お願いしたいことがあるので、申し訳ないが来てくれないか」という電話が私の自宅にあった。いつもに似合わぬ丁寧な話ぶりだった。とるものもとりあえず駆けつけると、病棟の衛生管理がものものしかった。白衣、白帽、マスクを付けさせられたうえ、全身消毒である。やっと病室に着くと、大部屋で窓際のベッドで島が寝ていた。「申し訳ない」「申し訳ない」と繰り返す島に、「何を言っているんですか。いつものように怒鳴ってください。会長（仲間内のときはそう呼んでいた）らしくありませんよ。一体どうしたんですか」

「かなり進んだ粟粒結核ということだ。俺も今度は駄目らしい。君に頼みというのは、個室が空いたらできるだけ早く移りたい。宏池会事務局長の木村貢さんにしかるべく手配するよう頼んで欲しい。彼はすべて心得ている」

「僕も社会部時代、医療を担当していましたから僕のルートでやりましょう。電話一本で済みます」

「いや、やはり木村さんに頼んで欲しい」が島の答えだった。

「何かすることはありませんか」と問うと、「ない」と言うので、帰ろうとしたら、「少し話していかないか」と呼び止められた。そして、窓を少し開けて、窓際の椅子に座るようにと言われた。外気は島の心遣いであることがすぐ分かった。

「息子も先に逝ったし、残った家族もまあ困らない生活をしていけると思う。俺に心残りはない。ただ、もう一人の息子とも言えるSMNを十分に育ててやれなかったことが残念だ。自分がいなくなれば、おそらく中断ということになろうが、これは一人で完結する問題ではない。いつの日か誰かが俺の意思を引き継いでSMNを完成させて欲しい。このことを高野君らインサイダーの連中に伝えて欲しい。年取ってから楽しい思いをさせてもらった」

島は、弱々しい声でこれだけ言うと目を閉じてしまった。

島が死去したのはそれから八日後の六月二十三日であった。六九歳という若さだった。

島は、一九九一年四月NHK会長に就任したとき、

「私はジャーナリストとして一生を終えたい。時の権力者に頭を下げたり媚びたりはしない」

と述べ、NHKを生き延びさせるために独自の改革路線を進めた。

不本意なかたちで会長を辞任した後もジャーナリストの志を忘れず、他に先駆けてインターネットを使って日本の情報を世界に発信する試みを開始した。「世界の中の日本」を強く意識した事業であった。

「俺がやらなくて誰がやる」。

島の一生は、まさにジャーナリストとしての生涯だったと言っていいだろう。

# エピローグ　改革者からのメッセージ——日本の巨大メディアNHKはどこへ行くのか？

とりまく状況は厳しい。二〇〇四年以降の一連の不祥事でNHKへの信頼は著しく傷つき、世間のNHKを見る目も変った。メディアの世界は、本格的なデジタル時代を迎え放送と通信の融合が進みつつある。

「テレビ、新聞は二十世紀のメディアであり、二十一世紀のメディアはウエブ＝インターネットが主役になる」というのは今や世界的な常識である。しかし、NHKは〝チェンジ（変革）〟を迫られているというのに、新しい経営計画（二〇〇九〜一一年度）を見ても相変わらず従来路線を手直しする程度で、そこには、「デジタル時代の公共放送はどうあるべきか」という理念もなければ、思い切った組織改革の意思も見られない。〝先が読めない〟という言葉で事態を糊塗している。これでは、二〇一一（平成二三）年七月二十四日の地上波テレビの全面デジタル化を控え、女性アナ、人気タレントが連日テレビ、ラジオで行っているデジタル化切り替えのPR放送も空しく響くだけだ。

「アナログからデジタルへ」は、テレビ、ラジオ、新聞、雑誌などメディアの世界に地殻変動を起こすだけではない。社会、政治、経済から人々の生活、思考様式にまで影響を与えるまさに〝大変革〟なのだ。

ヨーロッパやアメリカのメディアは十年以上も前からデジタル社会へのシフト戦略を着々と進めてい

る。イギリスの元文化・メディア・スポーツ相のテッサ・ジョウエルは、「技術の進歩に伴って、テレビの保有を前提とする受信料制度は近い将来、テレビではなくパソコンに取って代わられるようになるだろう」とまで言い切っている。

ところが、ＮＨＫのテレビはハード面での切り替え作業は進んでいるものの、ソフト面とくにインターネットを放送のシステムにどう取り込むか、どのように共存するかで大きく立ち遅れてしまった。先見性がないどころか、アイディアもなければ想像力もない。

元会長の島桂次は、「新しい放送技術は積極的に取り入れる」を改革の一つの理念にしていた。「デジタル化によって遠からず諸メディアが統合されるようになるだろう。これを世界に先駆けて放送の領域にどう組み込むか」は島が二十年近く前に投げかけた課題であった。

島が経営を担当した一九八〇年代から九〇年代初頭にかけては、メディアが多様化しテレビのチャンネル数が飛躍的に増え、地球規模で映像や音声が即座に伝わるようになった時代だった。テレビを例にとれば、地上波だけでなく放送衛星波、通信衛星波、ケーブルテレビ、文字放送などへと広がり、何百チャンネルもの電波がシャワーのように降ってくるようになった。それまでの報道・娯楽・教養番組で編成される「総合チャンネル」だけでなく「専門チャンネル」も数多く生まれた。当然、放送局間の競争は激しさを増し、視聴者も自分の好みにしたがってチャンネルを選ぶようになり分散していく。

こうした時代の変化に適応できなければ、公共放送も生き残れない。島は、「改革なくして生存なし」をモットーに組織の創造的破壊を繰り返し、ＮＨＫを世界に通用する放送局にしようと努力した。それが現在のＮＨＫの原型を形作っている。

島がＮＨＫの経営に本格的に関わるようになったのは報道局長から理事に昇任した一九八二（昭和五七）年頃からである。島の全身全霊を仕事に打ち込む姿勢は、永田町の政治取材であってもＮＨＫの経営改革であっても一貫して変わることがない。そして、長年の取材で培った人脈と政治力をバックに早速、ＮＨＫ改革に乗り出した。これまで再三述べたように島は卓抜たる政治記者であったが、その本領はより強く後半生の経営改革に発揮されたと言える。

島が目指したのは、政治・政治家（永田町）、政府（郵政省）、労働組合（日放労）の政官労三者からの不当な圧力・介入を許さない「国民に目線を向けた自立した公共放送の確立」、親方日の丸体質を払拭する「抜本的組織改革」、それにもう一つ、「ＮＨＫを世界に通用する放送局にすること」であった。当時、ＮＨＫの内外でこうしたスケールで改革を考え実行しようとした人は誰もいなかった。「たとえ一人でもわが信じる道を行かん」が島の心境だったろう。

強引ともいえる手法で時にあちこちで衝突や摩擦を引き起こしたが、島は国会でのウソ発言を追及され一九九一（平成三）年七月会長辞任に追い込まれた最後までこの考えを貫き通した。

島には些細なことで声を荒立て人を見下すような傲慢な態度をとるといったマイナス・イメージが大きいが、先見性や大胆な発想に裏付けられた実行力、そのための日夜を問わない仕事への献身などプラス・イメージはほとんど知られていない。しかし、これこそが島の真骨頂である。

いずれにしろ、島が公共放送ＮＨＫに初めて経営という視点を持ち込み、メディア界の将来を予測して組織を生き残らせようと努力した会長であることは間違いない。

島は急速に進む多チャンネル化について、「テレビがいくら多様化しチャンネルが増えようが、所詮それは慣れ親しんできたアナログ放送の世界の話であり、その応用問題に過ぎない」とみていた。真に危惧していたのは、すぐ後にやってくる放送と通信が融合する本格的デジタル時代にいかに対応するかであった。

デジタル化で放送と通信の垣根が限りなく低くなる。通信は、放送にとって近い関係にあるとは言え「未知の分野」である。通信業界は放送業界に比べ規模、資金力とも比較にならないほど巨大である。その気になれば通信会社が放送会社を呑みこむことなどたやすいことだ。

しかも、デジタル化で通信網（ブロードバンド・ウェブ）が整備されれば、映像、音声、活字、グラフィックスなどの情報は統合され、送受信は極めて容易になる。

つまり、テレビ、ラジオ、新聞、雑誌といった既存メディアが棲み分けてきたさまざまな物理的な垣根を次々に突き崩し、これらの情報を統合・融合しコンピュータの画面を通じて利用者にリアルタイムで送り届けることができる。また、インターネットは双方向が特長である。情報の送り手は受け手に、受け手は送り手になり得るし、放送時間や紙幅といった情報量の制約もない。情報空間がネットの世界ではいわば無限に広がったのだ。

情報デジタル化はまさに十五紀にグーテンベルクが活版印刷を発明して以来の「革命」とも言うべきもので、その波は地球規模でひたひたと押し寄せている。

島桂次は二十年も前にこのメディアの大地殻変動を予測し、「次世代（二十一世紀）ではインターネットが間違いなくメディアの主役になる。デジタル環境の中でテレビを生き延びさせるためにどんな方策があるのか。脳みそを絞って死ぬほど考えろ。一年や二年で回答の出る問題ではない。世界の第一級の専門家の知恵も借りてじっくり考えろ！」と警鐘を鳴らしたのだ。

通信は「未知の世界」であり、放送の体系に取り込んで利用するためには解決しなければならない難問が山積していたからだが、いまも未解決のままの課題も少なくない。

インターネットは日本でもここ十数年の間に急速に普及した。これは職場、家庭や学校などでパソコンが欠かせない存在になっていることでも明らかだろう。すでにインターネット社会になっていると言っても過言ではない。新聞の記事はパソコンや携帯電話で読めるし、動画映像やスポーツ中継も携帯端末で楽しめる。

日本企業の広告費がほぼ頭打ちになっている中で、インターネットだけは年々収入を増やしている。すでにラジオ、雑誌を抜いてテレビ、新聞につぐ第三位を占め、民放連研究所などの調査によれば数年中に新聞をも追い抜くのではないかと予測されている。こうした状況のなかで、活字メディアは大手も含め軒並み部数、広告収入を減らし経営基盤を大きく揺すぶられている。

新聞は朝日新聞が二〇〇八（平成二〇）年九月期中間決算で初の赤字を記録し、大手の毎日新聞、産経新聞も同期に赤字を計上した。地方新聞の経営は一層苦しく、紙面の削減や夕刊を廃止するなど軽量経営に切り替えている。一方海外に目を向けると、アメリカでは『ロサンゼルス・タイムズ』や『シカゴ・トリビューン』などを発行する全米三位のトリビューン社が二〇〇八年十二月に破産し、一〇〇年の歴史を持つ名門紙『クリスチャン・サイエンス・モニター』が二〇〇九年四月から紙印刷はやめインターネットだけの電子新聞になる。『ニューヨーク・タイムズ』など有力紙も赤字を計上し、新聞とインターネット配信の記事編集の一体化や電子新聞の比重をさらに高めるなどの対策を進めている。

雑誌も、活字離れや広告の激減でとくに硬派雑誌が打撃を受け、近年『論座』、『月刊現代』や『読売ウイークリー』、『諸君』（二〇〇九年五月）など有名雑誌の休刊が相次いでいる。また、紙ではなくインターネットや携帯電話で読む小説、漫画が人気を集めている。メディア環境の変化に加えて二〇〇八年九月にアメリカの大手証券リーマン・ブラザーズの経営破綻に端を発した世界的な金融・経済危機で、活字メディアの経営危機はいまや構造的なものになっている。

テレビも例外でない。

視聴率の低下と広告収入の減少である。広告収入の減少で日本民間放送連盟に加盟する一二七社の放送局のうち三〇社が二〇〇八（平成二〇）年三月期決算で赤字になり、同年九月中間決算ではキー局の日本テレビ、テレビ東京が赤字を計上した。二〇〇九年以降も経営難は続くとみられ、地方局の吸収・合併が進み、場合によっては破産というケースも出るのではないかと心配される。

テレビ、新聞、雑誌などの既存メディアは、インターネットとの共存、その利用に懸命だ。独自サイトの充実や一部に放送・新聞・通信の境界を越えた提携や協力の動きも見られるが、全体としては率直に言ってまだ試行の段階である。

テレビについて言えば、島の警告にもかかわらず、デジタル環境への対応が大幅に立ち遅れている。デジダル化は世界的な流れである。日本でもＮＨＫ、民放各局が巨額を投じてアナログからデジタルへ転換するハード面の準備はほぼ完了し、二〇一一（平成二三）年七月二十四日から全面的にデジタル放送に移行する見通しだ。

しかし、肝心のソフト＝コンテンツ開発や情報の伝送路としてのインターネットを放送の体系にどう組み込むかなどについては、未だにビジネス・モデル一つさえできていない。これに対し、通信会社やネット配信企業などの放送への攻勢が目立つ。ＣＭを付けての動画配信や見たいときに番組が見られるビデオ・オン・デマンド（ＶＯＤ）形式の有料ネットサービス、さらには視聴者が投稿した映像を配信するなどの事業はすでに実用化されている。

日本の放送局は、島が強調していた「世界の先頭を走る」どころか、相変わらずの「みんなで渡れば恐くない」の護送船団方式の思考から抜けられず世界の潮流に乗り遅れてしまったというのが実情である。安定した広告収入や受信料に胡坐をかいてきた「つけ」がいま回ってきたとも言えるだろう。

一方、海外に目を向ければ、欧米諸国の放送局は一九九〇年代からインターネットの可能性に注目し、研究開発とサービスの拡充に努めている。

アメリカでは、各局ともインターネットでのオンライン配信に積極的である。ＡＢＣ、ＣＢＳ、ＮＢＣ、ＦＯＸの四大ネットワークがＣＭ収入源の中心になっているプライムタイムの番組をすべてインターネット上に流しているほか、ケーブルテレビ局も人気番組などを公開している。コマーシャルはついているが、視聴はすべて無料である。各放送局がインターネット利用に熱心なのは、少なくとも現時点ではオンライン・サービスが地上波放送と競合せず、わずかでも新しい視聴者の開拓に役立つという判断に基づいていると言われる。アメリカでは、このほか放送が中核になり、通信、コンテンツ、広告会社が連携する「クロスメディア」の動きが盛んになってきている。デジタル放送への完全移行は、期限を四カ月ほど延長して二〇〇九年六月までに終了する。

一方ヨーロッパでは、イギリス、ドイツ、フランス、イタリアなどの公共・国営放送が相次いでネット配信に力を入れている。

例えば、BBC（イギリス放送協会）会長のマーク・トンプソンは、二〇〇六年七月に公共放送としてインターネットを積極的に活用する決意を職員へのメッセージで次のように述べた。

「BBCはもはや、自らをテレビやラジオの放送事業者と考えてはならない。われわれは、あらゆるメディアに乗せて、自宅にあっても移動中であってもわれわれの視聴者にとって意味のある公共サービスコンテンツを届けることを目指さなければならない。そのためには、テレビ、ラジオ、インターネット、それぞれのメディアの特性を考慮し、視聴者がより有益で、価値をもたらしてくれると思う斬新なコンテンツを開発しなければならない」

つまり、インターネットをテレビ、ラジオと並ぶ放送番組を視聴者に届けるユニバーサル・サービスのメディアとして位置づけ、すべてのメディアに対応するコンテンツ制作を行うよう職員に意識転換を促したのだ。

イギリスでは、日本より一年後れの二〇一二年にデジタル放送に完全移行する。だが、日本との違いは、常にコンテンツ優先、言い換えればインターネットを通じてテレビ映像をいかに効率的に視聴者に届けるかということを第一に考えていることだ。

いま少しBBCの場合を見てみよう。BBCはラジオについてはオンラインでのサイマル・ストリーミング（同時刻・同番組配信）を早くから行い、テレビについてもニュースや時事番組を中心にオンラインで「見逃しサービスを」をしてきた。

加えて、二〇〇七年十二月からは iPlayer と呼ばれるオンデマンド・サービスを新たに始めた。その主な内容は、次のとおりである。

●BBCのテレビとラジオ番組をインターネットで同時配信する。

●テレビのコンテンツを放送後七日間インターネットに提供し、利用者はダウンロードして三十日間パソコンに保存できる。

●サービス番組は、BBCテレビの九つのチャンネルから著作権処理のすんだドラマ、ドキュメンタリー、こども番組などが選ばれている。夜間のゴールデンタイムには新作番組が放送されるため、ほぼ一〇〇％の番組が提供されている。

●インターネット・サービスの財源はすべて受信許可料でまかなわれ、サービスの範囲はイギリス国内に限られる。iPlayer を外国で見ることはできない。

●ただし、ニュースについては原則 iPlayer ではなく、一九九七年から始めているBBCのニュースオンライン（ニュース専門サイト）を利用してもらうことにしている。

イギリスの放送事情に詳しいNHK放送文化研究所主任研究員の中村美子によれば、

「受信許可料で制作したものは、あらゆるメディアを通じてできるだけ多くの視聴者・国民に還元する。放送、通信の別は問わないというのがBBCの基本的な考えだ。テレビ番組は原則としてすべてインターネットで視聴できる。BBCは『公共放送』の概念を完全に乗り越えたと言える。だから、イギリスだけでなくヨーロッパでは、『公共放送』というよりインターネットを含めた『公共サービスメディア』と言う呼び名がしばしば使用されている。ブロードバンドの時代になれば、放送局でなくても誰もがコンテンツを発信できるようになるわけだから、BBCはインターネットに配信するコンテンツの『価値』、つまり利用者・国民を満足させる質の高いコンテンツを常に提供しているかどうかに気を遣っている。

ＢＢＣはiPlayerを始めるのに四年もの準備期間をおき視聴者や業界関係者などから幅広い意見を聞いたが、七九％が賛成だった。多様化し変化する視聴者に的確に対応することがどの時代にあってもＢＢＣにとって最大の関心事だ」

という。

島桂次はＮＨＫ会長辞任後一九九〇年代前半というごく早い段階でインターネットによる日本からの情報発信をスタートさせた先駆者の一人だが、公共放送ＢＢＣについて生前、よくこう語っていた。

「組織が大きく多少官僚的だが、メディア環境の変化にはいち早く適応しようという意欲がある。経営トップは世界一の放送局を自負し、そのエリート意識には多少鼻持ちならぬところもあったが、先見性もあり組織改革のチャレンジ精神に満ちている」と語っていた。

いま「インターネットの活用でもトップランナーになっている」という話を聞けば、「さすがＢＢＣだ。だが、ＮＨＫは一体どうしているのだ」と言って、ＮＨＫの時代への適応力のなさを嘆いたことだろう。「ＮＨＫはＢＢＣに比べ一周どころか二周も三周も後れている」というのが大方の専門家の見方だ。

「コンプライアンス（法令順守）」「コミュニケーションによる組織の融和」と言うばかりで、会長を始め経営陣は、この変革（チェンジ）の時代に公共放送としてのあるべき姿（ビジョン）を示さない。いや現状では示せないのかもしれない。これでは、現場は活力を失って萎縮し、無気力・無力感が漂うようになる。

この適応力のなさ、低さこそがＮＨＫの最大の危機なのだ。

それでは、「デジタル革命」という大変革の時代にＮＨＫはどんな舵取りをしようとしているのか？

二〇〇九（平成二一）年一月にNHKが国会に提出した「いつでも、どこでも、もっと身近にNHK」をキャッチフレーズにした〇九年度からの三カ年経営計画で見てみよう。

その内容は、一連の不祥事や職員のインサイダー取引などで失われた視聴者の信頼回復と完全デジタル化への対応を主な狙いにしている。このため、「組織風土の改革」「日本や地球規模の課題への取り組み」「新サービス・NHKオンデマンドの開始」「海外発信の充実」など九つの方針を掲げ、その実行を通じて①NHKへの接触者率の向上（三年後八〇％）、②受信料支払い率の向上（三年後七五％、五年後七八％）の二つの経営目標を達成することにしている。

放送と通信の融合が進む本格的デジタル時代という大転換期であれば、三カ年経営計画はまず何をおいても「どのような公共放送を目指すか」、そのビジョンが示されねばならない。経営計画は、「放送をめぐる環境は激変する」と指摘するにとどまり、新しい時代に公共放送の生き残りをかけた大胆な改革発想、新しいアイディアを読み取ることはできない。

そこには、地殻変動期のメディア環境にどう対応するかの明確な意思もなければ、新しい公共放送像や業務範囲、受信料問題といった本質的な理念にかかわる点は一切触れられてもいない。

計画に折り込まれている内容は、従来の路線を踏襲し政府の意向を反映した相変わらずの「事なかれ主義」に覆われ、アッと驚くような時代に挑戦するチャレンジ精神は見るべくもないと言えば言い過ぎであろうか？

番組編成では、とくに衛星放送の二チャンネルの基本コンセプトは島時代の一九八七（昭和六二）年に二四時間放送がスタートした当時とほとんど変わっていない。第一チャンネルはニュース・スポーツ、第二は娯楽・教養である。メディア状況が急激に変化しているのに、それに対応する手直しが二十年以上も行われていない。まさに親方日の丸の典型と言えよう。

「活字離れ」「紙離れ」は言われて久しいが、最近は「テレビ離れ」も進んでいる。新聞も読まずテレビも見ないという人が増えているのだ。特に若い人の間でこの傾向が著しい。私も数年前まで大学で教えていたが、半数を超える学生がテレビも新聞もなしで情報はすべてパソコンや携帯電話で得ていた。しかもその割合は年々増えていた。

こうした若者の「テレビ離れ」は世界的といえるものだ。ドイツでは二〇〇七年の調査で十三～十九歳のネット利用時間がテレビの視聴時間を初めて追い抜き、アメリカでは全世帯の五分の一がインターネット上でテレビ番組を見ているという。「テレビ離れ」は日本でも各局に共通した現象である。中でもNHK番組については、二〇〇七年の調査で十代、二十代の若者は一〇人のうち六人が一週間に五分間もテレビを見ていないことが分かった。多くの若者が情報の収集をテレビからパソコン、携帯端末などに切り替えているのだ。

常識で考えても、公共放送NHKはインターネットを通じての番組配信にもっと力を入れるべきなのに、三カ年の経営計画に目を通してもそこのところが今ひとつ明瞭でない。切実さが感じられないのだ。情報技術は驚くべきスピードで進歩している。近い将来、パソコンなどの機能がさらに高度化し通信回線のブロードバンド化が普及すれば、映像、音声、文字、画像などの諸情報の送・受信も極めて容易になる。テレビについて言えば、「好きな番組を好きな時間に好きな場所で自分のパソコンで見るようになる」だろう。テレビのパーソナル化は止めようもない。

これが滔々とした時代の流れである。

NHKはすでに実施している放送番組の補完業務としてのインターネットのオンライン・サービスに加えて、二〇〇八（平成二〇年）十二月から「NHKオンデマンド」を開始した。

このサービスは、①NHKのテレビ五波から一日一〇～一五番組とニュース五番組を一週間程度配信する「見逃し番組」サービス、②過去に放送された名作や人気番組などNHKの映像資産（アーカイブ番組）を配信する「特選ライブラリー」サービスである。放送法の改定で認められたサービスだが、有料が条件になっている。

ここで問われるのは、インターネットに対するNHKの基本的スタンスである。これまでも述べてきたように、インターネットは情報流通のツールとして今後ますます大きな比重を占めるようになる。「二十一世紀のメディアの主役になる」ことは間違いない。

こうした状況の中で、オンデマンド・サービスはなぜ有料なのか？「特選ライブラリー」番組の有料化は当面はやむを得ない（将来的には無料が望ましいが……）としておこう。しかし、ニュース番組を含む「見逃し番組」が有料というのは解せない。

確かにNHKのインターネット利用の拡充については、民間放送連盟、新聞協会など他マスコミから更なる「肥大化・商業化」につながり、民業を圧迫するなどの理由で強い反対を受けている。さらには、国会の「民間業者との公正な競争を確保する」との要望などもあり、有料化はどこにも敵をつくりたくない総務省の意向を考慮しての措置かもしれない。しかし、インターネットは、すべての人に開かれたユニバーサル・メディアであり、本来どこからも抗議されたり制約を受けたりする筋合いのものではない。それを有効に利用できるかどうかにNHKの将来がかかっていると言ってもオーバーではない。

放送・通信を問わず汎用性のある伝送路を使って番組を流し視聴者・国民の便宜を促進するのは、公共放送NHKの使命ではないか。それに、「テレビ離れ」が進むなかでインターネットへの番組提供は、新たな視聴者（失われた若者視聴者）の開拓・回帰にもつながる。

この観点からすれば、ユニバーサル・メディアを通じての提供である「見逃し番組」には当然、受益者負担的な新たな料金を課すべきでない。NHKは、できるだけ早く著作権上問題があるものを除いてすべてのテレビ番組を当面無料でインターネットに配信する体制を採るべきだろう。費用は公共サービスである以上、テレビ、ラジオと同様すべて受信料でまかなう。放送・通信融合の時代にあっては、公共放送NHKは放送の枠を超えて通信のインターネットをも含めた「公共メディア」にならなければならない。ただし、それにはインターネットにテレビ、ラジオと並ぶ「公共的価値（Public Value）」があるかどうかを広く視聴者や関係者に問う検証が前提になる。

インターネットへの番組配信には、法制度の整備のほか著作権処理、海賊版の横行、有害情報の氾濫、違法流通、サイバーテロなど解決されねばならぬ問題が少なくない。こうした問題は何もいま始まったものではない。二十年も前に島桂次は、「地道に解決に取り組め」と宿題として残したのにほとんど手付かずまま放置していたという経緯がある。NHKは各方面の説得に積極的に乗り出し、法制度整備などについてももっと発言すべきだ。長年経営企画室で郵政省（総務省）との折衝に当たってきた黒川次郎（元監事）によれば、かつてのNHKには放送法など法制度に通じたスタッフがいて郵政省の局長、審議官クラスとも丁々発止とやりあった。しかし、近年のスタッフは大人しく、問い合わせれば答えるが、自分たちのほうから積極的に提案、発言をすることが少ないという。黒川は、「NHKはどうあるべきかという気概と専門知識で相手を説得して欲しい」と力説する。

まずインターネット配信を放送体系のなかにどう位置付けるかについてＮＨＫとしての「明確な態度」を決め、それを視聴者・国民に向って公表すべきだろう。

インターネットを周囲の反対を押し切ってでも放送の体系に取り入れ本格的な普及をはかるかどうかは、結局のところ、経営トップの先見性、想像力、そして最終的には決断にかかっている。いつまでも成り行き任せというわけにはいかないのだ。

〝もしも〟で申し訳ないが、島会長なら「いまが勝負だ」と自主判断をし、その政治力をフルに発揮して陣頭指揮で各方面の説得に努め、ＢＢＣと同様の無料配信にいち早く踏み切っただろう。島にとっての判断基準は、民放連、新聞協会の反対や総務省の意向ではなく、常に「視聴者にとって有益かどうか」にあったからだ。

また、島は「時代は映像による二四時間ニュースを求めている。早急に具体案を持って来い」と指示し、その一方で「組織が巨大化するのは好ましくない。スクラップ・アンド・ビルド案を検討しろ」とも言っただろう。

島会長時代にＮＨＫ戦略を検討する企画開発局長だった山崎隆保は、島のやり方について、「いつも『時代を読め、その先端の動きを捉えろ。それをヒントに経営ビジョンをつくれ。別に一つでなく二つでも三つでもいい。条件は一つ、新しい発想を折り込むこと』と指示された」と語っている。

ここで浮かび上がってきたことは、島と現執行部の経営姿勢の違いである。島は何よりも自立とチャレンジ精神を重視し抜本的な改革を次々に行った。その基本は「攻め」であり、「顔の見えるＮＨＫ」「世界に通用するＮＨＫ」であった。これに対し、最近のＮＨＫは変革期に直面しているのに改革には熱が入らず、自主性を欠き長期的にどんな組織を目指すのかビジョンすら示せない。外部の声に押されて右往左往しているかに見える。これでは「守り」に徹し、何を考えているか分からない「顔の見えないNHK」、行き先が定まらない「浮遊する巨大メディア」と視聴者に言われても致し方なかろう。

島改革については、これまで再三述べてきたのでこれ以上触れない。私自身、島がやってきたことすべてを是認するわけではない。しかし、島及び彼が志した改革にはいまの時点から見ても学ぶべき点、参考になる点が少なくないと思う。多少本文と重なるかも知れぬが、島の特性についていくつか具体的に挙げてみよう。

第一は、NHKという組織をどう改革するかという「大局観」である。トップとして常に時代の最先端の動向を見つめ、世界的視野に立ってNHK丸の進むべき方向を明確に示した。

第二は、時代が激動する中でそれに対応した改革をしなければ生き残れないという「危機感」である。一部民間の手法を導入し、組織の創造的破壊を繰り返したのもそのせいである。

第三は、自分が先頭を切ってやらねばというトップとしての「責任感」。語学が達者でないのに海外に築いた広範な人脈、昼夜を問わぬ仕事への専念はその表れである。

第四は、「視聴者感覚の目線」だ。島は政治記者としての経歴から〝永田町べったり〟の経営者と受け取られがちだが、少なくとも役員になってからは政治家や政府の不当な要求、介入には妥協しなかった。「俺ほど政治家と戦った人間はいない」と言う島自身の言葉はあながち否定できない。「視聴者がどう考え、受け取るかを考えろ」と指示し、「国民の関心事をもっと番組で取り上げろ」が口癖だった。また、「NHKに機密なんてない。求められたら何でも出せ。時間さえ許せば俺が会ってもいい」と言っていた。

第五は、「能力・特色を発揮させる人材育成」だ。グローバル化の進む世界で、その専門性が通用する人材を育てるため、若いドラマ・ディレクターをハリウッドのプロダクションに派遣したのはその一例だ。また、将来の経営職を育てるため四〇代前半（通常は五〇歳前後）の管理職四人を地方放送局長にするなど従来のぬるま湯人事を排して抜擢人事を行った。外部の専門家を招聘するため中途採用制度も新しく設けた。「人はＮＨＫの財産だ。だが、人も時代に応じて変わるべきだ。怠け者にはしんどい時代だ」とチャレンジ精神を持つ若い世代に期待していた。

島桂次はトップの役割をこう分析していた。

「トップは時代の先端をとらえて組織を見直し、その方向性を明確に示す。そして、役職員に常に新しい課題に取り組んでいるのだという誇りと自信を持たせる。これが組織の活性化の原動力になる。改革の方向性がはっきりしない組織は活力を失い、不祥事などの温床になりかねない」

現執行部には、島時代を参考に少なくとも「時代を読む力」と「ＮＨＫ丸はどこへ向おうとしているのか」のビジョン、「質の高い番組を出し続ける」システムの構築、「ジャーナリズム精神」の確立、それに「組織がどうなっているのか」についての説明責任を求めたい。ＮＨＫという組織が外からさっぱり見えないという声が最近ますます高まっているからだ。

生前、島と親交のあったジャーナリスト田原総一朗の島桂次像で本書を締めくくりたいと思う。二〇〇八（平成二〇）年暮、私は東京都内のホテルで久し振りに田原に会った。田原は椅子に座るや島について一気に語り出した。

「あのぬるま湯に浸かった巨大組織を『本気』で変えようとしたのは島さん以外にいない。〝小泉流〟で言えば、ＮＨＫをぶっ潰してやると言う気持ちだったのだろう。いずれにしろ、経営という視点でＮＨＫを改革しようとした最初で最後の人だ。ＮＨＫどころか放送界全体を見渡しても島さんのように真剣に改革に取り組んだ人はいない。時代を先取りする『先見性』は恐るべきものだ。

私は島改革を全面的に支持する。一〇〇点満点だ。二十年も前に、世界初の衛星放送を成功に導き、関連団体の拡充、民間からの人材の導入、ＮＨＫという組織の抜本改正、ＧＮＮ（グローバル・ニュース・ネットワーク）構想による海外への情報発信の強化などを発想し実行に移したのは、驚嘆すべきことだ。

一部頓挫したものもあるが、二十年経って島さんがやったこと、やろうとしたことが正しかったことが立証されたではないか。放送や新聞もインターネットの普及などメディアの多様化で改革を迫られているが、民放や新聞の経営者も単に島批判をするだけでなく、島さんの警鐘に耳を傾けるべきだった」

田原はこう語ったあと、さらに続けた。

「問題は島改革が継承されなかったことだ。私はせめてもう一～二年会長のポストにいてＮＨＫ改革の路線をきちっと敷いてもらいたかった。島さんは頭のよい人で改革の全容は自分一人の頭に納め、誰にも説明していなかったのではないか。それに余りにも突然の辞任で後継会長が改革に関心を持たない人だったことも不幸だった。

島さんは衆議院逓信委員会でのウソ発言で辞任せざるを得なくなったわけだが、私に言わせれば島さんは逓信委員長の野中広務さんにクビをとられたのだ。他の人なら辞任までは追い込まなかっただろう。

野中さんや経世会（竹下派）の島さんに対する反感がそれほど高かったと言うことだ。それにしても島さんは国会議員の中で唯一人喧嘩をしてはいけない人と喧嘩をしてしまった。野中さんは百戦錬磨の筋を通す信念の人です。野中さん以外の国会議員なら島さんの迫力と永田町の実績で何とか話がついたと思う。

それにしても、島さんの失脚で日本の放送界、マスコミが蒙った打撃は大きかった。その証拠に島さんのように世界的スケールでメディアや放送の将来を考える放送人はその後誰一人出ていない。私は島さんに何度も会ったが、不愉快な思いをしたことは一度もない。私にとっては、島さんは異色でもなんでもなく卓越した先見性を持つ放送経営者、大政治記者だ。可能なら、融合の時代を迎えたメディア、混迷を続ける政治、経済について島さんともう一度じっくり話し合ってみたいと言うのが私の率直な気持だ。

日本にとってＮＨＫはまだまだ不可欠だ。だが、そのためには時代の流れを読んで組織を不断にチェンジすることがますます必要になっている。先見性を持って本気で巨大メディアを変えようとした島さんの志を継ぐ人物が一日も早く出てきてくれることを期待したい」

本書を書き終えて筆者が自問するに、島桂次はＮＨＫにとって近代の象徴そのものであった。

## ■主な参考文献（順不同）


島桂次『シマゲジ風雲録』文藝春秋 一九九五
島桂次『電子の火』飛鳥新社 一九九五
NHK放送文化研究所『20世紀放送史』（上・下）日本放送協会 二〇〇一
NHK報道記録刊行会『NHK報道の50年』近藤書店 一九八八
日本放送労働組合編『日本放送労働運動史』（上・下）二〇〇一
日本民間放送連盟編『民間放送50年史』日本民間放送連盟 二〇〇一
日本新聞協会編『日本新聞協会五十年史』日本新聞協会 一九九六
伊藤昌哉『池田勇人――その生と死』至誠堂 一九六六
福田赳夫『回顧九十年』岩波書店 一九九五
大平正芳『大平正芳回想録・伝記編』大平正芳回想録刊行会 一九八二
大平正芳『大平正芳回想録・追想編』大平正芳回想録刊行会 一九八一
大平正芳『大平正芳・政治的遺産』大平正芳記念財団 一九九四
大平正芳『去華就実・聞き書き大平正芳』大平正芳記念財団 二〇〇〇
大平正芳記念財団『大平志げ子夫人を偲ぶ』大平正芳記念財団 一九九一
東根千万億『聞き書き鈴木善幸回顧録』岩手日報社 二〇〇四
中曽根康弘『天地有情・五十年の戦後政治を語る』文藝春秋 一九九六
中村隆英・御厨貴『聞き書 宮澤喜一回顧録』岩波書店 二〇〇五

野中広務『私は闘う』文春文庫　一九九九
木村貢『総理の品格』徳間書店　二〇〇六
伊藤昌哉『自民党戦国史』（上・中・下）朝日文庫　一九八五
魚住昭『野中広務・差別と権力』講談社文庫　二〇〇六
伊藤隆・御厨貴・飯尾潤インタビュー構成『渡邉恒雄回顧録』中央公論社　二〇〇〇
後藤基夫・内田健三・石川真澄『戦後保守政治の軌跡』岩波書店　一九八二
石川真澄『人物戦後政治』岩波書店　一九九七
エリス・クラウス　村松岐夫監訳『ＮＨＫ vs 日本政治』東洋経済新報社　二〇〇六
田原総一朗『メディア王国の野望』文藝春秋社　一九九二
ばばこういち『されどテレビ半世紀』リベルタ出版　二〇〇一
歌川令三『新聞がなくなる日』草思社　二〇〇五
玉木存『自分史』ミツバインターナショナル　二〇〇六
川口幹夫『会長は快調です！』東京新聞出版局　一九九九
月刊ニューメディア編集部編『デジタル公共放送論――ＮＨＫ会長海老沢勝二が語る』ニューメディア　二〇〇〇
磯村尚徳『ちょっとキザですが』（正・続・新）講談社　一九七五〜七七
山川静夫『私のＮＨＫ物語』文春文庫　一九九八
青木賢児『回想の早送り』鉱脈社　一九九六
神戸四郎『ＮＨＫ社会部記者』朝日新聞社　一九八六

上田哲『根絶』現代ジャーナリズム出版会　一九六七
Roone Arledge, A Memoir, Harper Collins 2003
Lewis J. Paper, Empire: William Paley and the Making of CBS, St. Martin's Press 1988
John Birt, The Harder Path, Time Warner 2002
Georgina Born, Uncertain Vision, Birt, Dyke & the Reinvention of the BBC, Secher & Warburg 2004
Kenneth Bloomfield, The BBC at the Watershed, Liverpool University Press 2008

# あとがき

本書を書き終えてやっと責任を果たしたという気持ちで一杯である。いろいろな事情があったにせよ、当初の予定より二年近くも遅れてしまったからである。

時の経つのは早いもので本書の主人公島桂次がNHK会長を辞任してから一八年、死去からも一三年経つ。だが、「シマゲジ」は今でも五〇歳以上の人の間では、歴代NHK会長の中で最も著名な会長であり、マスコミ人だという。

本書の執筆の動機は、島のNHK同期入社で親友の玉木存氏から「彼ほどNHKを愛し自立のために改革に努めた会長はいない。しかし、世間に残っているのは悪評だけだ。君は彼の晩年に近くにいて人柄も仕事振りも分かっていると思うので、マイナス面も含めその実像をありがまま書いて欲しい」と再三依頼があった。無論、「私にそんな資格はない」と断り続けた。

ところが、玉木氏が二〇〇七年一〇月に前立腺がんのため、私たちには突然と思えるかたちで亡くなってしまった。こうなると引くに引けなり、私も腹をくくって本格的に執筆の作業に入った。

島は記憶力のよい人で記者時代もメモは一切取らなかったと聞いていたが、それにしても驚いた。残されていたのはアドレス手帳だけだった。こうなったら、関連の資料を集め、島を知る人に会って話を聞く以外にない。若い頃の社会部記者に戻ったつもりでボールペン・メモ帳を手に七〇人近い政治家、経済人、マスコミ関係者にインタビューし、関連資料などを集めた。もちろん辛口の話もあったが、皆さん例外なく気持ちよくインタビューに応じ島の人物像やエピソード、秘話などを話してくれた。二度、三度と会う機会をつくってくれた人もいる。

ご協力に心から感謝したい。特にご多忙の時間を割いて下さった中曽根康弘、宮澤喜一（二〇〇七年六月死去）、野中広務、森田一の諸先生及び貴重な本・資料などを提供頂いた島、大平両家の方々には厚くお礼申し上げる。

島桂次という人物は、強烈な個性といくつもの異なる顔の持ち主である。事実関係には十分配慮したつもりだが、どこまで実像に迫りえたか。皆さまのご批判、ご叱正をたまわれば幸いである。また、本書に登場する方々の敬称は略させて頂いた。ご了解を願う次第である。

「お堅い」といわれるＮＨＫでも、こんな異色の人物が政治記者を経て会長になり世界的視野で組織改革に縦横の腕を振るったことを本書で知り、ジャーナリズムを目指す若い人が出てくれれば筆者としてこれに勝る喜びはない。

本書の執筆に当たっては、畏友西城鉄男氏の励まし、奔走があった。また、ＮＨＫの先輩内藤正夫、鈴木幹夫、島会長の秘書だった山下頼充の各氏には原稿に目を通して内容のチェックをして頂いた。最後になったが、出版事情が苦しいなか本書の意義を認めて出版を決断された現代書館社長菊地泰博氏、適切なアドバイスを数多く頂いた同社編集部長吉田秀登氏に謝意を表したい。

二〇〇九年四月

小野善邦

# 島桂次関連略年表

| 年 | 島桂次関連略史 | 放送、および世相略史 |
|---|---|---|
| 1927 | ６月30日　栃木県足尾町（現日光市）に賢太、リツ夫妻の次男として生まれる。 | |
| 1944 | 宇都宮中学を４年修了で海軍兵学校に合格。 | |
| 1946 | 旧制新潟高校入学。 | 新生ＮＨＫ会長に高野岩三郎（政府から独立した放送委員会で選出） |
| 1949 | 東北大学文学部美学美術史科入学。 | |
| 1950 | | 電波三法成立。ＮＨＫ特殊法人化。 |
| 1952<br>〃 | 同大学卒業。同年３月ＮＨＫに放送記者として入局。仙台放送局勤務。警察担当。後、盛岡放送局転勤。 | |
| 1953 | | ＮＨＫテレビ放送開始。 |
| 1954 | | ＮＨＫテレビ、教育テレビ放送開始。 |
| 1955 | | 11月15日、自由民主党結党。保守合同。 |
| 1957 | 〔池田勇人を会長に自民党内に宏池会（池田派）発足〕<br>東京転勤。報道局内信部政経班勤務、政治記者。短期間、三木・松村派担当を経て、自民党宏池会担当になる。池田勇人、大平正芳、鈴木善幸らの他、佐藤派の田中角栄らの知遇を得る。 | |
| 1958 | | ＮＨＫテレビ受信契約100万突破。 |
| 1960 | 〔岸信介内閣退陣、池田勇人内閣成立。「所得倍増計画」を発表。「寛容と忍耐」〕 | テレビのカラー放送化開始。<br>安保騒動、全学連国会突入（６月）。<br>ＮＨＫテレビ受信契約1000万突破。 |

| | | |
|---|---|---|
| 1962 | | 日米間テレビ衛星中継実験成功。ケネディ大統領暗殺ニュースを伝える。 |
| 1963 | | |
| 1964 | 〔オリンピック終了後池田勇人首相を辞任。佐藤栄作を後継に指名（11月）〕 | アジア放送連合（ABU）発足。<br>東京オリンピック、初めて人工衛星を使用した欧米への中継開始。 |
| 1967 | | ＮＨＫテレビ受信契約2000万突破。普及率83.1％。 |
| 1969 | | アポロ11号、月面から宇宙中継。 |
| 1970 | 報道局政経番組部長就任。番組制作の「発想の転換を！」と求める。 | |
| 1972 | 〔田中角栄内閣成立（７月）〕 | |
| 1973 | ニュースセンター次長就任。報道番組部長兼任。 | |
| 1974 | ＮＨＫテレビ「ニュースセンター９時」放送開始。ＮＣ９創設の局内説得に努める。取材制作の組織に風穴を！<br>〔ロッキード事件で田中首相辞任。三木武夫が組閣（12月）〕 | |
| 1975 | | ベトナム戦争終結。 |
| 1976 | アメリカ総局長としてニューヨーク赴任。<br>〔福田赳夫内閣発足（12月）〕 | ロッキード事件、国会証人喚問中継。 |
| 1977 | 米国より帰国（在任10カ月）。米放送界の最先端を学ぶ。 | |

| | | |
|---|---|---|
| 1978 | 報道局統括次長就任（７月）。<br>〔大平正芳、内閣総理大臣就任（12月）〕 | 日中平和友好条約調印・テレビ中継。 |
| 1980 | 放送総局副総局長・報道局長就任。「ニュースセンター９時」放送予定のロッキード事件関連報道の政治家の発言カットをめぐりマスコミで注目を集める（「ＮＨＫロッキード事件」）。<br>〔衆参同時選挙中に倒れ６月12日、大平首相急死〕<br>〔鈴木善幸内閣発足（７月）〕 | 米ＣＮＮが放送開始。 |
| 1982 | 理事就任（７月）。ハイビジョンを世界に公開。<br>〔中曽根康弘内閣発足（11月）〕 | ＮＨＫテレビ受信契約3000万突破。 |
| 1984 | | 放送衛星ＢＳ－２ａ打ち上げ。世界初の試験放送開始。 |
| 1985 | 専務理事就任（７月）。ＮＨＫエンタープライズを発足させる。 | ソ連ペレストロイカ開始。プラザ合意、日本バブル景気時代へ。 |
| 1987 | 〔竹下登内閣発足（11月）、89年６月辞任〕 | ＮＨＫ試験放送として衛星24時間放送開始。 |
| 1988 | 副会長就任。 | |
| 1989 | 会長就任。ＮＨＫ情報ネットワーク、ＮＨＫエデュケーショナル、ＮＨＫクリエイティブ、ＮＨＫソフトウエア、地方を含め21の関連会社を88年から89年にかけて設立。民放連など総反発。 | ＮＨＫ衛星放送の本放送開始。<br>天安門事件（６月）。 |
| 1990 | メディア総合商社ともいうべき国際メディア・コーポレーション | 東西ドイツ統一。 |

| | | |
|---|---|---|
| | （MICO）設立。同年、会長室に会長直属のスタッフを集めた企画開発局発足。 | |
| 1991 | 4月24日、衛星放送打ち上げをめぐる衆議院逓信委員会での虚偽発言を野中広務委員長が「国会を冒瀆するもの」と追及、マスコミも「反島キャンペーン」を一斉に展開。<br>７月15日、会長辞任会見。<br>７月16日、正式辞任。<br><br>島メディア研究所開設（10月）。<br><br>〔宇野、海部内閣を経て、91年11月宮沢喜一内閣発足。宮沢は宏池会の４人目の首相であり、財務再建、政治改革を期待された。〕 | 湾岸戦争。ソ連崩壊。 |
| 1993 | 〔93年３月の総選挙で自民党が過半数を獲得できず、55年体制は実質的に崩壊。93年８月野党連合政権ができ日本新党の細川護煕が首相に就任したが、党内がまとまらずわずか９カ月で退任した。この間、島は個人的に政局運営などについて細川の求めに応じて、影のコンサルタントの役割を果たした。〕 | ＮＨＫ衛星受信契約500万突破。 |
| 1994 | インターネットによる「島メディアネットワーク」の情報発信開始。世界にむけて日英二カ国語の情報発信の先駆者となった。 | ハイビジョン実用化試験放送開始。 |

| | | |
|---|---|---|
| 1995 | 「ＳＭＮ」が昼夜を問わず出し続けた最新の英語情報が世界中の注目を集め、アクセス数が急躍進。<br>「ＳＭＮ」はYahooにアジア初の情報発信サイトとして登録された。<br><br>著書『シマゲジ風雲録――放送と権力・40年』刊行、文藝春秋社<br>著書『電子の火――インターネットで世界はどう変わるか』刊行、飛鳥新社 | 阪神・淡路大震災（１月17日）。地下鉄サリン事件（３月20日）。<br>ＮＨＫ、映像国際放送開始。<br>ＮＨＫＢＳ、米大リーグ中継を開始。 |
| 1996 | ６月23日、日本大学板橋病院にて死去。享年69歳。 | |

＜補遺＞

晩年の島桂次は、自身の40年にわたる政治記者生活で得た見聞や取材成果を中心に日本の戦後保守政治を分析、総括する本格的な著書を執筆する構想を持っていた。友人のジャーナリストばばこういちが協力し、事実関係に厳しいばばがインタビュアーになり、著書だけでなくすべてのやり取りをビデオにとって番組化も計画することで二人は合意した。

二人の間で、一部、構成などについて意見の交換が始まっていたと言われるが、島は「『日本戦後政治秘史』には大物政治家などを震撼させる事実もいくつか含まれる。『乞う、ご期待だ』」と自信を見せていた。

が、これも島の急死で実現には至らなかった。

小野善邦（おの　よしくに）
社団法人総合研究フォーラム常任理事。一九三六年愛知県生まれ。六〇年NHK入局、報道局記者、プロデューサー、「NC9」編集長、報道局次長・センター長、海外業務主幹、視聴者広報室長（理事待遇）を経て、NHK情報ネットワーク専務取締役、国際番組交流センター専務理事などを歴任。その後、大阪芸術大学教授、放送学科長、図書館長を務める。
主な著書に『グローバル・コミュニケーション論』（編著　世界思想社　二〇〇七年）、『わが志は千里にあり――評伝大来佐武郎』（日本経済新聞社　二〇〇四年）。
訳書にK・グラハム『わが人生』（TBSブリタニカ　一九九七年）、F・ケルシュ『インフォメディア革命』（徳間書店　一九九六年）、K・オーレッタ『巨大メディアの攻防』（新潮社　一九九三年）など他多数。

本気で巨大メディアを変えようとした男
――異色NHK会長「シマゲジ」・改革なくして生存なし

二〇〇九年五月十五日　第一版第一刷発行

著　者　小野善邦
発行者　菊地泰博
発行所　株式会社現代書館
東京都千代田区飯田橋三―二―五
郵便番号　102-0072
電　話　03（3221）1321
F A X　03（3262）5906
振　替　00120-3-83725
組　版　デザイン・編集室エディット
印刷所　平河工業社（本文）
東光印刷所（カバー）
製本所　矢嶋製本

校正協力・迎田睦子
 ISBN978-4-7684-5607-1

http://www.gendaishokan.co.jp/